Hugo Wast

El Kahal - Oro

HUGO WAST
Gustavo Adolfo Martínez Zuviría
(1883-1962)

EL KAHAL - ORO

1935

Publicado por
OMNIA VERITAS LTD

www.omnia-veritas.com

PROLOGO 13

BUENOS AIRES, FUTURA BABILONIA 13

1. *Hace 30 años no había antisemitismo en la Argentina.-Primeros antisemitas, los Faraones de Egipto. -El antisemitismo no es producto del cristianismo* 13

2. *Israel ha sobrevivido a la persecución-Doble enigma: su vitalidad y el odio universal que lo persigne.-El judío es patriota y nómade-Añora la patria, pero no quiere volver a ella.-"Esdras se llevó el afrecho", dice el Talmud.so de la restauración de Palestina.-La patria real del judío es el mundo.-Está cómodo en todas partes, pero no es asimilado en ninguna.* 17

3. *Espíritu del Talmud: orgullo y astucia.-El Talmud ha suplantado a la Biblia.-Los rabinos mataron a los profetas. -Maimónides, ejemplo de astucia.-El gobierno judío es una sociedadsecreta.-ElKahal.-Misterio ambulante.* 24

4. *El beceiro de oro Israel he aquí tu Dios!-¿Ironía del texto sagrado? ¿Profecía? - El judío no es productor.-Un texto del Talmud sobre la agricultura.-El oro única riqueza.* 29

5. *Una doctrina económica que es una trampajudaica.- "Se compra oro".-Esta crisis, vasta maniobra de los financistas judíos.-La crisis prepara la revolución.-El judío es revolucionario.-La Argentina lo atrae especialmente.-La apatía criolla.-Buenos Aires, futura Babilonia.* 31

EL KAHAL 39

I 41

    Dos enemigos en la Sinagoga 41

II 59

    Los comienzos de Zacarías 59

III 75

    La conquista del mundo, sin escuadras ni ejércitos 75

IV 91

    Berta Ram 91

V 99

    Historia de muchos estancieros argentinos 99

VI 107

    "Mi raza es la suya" 107

VIII 117

    La señal del Anticristo 117

VIII 129

    Los Protocolos de Sión 129

IX 149

UN VIVO 149

X 161

    JULIUS RAM, ALQUIMISTA 161

IX 173

    CORRIDA A LOS BANCOS 173

XII 183

    BLUMEN, ROSCH DEL GRAN KAHAL 183

ORO 197

I 199

    EL EXTRAÑO OBRERO DEL LABORATORIO 199

II 207

    LA VIRGEN SONRÍE A BERTA 207

III 223

    MITAD JUDÍA, MITAD CRISTIANA 223

IV 233

    LA MARAVILLOSA INVENCIÓN DE JULIUS RAM 233

V 245

    CONSTERNACIÓN EN EL KAHAL 245

VI	**267**
Cierto pájaro de cuenta	267
VII	**281**
Desaparición de Julius Ram	281
VIII	**291**
Derrumbe del oro	291
IX	**305**
El Rosch en casa de Thamar	305
X	**319**
Increíble revelación de Adalid	319
XI	**333**
Ram destroza el Athanor	333
XII	**353**
En 1950 dominaremos Buenos Aires	353
XIII	**363**
Lo que jamás los ojos vieron	363
XIV	**377**
Yo romperé las puertas de bronce	377

APENDICE SOBRE EL FIN DEL MUNDO 383

OBSERVACIONES Y CONJETURAS SACADAS DE DISTINTAS PROFECÍAS
.... *385*

*"Un poco más y la Serpiente,
símbolo de nuestro pueblo,
cerrará su circulo y envolverá
a todas las naciones."*
Protocolos de Sión, Ses. 3º 30.

Prologo

Buenos Aires, futura Babilonia

1. Hace 30 años no había antisemitismo en la Argentina.- Primeros antisemitas, los Faraones de Egipto. -El antisemitismo no es producto del cristianismo

Hace muchos años, en mi mocedad, escribí una novelita con el título de "El Judío" para no recuerdo qué revista española. Excusáronse de publicada, porque en el relato aparecía injusto el común recelo de las gentes contra la raza judía. Es posible que esta explicación no fuese más que un pretexto para devolverme la historieta, que, ahora lo veo, era muy malucha. Pero es seguro también que tal excusa no se le hubiera ocurrido en aquel tiempo a ninguna revista argentina. Entonces no sabíamos aquí de los judíos más que lo que nos contabán los libros de Europa.

El episodio sólo sirvió para enardecer en mi joven corazón. Una romántica simpatía hacia el pueblo más perseguido de la historia.

No se me ocurrió pensar que aquella prevención, a mi juicio señal de intolerancia y de atraso. Podía tener motivos ignorados en la tierra argentina.

El judío era para nosotros uno de los tantos extranjeros, que la excelencia del clima, la fecundidad del suelo, la dulzura de las costumbres y la generosidad de las leyes, atraen a nuestras playas indefensas.

Ni más ni menos que el francés, el alemán, el italiano o el español.

Nos vanagloriábamos de nuestros doscientos o trescientos mil inmigrantes anuales. Teníamos confianza ilimitada en la poderosa pepsina de esta tierra capaz de asimilar los alimentos más heterogéneos, y con pueril satisfacción comprobábamos que nuestra literatura era francesa; nuestra filosofía, alemana; nuestra finanza, inglesa; nuestras costumbres, españolas; nuestra música, italiana; nuestra cocina, de "todos los países de la tierra", como dice la Constitución.

En suma, no se advertía aquí malquerencia al extranjero; más bien lo contrario, una debilidad por las ideas y los gustos de afuera. Y el judío era un extranjero como los demás.

Han pasado treinta años. Seguimos creyendo que aquí no existe un problema inglés, ni francés, ni alemán, ni español, ni italiano. Pero ya no pensamos igual respecto de los judíos.

A nadie se le ocurre fundar periódicos para atacar, ni defender, por ejemplo, a los vascos o a los irlandeses.

Pero todos los días vemos diarios y revistas cuyo principal propósito, disimulado o no, es atacar o defender al judío.

¿Qué significa eso? Significa que este país,'a pesar de que no tiene prejuicios de raza, ni prevenciones xenófobas, no ha podido comprar la paz interior, ni con su hospitalidad sin tasa, ni con la generosidad hasta el despilfarro de su riqueza, y de sus puestos públicos aún de su ciudadanía, y ha visto nacer el conflicto de que no se ha librado ningún pueblo, en ningún siglo: la cuestión judía.

Efectivamente, releyendo las historias, penetrando hasta en los tiempos más remotos, observamos este hecho singular: en todas partes el judío aparece en lucha con la nación en cuyo seno alta.

Mil novecientos años antes de la era cristiana los israelitas se establecen en, Egipto, conducidos por Jacob.

Siglos después, el Faraón se alarma y dice: "He aquí que los hijos de Israel forman un pueblo más numeroso y fuerte que nosotros. ¡Vamos! Tomemos precauciones contra él, porque si sobreviene una guerra, se podrían unir con nuestros enemigos y combatirnos." (Exodo, 1,9-10).

Ni la hospitalidad de cuatrocientos años, ni la multitud de generaciones nacidas en el propio Egipto, habían convertido a los israelitas en ciudadanos de la nación. Seguían siendo extranjeros, y el Faraón temía, que en caso de guerra se aliasen con los enemigos del suelo donde habían nacido.

Esto desencadenó la primera persecución antisemita de que habla la historia. Se impuso a los hebreos las más rudas tareas y toda clase de servidumbres, y como no bastara a disminuidos, el Faraón llamó a las parteras y les ordenó que mataran a los niños recién nacidos, y discurrió otras iniquidades, que provocaron la cólera de Dios.

Sobrevinieron las diez plagas de Egipto, y los hebreos emigraron en masa, conducidos por Moisés, hacia la tierra prometida.

En el quinto siglo antes de nuestra era, los vemos en Persia, bajo el reinado de Jerjes I, que es el Asuero de la Biblia, conforme al libro de Esther.

El decreto en que el rey manda a los sátrapas y gobernadores de sus ciento veintisiete provincias, pasar a degüello a todos los hebreos, hombres y mujeres, viejos y niños, desde la India hasta la Etiopía, se fundó en una acción que honra a Mardoqueo, el judío que no quiso doblar su rodilla delante de Amán, primer ministro.

Pero la terrible carta de Asuero merece transcribirse:

"Hay un pueblo malintencionado, mezclado a todas las tribus que existen sobre la tierra, en oposición con todos los pueblos en virtud de sus leyes, que desprecia continuamente el mandato de los reyes, e impide la perfecta armonía del imperio que dirigimos. Habiendo, pues, sabido que este único pueblo, en contradicción completa con todo el género humano, del cual lo aparta el carácter extraño de sus leyes, mal dispuesto hacia nuestros intereses, comete los peores excesos e impide la prosperidad del reino, hemos ordenado... que sean todos, con mujeres e hijos, radicalmente exterminados por la espada de sus enemigos, sin ninguna misericordia, el decimocuarto día del mes de Ader, del presente año." (Esther, 13,4-7.)

Es sabido cómo la reina Esther, que era judía, consiguió de su esposo el rey Asuero, la anulación del espantoso mandato.

Mil años antes de Cristo, bajo el reinado de Salomón, hallamos israelitas hasta en España (Tarsis), encargados de proveerle de oro y de plata. (I Reyes, 10-22.)[1]

Y Estrabón, en el primer siglo de nuestra era, afirma: "que sería difícil señalar un solo sitio en la tierra, donde los judíos no se hayan establecido poderosamente."

En todas partes proceden igual, forman un estado dentro del Estado, se infiltran en las leyes y en las costumbres y acaban por provocar el odio y la persecución.

"Los romanos-exclama Séneca-han adoptado el sábado" Y en otro lugar: "Esta nación abominable (Israel), ha llegado a difundir sus costumbres en el mundo entero; los vencidos han dictado la ley a los vencedores".

El antisemitismo, o el odio al judío, no es, pues, un producto del cristianismo. Ha existido mucho antes de Cristo V también en pueblos como los árabes, enemigos a muerte de la Cruz.

---

[1] Actualmente España después de treinta siglos de colonización judaica, no tiene sino tres mil israelitas en su territorio; y el gobierno de la Generalidad de Cataluña acaba de negar permiso para instalarse allí a un grupo de judíos expulsados del Saar alemán y no admitidos en Francia.
La Argentina, con sólo medio siglo de colonización judaica, ya contiene seiscientos mil judíos, de los cuales hay trescientos mil en Buenos Ares.

2. Israel ha sobrevivido a la persecución-Doble enigma: su vitalidad y el odio universal que lo persigne.-El judío es patriota y nómade-Añora la patria, pero no quiere volver a ella.-"Esdras se llevó el afrecho", dice el Talmud.so de la restauración de Palestina.-La patria real del judío es el mundo.-Está cómodo en todas partes, pero no es asimilado en ninguna.

Tan encarnizada persecución habría exterminado a cualquiera otra nación. El pueblo de Israel, sin territorio y sin gobierno aparente ha sobrevivido a muchos de sus perseguidores, y ofrece al historiador un doble problema: 1° Razón de su vitalidad. 2° Causas del odio universal que lo persigue.

Conviene dejar la explicación a libros de autores judíos. Ciertas cualidades de ese pueblo aunque fuesen una gloria para él, suenan como injurias si son dichas por cristianos; y es mejor que sean autores de su raza, quienes repitan en nuestra época, con otras palabras, lo que dijeron un Faraón y el rey Asuero, muchos siglos antes de Cristo.

Llamo la atención de quienes me leen hacia el hecho muy simple, pero muy significativo de que no cito aquí sino escritores judíos y de los mejores.

Teodoro Herzl, gran apóstol de la restauración de la patria israelita dice: "La cuestión judía existe dondequiera que habitan judíos en cierta cantidad. No es ni una cuestión eco- nómica, ni una cuestión religiosa, aunque a veces tenga el color de una y otra. Es una cuestión nacional, y para resolverla tenemos que hacer de ella una cuestión mundial."[2]

---

[2] Th. Herzl: "L'État Juif", París, Librairie Lipschutz. 1926, p. 17.

El judío según Kadmi Cohén, en su libro Nómades, pertenece a una raza distinta de las otras, física y moralmente.

"La sangre que corre por sus venas ha conservado su fuerza primitiva, y la sucesión de los siglos no hará más que reforzar el valor de la raza. La historia de este pueblo, tal como está consignada en la Biblia, insiste en todo instante en la prohibición de aliarse con extranjeros... y en nuestros días, como hace treinta siglos, la vivacidad de este particularismo de raza se justifica y se mide con la escasez de los matrimonios entre judíos y no judíos.

"El pueblo es una entidad autónoma y autógena, que no depende de un territorio, ni acepta el estatuto real de los países donde reside.

"Y es igualmente ese formidable valor, así conferido a la raza, el que explica este fenómeno único y exclusivo: de entre todos los pueblos, uno solo, el pueblo judío, sobreviviéndose a sí mismo, prolonga una existencia paradójica, continúa una duración ilógica y, para decido todo, impone la fulgurante claridad de la unidad, el signo resplandeciente de la eternidad y la supremacía de la idea, a pesar de todos los asaltos, de todas las desmembraciones y de todas las persecuciones ordenadas. Un pueblo ha sobrevivido a pesar de todo."[3]

Tal aislamiento es una fuerza, pero al mismo tiempo es un fenómeno, tal vez una monstruosidad.

Escuchemos aún a Kadmi Cohén.

Desde la dispersión, la historia judía es una paradoja y un reto al buen sentido.

"Es una monstruosidad vivir durante dos mil años en rebelión permanente contra todas las poblaciones donde se

---

[3] Kadmi Cohén: "Nómades", p. 26, cit. Poncins: "Las fuerzas secretas de la revolución". Fax, Madrid. 1932. p. 202.

vive, e insultar a sus costumbres, y a su lengua, y a su religión por un separatismo intransigente."⁴

En suma, a ese sentimiento separatista, de que el Talmud (su código civil, penal y religioso) ha hecho un dogma de fe; a ese horror por la mezcla de sangre debe Israel el no haberse disuelto en la marea cristiana, que lo ha envuelto y oprimido, como las aguas del diluvio al Arca de Noé.

Admiremos este patriotismo forjado como una coraza con metales indestructibles: la nacionalidad y la religión.

Todos los pueblos desterrados del suelo que los viera nacer: lloran un tiempo la patria perdida, pero acaban por refundirse. S~ en la nueva patria y olvidar su propia lengua y su historia y su religión.

El judío no. Lo hallamos en todos los siglos y en todos los climas; en Europa, en Asia y en América. Siempre está de paso, como un peregrino, con el bordón en la mano, cumpliendo las palabras del Éxodo, que prescribe la forma de comer el cordero pascual: "Lo comeréis así: la cintura ceñida, las sandalias en los pies, el bastón en la mano, y lo comeréis de prisa." *(Éxodo, 12-11.)*

En vano las leyes de los países que habitan intentan asimilarlos y les atribuyen talo cual nacionalidad y hasta los obligan a batirse por una bandera. Su corazón está preso por las tradiciones de la ciudad santa, inspiradora de salmos exquisitos

"A la orilla de los ríos de Babilonia nos sentábamos a llorar acordándonos de Sión. "En las ramas de los sauces habíamos colgado nuestras arpas. Y allí los que nos tenían cautivos, nos pedían que cantásemos; y los que nos habían oprimido, nos pedían alegría diciéndonos: "¡Cantadnos un cántico de Sión!"

"¿Cómo cantaríamos canción de Jehovah en tierra de extranjeros?

---

[4] Id.: "ibíd.". p. 26. cit. Poncins: "Op. cit.." p. 203.

"Si me olvidara de tí, ¡oh Jerusalén!, que mi mano derecha se olvide de moverse; y que mi lengua se pegue a mi paladar."

La dulce y melancólica canción del desterrado, termina en una tremenda imprecación contra los hijos del extranjero: "Hija de Babilonia, bienaventurado el que te diera el pago de lo que tú nos hiciste.

"Bienaventurado el que tomase tus niños y los estrellare contra las piedras." (Salm. 137.)

Esta fidelidad feroz a su nacionalidad, hace del judío un ser insaciable e inasimilable en país extraño.

En cualquier nación que habite, y aunque detrás de él tenga veinte generaciones nacidas en esa tierra, el judío se siente cautivo, como sus antepasados a la orilla de los ríos de Babilonia.

Pero su adhesión a la tierra santa es de un carácter singular. Las nostalgias que tiene de' su patria son puramente imaginativas.

Cuando Ciro, rey de Persia, conquistó el imperio caldeo: permitió a los israelitas que lloraban el cautiverio de Babilonia, la vuelta a Palestina.

Más no fueron muchos los que aprovecharon el permiso, y siguieron a Esdras y Nehemías, los jefes de la nación judía restaurada. La mayoría, especialmente los ricos e importantes, permanecieron en Asiría y Babilonia.

"Esdras se 'llevó el atrecho y dejó la flor de harina en Babel", dicen la tradición y el Talmud. (Kíduschin, fol. 70.) Después de la guerra mundial se restauró en Palestina, grao ¿as al apoyo inglés-declaración Balfour-la patria israelita, que otros conquistadores habían destruido de nuevo.

Se entregó a Sión un territorio de veintitrés mil kilómetros para que lo gobernase bajo la protección de Inglaterra y se hizo grande y costosa propaganda invitando a los judíos de todo el mundo a volver a la tierra prometida. El gobierno inglés la ponía en sus manos, soldados ingleses los defenderían, si a los quinientos mil árabes, habitantes del suelo, se les ocurría discutir a los recién llegados el derecho de ser sus señores.

De los quince o veinte millones de israelitas que viven desterrados sobre el globo, ni cien mil acudieron al 'llamado de las dulces colinas de Judea.

Los otros siguen cantando el salmo: "que mi mano derecha se olvide de moverse, si te olvido, ¡oh Jerusalén!; que mi lengua se pegue"... Pero no van, porque el judío sólo puede prosperar entre los cristianos.[5]

No nos asombremos de esta contradicción. Desde los tiempos de la Biblia, las más rudas contradicciones son frecuentes en el carácter del pueblo escogido, que era, a la vez, según palabras de Jehovah, el pueblo pérfido hasta cuando manifestaba el arrepentimiento: "El pérfido Judá no ha vuelto a mí de todo corazón: lo ha hecho con falsía." (Jeremías, 3-10.)

Nadie ha perfeccionado tanto el sistema capitalista, como los banqueros judíos, Rothschild, etc.

Y nadie lo ha condenado con más acerbidad que los economistas judíos, Marx, etc. El judío es conservador y es revolucionario. Conserva con tenacidad sus instituciones, pero tiende a destruir las de los otros.

Es patriota, como ningún otro pueblo, y al mismo tiempo fácil para abandonar la patria. Se le encuentra en todas partes, pero no es asimilado por ninguna.

Y la razón es simple: la patria real del judío moderno, no es la vieja Palestina; es todo el mundo, que un día u otro espera ver sometido al cetro de un rey de la sangre de David, que será el Anticristo.

Tal esperanza de un pueblo escaso y disperso, parecía ridícula, si no fuera un dogma de su religión, una promesa de Dios, por la boca de los profetas que le hablan desde hace miles de años, en las sinagogas.

---

[5] En el año 1928 llegaron a Palestina 3.086 inmigrantes, pero emigraron 3.122, de los cuales 2.168 eran judíos. Se trata de un año normal.

En la fiesta del año nuevo (Rosch Hassanah), primer día del mes de Tizri (septiembre), entre los aullidos del cuerno que toca treinta veces, leen siete la profecía de David: "Batid palmas y aclamad a Dios con júbilo. Porque Jehovah, el altísimo y terrible, someterá a todas las naciones y las arrojará a vuestros pies." (Salm. 47.)

Hay en ese orgullo judaico una mezcla de patriotismo y de religiosidad, que amasada por dieciocho siglos de Talmud, han hecho el carácter del judío actual.

El más miserable de ellos, se considera cien codos arriba del más noble y poderoso de los goyim (cristianos), pues forma parte del pueblo escogido.

"El mundo —afirma el Talmud- no ha .sido creado sino a causa de Israel. (Bereschith Rabba, seco 1.)

"Si Israel se hubiera negado a aceptar la ley del Sinaí, el mundo habría vuelto a la nada." (Sabbath, fol. 88.)

Ya el salmista lo proclamaba: "El (Jehovah), ha revelado su palabra a Jacob, sus leyes a Israel. Y no ha hecho 10 mismo con las otras naciones". (Salm. 147. 19-20')

¿Cuál fue el motivo de esta predilección divina?

El cumplimiento de las promesas a los patriarcas Abraham, Isaac y Jacob. "Vosotros sois un pueblo santo para Jehovah, dice uno de los libros de Moisés, que constituyen la sagrada Thora judía. Jehovah os ha elegido para ser su pueblo predilecto, más que todos los pueblos que están sobre la faz de la tierra.

No porque vosotros sobrepaséis en número a los otros, puesto que sois el más pequeño de todos los pueblos, sino porque Jehovah os ama y quiere cumplir las promesas hechas a vuestros padres." (Deuter., 7. 6. 8.)

¿Y de qué manera ha correspondido Israel?

Muy conocida es aquella amarga expresión del Eterno, repetida no menos de diez veces en los libros santos: "Pueblo de cerviz durísima eres tú." (Éxodo, 33. 5.)

Si el orgulloso aislamiento en que le gusta vivir, fundado en la tradición y en la sangre, explica la supervivencia del pueblo judío, es al mismo tiempo la razón del odio universa; que ha provocado.

Bernardo Lazare, uno de los escritores judíos que mejor han disecado el espíritu de Israel, en su excelente libro *L'Antisemitisme*, plantea la cuestión:

"¿Qué virtudes o qué vicios valieron al judío esta universal enemistad? ¿Por qué fue a su tiempo igualmente odiado y maltratado por los alejandrinos y por los romanos, por 106 persas y por los árabes, por los turcos y por las naciones cristianas?

"Porque en todas partes y hasta en nuestros días, el judío fue un ser insociable. "Porque jamás entraron en las ciudades como ciudadanos sino como privilegiados.

Querían ante todo, habiendo abanó donado la Palestina, permanecer judíos, y su patria era siempre Jerusalén.

"Consideraban impuro el suelo extranjero y se creaban en cada ciudad una especie de territorio sagrado. Se casaban entre ellos; no recibían a nadie... El misterio de que se rodeaban excitaba la curiosidad y a la vez la aversión."[6]

Es posible que si los judíos no se hubieran regido por otras leyes que las de la Biblia, habrían acabado por confundirse con los pueblos cristianos. Más se aferraron al Talmud, su código religioso y social, selva inextricable de prescripciones rigurosas que conferían a los rabinos, sus únicos intérpretes: una autoridad superior a la de Moisés y de los profetas.

"Hijo mío -ordena el Talmud- atiende más a las palabras de los rabinos, que a las palabras de la ley." (Tratado Erubin, fol. 21b.)

"Las palabras de los antiguos (léase rabinos) son más importantes que las palabras de los Profetas" (Tratado Berachot 7. 4.)

El gran rabino Miguel Weill, en una obra fundamental dice: "Israel debe a la moral del Talmud en buena parte su

---

[6] B. Lazare: "L'Antisemitisme". Jean Crés. París, 1934. 1.1. pp. 43 Y 74.

conservación, su identidad y el mantenimiento de su individualidad en el seno de la dispersión y de sus terribles pruebas."[7]

La misma idea en Bernardo Lazare:

"El Talmud formó a la nación judía después de su dispersión... fue el molde del alma judía, el creador de la raza."[8]

Pero el Talmud ya no lo leen sino los rabinos; la mayoría de los judíos ignora la lengua (un antiguo caldeo muy difícil) en que está escrito.

Es verdad: el judío moderno ha perdido las ideas sobrenaturales; no cree en Dios y si observa algún rito religioso no es por piedad, sino por nacionalismo.

El no lee el Talmud, pero su rabino lo lee, y eso basta para que el fuerte espíritu de la obra se difunda en ese pueblo que ve en sus sacerdotes a los conductores de la raza.

"El judío irreligioso y a veces ateo, dice Lazare, subsiste porque tiene la creencia de su raza. Ha conservado su orgullo nacional; se imagina ser una individualidad superior, un ser diferente de los que le rodean, y esta convicción le impide asimilarse; porque siendo exclusivista, rehúsa mezclarse por el matrimonio con los otros pueblos."[9]

3. *Espíritu del Talmud: orgullo y astucia.-El Talmud ha suplantado a la Biblia.-Los rabinos mataron a los profetas. - Maimónides, ejemplo de astucia.-El gobierno judío es una sociedad secreta.-El Kahal.-Misterio ambulante.*

---

[7] Weill: "Le Judaisme, ses dogmes et sa mission". Introd. génerale. Paris, A la Librairie israélite, 1866, pág. 135.

[8] Lazare: "L'Antisemitisme". Jean Crés. París, 1934.

[9] Lazare: "Op. cit.", t. I, pág. 138.

¿Cuál es, pues, el espíritu de ese libro, que ha preservado a Israel de fundirse en la masa de los pueblos cristianos? En dos palabras: el orgullo nacional y la astucia.

Dejaré otra vez la palabra a grandes escritores judíos, que son testigos insospechables de parcialidad en contra de Israel.

Sin embargo, no se tema que un buen israelita pueda ofenderse porque le digan orgulloso y astuto. La simplicidad y la humildad son virtudes del Evangelio, no del Talmud.

"El punto de vista utilitario de la moral judía, dice un escritor religioso de esa nacionalidad, aparece en el término mismo con que designan su ideal aquellos que la enseñan: el término hokma, sabiduría.

"Mas no entienden que sabiduría sea conocimiento de Dios y mucho menos especulación filosófica, sino posesión de los medios prácticos para llegar al fin de la vida que es la felicidad: la sabiduría es, pues, la habilidad, la prudencia."[10]

Quien dice habilidad y prudencia, dice astucia. No hay nao da más sutil y travieso que la casuística de un rabino, experto en el Talmud.

Diremos en pocas palabras lo que es el Talmud. Los judíos desde la más remota antigüedad reconocían una ley oral, con que se interpretaba la ley escrita (de Moisés y sus profetas).

Esta ley oral se llamaba Mischna (segunda ley) y con el andar de los siglos llegó a ser infinitamente copiosa y confirió un poder inmenso a los doctores que la conocían y la interpretaban.

Pero la vida entera de un hombre no bastaba para aprender de memoria y trasmitir de palabra a un sucesor aquella colosal legislación, y se fueron perdiendo millares de reglas.

---

[10] Ad. Lods: "Les Prophetes d'Israel". París, La Renaissance du Livre, 1935, pág. 374.

En el siglo II (era cristiana), el Rabino Jehuda el Santo, condolido de la desaparición paulatina de tantas religiones, resolvió recogerlas por escrito, violando con ello cierta regla que lo prohibía.

Convocó un sínodo de doctores y empezó la redacción de la Mischna, y luego aparecieron los comentarios de los rabinos, o sea la Guemara.

Estos comentarios constituyen, el Talmud. Casi simultáneamente se redactaron dos: uno en Tiberíades, que se llamó-Talmud de Jerusalén, y otro en Babilonia, que lleva su nombre. Este es el más acreditado y el que generalmente se cita.

No sólo contiene todas las grandes cuestiones teológicas y filosóficas que interesan a la humanidad, y se refieren a la naturaleza y a la creación del hombre, al alma, a la vida futura, a la resurrección, metempsicosis, cielo e infierno, ángeles y demonios, deshiladas en hebras finísimas, verdaderos cabellos partidos en cuatro; sino también innumerables leyendas, poéticas y pueriles, graves y ridiculas; y nociones acerca de todo, agricultura y matemáticas, higiene y astronomía, metafísica e historia sagrada.

El lector pierde la paciencia y pasa de la admiración a la sorpresa, a la indignación misma, atraído y desorientado alternativamente por aquel fárrago de contradicciones y de extravagancias, de grandeza y de puerilidad, de profundidad y de pornografía...

Y si considera que el Talmud ha sido casi dos mil años el alimento espiritual de todo un pueblo, y ha suplantado a la Biblia, no puede menos de caer en profundo estupor.

Recordemos la acerba palabra de uno de sus Profetas:

"He aquí, que para la mentira ha trabajado la pluma engañadora de los escribas." (Jeremías, 8.8.)

Los rabinos mataron a los profetas, y su casuística utilitaria y astuta, sirvió maravillosamente para que aquel pueblo odiado y perseguido, se doblegara bajo la persecución y se adaptara y subsistiera y prosperase.

"El Talmud y las legislaciones antijudías, dice Bernardo Lazare, corrompieron profundamente al judío."

Más adelante completa así su pensamiento:

"En esta guerra que, para vivir, tuvo el judío que librar contra el mundo no pudo salir vencedor sino por la intriga. Y este miserable, condenado a las humillaciones y a los insultos, obligado a agachar la cabeza bajo los golpes, bajo los vejámenes, bajo las invectivas, no pudo vengarse de sus enemigos, de sus verdugos sino por la astucia.

"El robo y la mala fe fueron sus amias, las únicas amias de que pudo servirse, y así se ingenió para afilarlas, complicarlas, disimular."[11]

Siento la necesidad de repetir que B. Lazare es un escritor judío que goza de gran autoridad.

Y lo que afirma podría ilustrarse con ejemplos. Básteme citar uno solo, por la actualidad que tiene.

Hace poco tiempo los judíos han celebrado el octavo centenario del nacimiento de Maimónides (30 de marzo de 1135) con entusiastas ceremonias, conferencias, escritos que nos presentan al sabio cordobés como un Tomás de Aquino de la Sinagoga.

Era ciertamente un hombre extraordinario, pero en la Iglesia católica no hubiera llegado a los altares.

Rabino perfectísimo, por su ciencia, por su intolerancia y por su astucia, escribió un libro que puede considerarse un segundo Talmud, la Mischna-Thora. De una ortodoxia audaz y al mismo tiempo rígida, no consideraba verdadero israelita al que discrepaba en cualquier punto con su doctrina.

Pues bien, "es un hecho extraño, pero del que no se puede dudar, que el mayor doctor de la Sinagoga, a quien llamaban la antorcha de Israel, la luz del Oriente y del Occidente y a quien un adagio presentaba como un nuevo

---

[11] B. Lazare: *"L'Antisémitisme"*. Jean Crés, París, 1934, t. II, pág. 231.

Moisés, durante diez y seis o diez y siete años ha profesado exteriormente la doctrina musulmana."[12]

No nos escandalicemos demasiado de esta aparente apostaría, que no era más que un rasgo de astucia talmúdica. Maimónides tenía en El Cairo el empleo altamente provechoso de médico a sueldo del emperador Saladino.

Además, era autor de una obra en que sostenía ser ilícito apostatar aparentemente. Los rabinos del Talmud, han trabajado, pues, el barro milenario de los judíos bíblicos, duros y rezongones, y han hecho al judío de los Protocolos de los Sabios de Sión.[13]

Pocos problemas tan difíciles de resolver como los que se relacionan con el gobierno interior de este pueblo. No hay misterio mejor guardado que el de sus telones.

El gobierno judío es una verdadera sociedad secreta.

Y así como en todas las sociedades secretas existen iniciados que no pasan de las últimas filas, y no penetran jamás en las bambalinas, ni llegan a conocer a los directores de las 'figuras que ven moverse en el proscenio, así en el judaísmo hay circuncisos de absoluta buena fe, que ignoran la constitución y hasta la existencia misma del Kahal, es decir, de la autoridad que desde la sombra gobierna a su nación.

El poeta Heine, que era judío y sabía a qué atenerse, ha dicho:

"Las acciones y los gestos de los judíos, al igual que sus costumbres, son cosas ignoradas del mundo. Se cree conocerlos porque se ha visto su barba; pero no se ha visto nada más que eso, y, como en la Edad Media, los judíos continúan siendo un misterio ambulante."

---

[12] Franck: "Dictionnaire des Sciences Philosophiques", artíc. Maimlónides.

[13] Sin pronunciarme sobre la insoluble cuestión de la autenticidad de los "Protocolos", me limitaré a decir que con buenas palabras de judíos alegan que son falsos; pero con hechos, todos los días nos prueban que son verdaderos. Los "Protocolos" serán falsos... pero se cumplen maravillosamente.

4. El becerro de oro Israel he aquí tu Dios!-¿Ironía del texto sagrado? ¿Profecía? - El judío no es productor.-Un texto del Talmud sobre la agricultura.-El oro única riqueza.

Israel, lleva en su propio nombre un poco de su destino. Israel significa en hebreo: el que lucha contra Dios. (Gen. 33, 28.) Y, en efecto, la historia del pueblo escogido es la batalla de Dios, que quiere conducirlo por los caminos de su providencia y se estrella en su rebeldía y obstinación.

"Desde el día que salisteis del país de Egipto, hasta que en trasteis en este lugar (la tierra prometida) habéis sido rebeldes a Jehovah." (Deuter., 9. 7.)

Colmado de promesas y de favores, libertado milagrosamente de la esclavitud de los egipcios, apenas se aleja Moisés, empieza a rezongar, y pide a Aarón, Sumo Sacerdote de Jehovah, que le fabrique un ídolo para adorarlo.

Aarón consiente; recoge las joyas de las mujeres, las funde fábrica un becerro de oro y lo presenta al pueblo:

"Israel, ¡he ahí tu Dios!" (Éxodo, 32, 4.)

Estas palabras fueron de los israelitas, según el sagrado texto. Seguramente fueron también las de Aarón.

Pero el hermano de Moisés ¿con qué espíritu las pronunció? ¿Fué un ironista o un profeta?

Quiso decirles: ¿a qué me pedís un dios, si ya lo tenéis y lo adoráis en secreto, y es el oro? ¿O pretendió anunciarles cuál sería su destino y el móvil de su futura política?

-¡No sé! Sin embargo, sospecho que cuando en la Sinagoga, el rabino desenvuelve el venerable rollo de la Thora, donde sobre una piel escrupulosamente preparada está escrito el Pentateuco, al exponer el pasaje del becerro de oro, debe sentir la misma perplejidad.

¿Profecía? ¿Ironía?

Y no sabiendo cómo resolver la cuestión, se encogerá de hombros. ¿Qué importa? Al fin y al cabo, el amor al oro está prescrito en sus libros santos. El Zohar, comentando las bendiciones de la Biblia, afirma que: "La bendición en la tierra consiste en la riqueza." (1-87 b.)

Pero el judío no es productor. Prefiere ganar la riqueza por el intercambio. Al servir de intermediario entre los que producen y los que compran, algo queda siempre en sus manos, y se acumula y constituye su capital.

No se aviene sino con las ocupaciones sin raíces, que le permiten estar de paso en todas partes: el pequeño comercio, la pequeña industria, el préstamo, la comisión, la banca. Y en los últimos tiempos, las profesiones liberales.

En la Argentina se han creado colonias judías, copiosamente regadas por las subvenciones del Barón Hirsch. Entre Ríos, Corrientes, la Mesopotamia argentina, estuvo a punto de ser la nueva Mesopotamia judía. Pero al cabo de pocos años, el colono abandonó el arado, se transformó en comerciante, y dejó en su lugar, en la tierra desdeñada, a un italiano, a un español, que serían sus mejores clientes.

La colonización judía en la Argentina ha fracasado.

No en vano aconseja así el Talmud: "El que tiene 100 florines en el comercio, come carne y bebe vino todos los días; el que los tiene en la agricultura come pasto."

"El que quiera hacer agricultores de los judíos, dice Teodoro Herzl, comete un extraño error."[14]

Otro autor judío amplía el pensamiento:

"El instinto mismo de la propiedad, que, por otra parte resulta del apego a la tierra, no existe en los semitas, esos nómades que nunca han poseído el suelo y no quisieron poseerlo. De ahí sus tendencias comunistas innegables, desde la más remota antigüedad."[15]

---

[14] Th. Herzl: "L'État Juif" pág. 77.
[15] Kadmi Cohén: "Nómades", p. 85.

La sola riqueza indiscutible para el judío es el oro, que se adhiere a su dueño y lo acompaña en sus avatares, y se puede guardar indefinidamente, esconder y transportar.

Mientras los otros pueblos manejaban la espada, el judío, arrinconado en el ghetto, aprendía los secretos del oro.

Y a medida que lo acaparaba, y a fin de aumentar su valor, sus financistas iban haciendo penetrar en las universidades y en los libros cristianos, una doctrina que les convenía, y que el mundo ha aceptado, como un dogma económico, pero de la cual se mofarán los siglos futuros: "No puede haber moneda sana, que no tenga por garantía el oro."

Fetichismo funesto, verdadera trampa judía.

Es imposible apoderarse de toda la riqueza de un país. Pero no tan difícil controlar sus negocios, para quien logra controlar su moneda.

La riqueza de una nación vale cien mil millones. ¿Quién posee cien mil millones para comprar una nación?

¡No es necesario! La moneda de esa nación no pasa de mil millones. El que se apodere de esos mil millones en dinero líquido, se habrá apoderado del país.

Pero tampoco es necesario. Esa moneda es papel, cuya garantía son quinientos millones en oro.

Bastaría adueñarse de ese oro, aunque se lo dejara dormir en las cajas de sus bancos, para dominar los negocios y poseer prácticamente la riqueza entera de la nación.

5. Una doctrina económica que es una trampa judaica.-"Se compra oro".-Esta crisis, vasta maniobra de los financistas judíos.-La crisis prepara la revolución.-El judío es revolucionario.-La Argentina lo atrae especialmente.-La apatía criolla.-Buenos Aires, futura Babilonia.

La doctrina del oro, como súper moneda universal, conduce al súper reinado de Israel sobre el mundo.

Este es el sentido en que debe interpretarse el famoso manifiesto de Adolfo Crémieux, fundador de la Alianza Israelita Universal, que ya en 1860 se dirige a Moisés Montefiere y le dice:

"...8°-No está lejano el día en que todas las riquezas de la tierra pertenezcan a los hebreos."

Ciertamente, no lograrán nunca apoderarse de todos los campos, de todas las fábricas, de todos los ferrocarriles, de todas las empresas cristianas; pero al apoderarse del oro, tendrán en sus manos todos los medios de pago de la humanidad, que se fundan en el oro.

Podrán provocar crisis y encender guerras y preparar por ellas la revolución mundial, que allanará el camino del Anticristo, su Mesías.

En el capítulo V de la segunda parte de esta novela, el banquero judío Blumen dice a los financistas consternados por la noticia de que un alquimista ha descubierto la manera: de producir oro artificial, al precio del jabón:

"Algún día la humanidad se asombrará de que haya habido una época en que ella misma se dejó encerrar en esta prisión israelita del prejuicio del oro. Hallará inconcebible una crisis, como la actual, en que el mundo, conservando y hasta aumentando sus fuerzas productoras, ha vivido pereciendo de miseria, por carecer de medios de pago, a causa de que el oro, del que nuestros sabios han sabido hacer la base de las monedas universales, ha sido retirado de la circulación, en grandes masas por nosotros mismos..."

Nunca había el mundo presenciado la avidez por el oro, que actualmente se observa. En todas las calles de esta ciudad y en todas las ciudades de la República y del mundo han aparecido sugestivos letreros: "Se compra oro" "Compramos oro". "Oro, oro, oro, pagamos el mejor precio."

No es una simple casualidad: es el indicio claro de una política no menos clara, aunque se dirige desde la sombra: la política del Kahal, que por un lado incita a los judíos a acaparar el oro, y por el otro difunde en libros, periódicos y universidades la doctrina económica que ha dado al metal amarillo un privilegio insensato.

Con el andar del tiempo se verá que esta crisis ha sido una vasta maniobra de financistas, para quienes los mejores semilleros de negocios son las crisis y las guerras.

Esta crisis prepara la guerra que acabará en una colosal revolución e introducirá el caos en las naciones. Del caos saldrá lo que el Talmud promete a Israel.

"El Mesías dará a los judíos el imperio del mundo al cual estarán sometidos todos los pueblos" (Trat. Schabb f. 120 c.l.) ¿El Mesías? ¿Acaso los judíos esperan el advenimiento del Mesías?

Es posible que algunos judíos, de ésos que todavía lloran al pie del muro de las lamentaciones en la Ciudad Santa, conserven la esperanza de un Mesías personal, que vendrá como un rey omnipotente a realizar las profecías.

Pero la inmensa mayoría, inclusive sus teólogos de más autoridad, han abandonado hace tiempo esa interpretación.

No creen en el Mesías, pero creen en la misión mesiánica Israel.

Y se apoyan en las palabras de Moisés, en la última asamblea general de su nación (Deuter. XXX, 1-9), donde, a manera de un testamento, predice la futura grandeza del pueblo escogido.

"En esta profecía-observa el gran rabino y teólogo" Weill- no hay ninguna mención directa, ni indirecta, de un Mesías personal. .. Ningún vestigio de un rey, príncipe e personaje cualquiera, encargado de esta misión reparadora, Moisés no conoce o al menos no anuncia al Mesías personal. Predice una regeneración, un renacimiento nacional...

Este mesianismo se resume en una restauración moral y religiosa."[16]

---

[16] Michel Weill: "Le Judaisme", Librairie A. Franck. París. 1869. t. III. pp. 409-421.

Tan restringida interpretación de las profecías, concuerda muy bien con la religiosidad judía, deísmo vago o inanimado, pequeño par de alas de su nacionalismo pesado, vigoroso y materialista.

El judío encuentra insustancial la esperanza del cielo. No sabe ni quiere saber de las cosas del otro mundo. Cree en el paraíso terrenal.

No siempre es ateo, pero siempre es anticristiano.

"Habría que examinar, dice B. Lazare, cuál ha sido la contribución del espíritu judío al terrible anticlericalismo del siglo XVIII."[17]

Sabido es que de ese anticlericalismo brotó el liberalismo del siglo XIX, pesado Mar Muerto en cuyas aguas plúmbeas ninguna vida espiritual subsiste, filosofía taimada, que encendió las luchas religiosas y políticas de aquel siglo, y atiza la guerra social del presente.

Dejemos otra vez la palabra al autor de *L'Antisemitisme*. "En la historia del liberalismo moderno en Alemania, en Austria, en Francia, en Italia el judío ha desempeñado un gran papel"

"El liberalismo ha marchado a la par del anticlericalismo. El judío ha sido ciertamente anticlerical; él ha provocado el Kulturkampt, en Alemania: él ha aprobado las leyes Ferry en Francia. Es justo decir que los judíos liberales han descristianizado, o a lo menos han sido los aliados de los que fomentaban esta descristianización, y para los antisemitas con- servadores, descristianizar es desnacionalizar."[18]

Recojamos esta preciosa confesión: el judío es un poderoso factor antinacional.

Por el apego que tiene a sus tradiciones, por su espíritu de economía, por su admirable patriotismo, se nos presenta como un tenaz conservador.

---

[17] Lazare: "Op Cit.", t, II, p. 193.
[18] Lazare: "Op. cit,", t. II, p. 224.

Y lo es, pero conservador de sus propias instituciones. Sumergido en un ambiente cristiano, resulta insocial, inasimilable y revolucionario.

Citemos otro testimonio insospechable:

Oigamos de nuevo a Teodoro Herzl, en una estupenda confesión:

"Abajo nos volvemos revolucionarios proletarizándonos y constituimos los suboficiales de todos los partidos subversivos. Al mismo tiempo que se agranda arriba nuestra temible potencia financiera."[19]

"El judío tiene espíritu revolucionario; consciente o no, es un agente de revolución", dice

B. Lazare. Y más adelante agrega esta observación: "El día en que el judío ocupó una función civil, el estado cristiano se puso en peligro... En ese gran movimiento que conduce cada pueblo a la armonía de los elementos que lo componen, los judíos son los refractarios, la nación de la dura cerviz."[20] Palpita en las entrelíneas de estos escritores el orgullo de la raza, porque esa condición de revolucionario y de insociable que confiesan, es toda una definición: El judaísmo no es una nacionalidad, no es una religión, es un nacionalismo, mejor todavía, un imperialismo.

Y esto es lo que sintieron dos mil años antes de Cristo los primeros antisemitas de la historia, los Faraones de Egipto, y después todos los pueblos de todos los siglos.

No podía nuestra joven patria ser una excepción, y ya tiene también su conflicto.

El judío argentino no es generalmente el personaje antipático, que han caricaturizado los escritores europeos.

Por de pronto no es mezquino. Nosotros conocemos otros pueblos que son característicamente cicateros y miserables.

---

[19] Th. Herzl: "L'État Juif", París, Librairie Lipschutz, 1926, pág. 84.

[20] Lazare: "Op. cit, t. E, pp. 182, 225, 269.

El judío no. Cuando pobre, es económico hasta el heroísmo. Pero cuando rico es generoso y gran señor, como nadie.

No es áspero ni prepotente. Por el contrario, sus maneras son civiles y afables. Nadie sonríe como él; nadie es complaciente como él.

Añádase que es dúctil, tenaz e inteligente, y suple con sagacidad y perseverancia las condiciones de fuerza o de genio que pueden faltarle.

Los argentinos no hemos inventado la cuestión judía. Existía fuera de aquí y mucho antes que nosotros. Ahora existe aquí, porque los judíos mismos la han planteado.

Recordemos las palabras ya citadas de su gran apóstol Herzl: "Tenemos que hacer de la cuestión judía una cuestión mundial."

Debemos creer que la Argentina tiene para ellos una atracción especial. Y aun hubo un tiempo en que pensaron seria- mente hacer de una porción del territorio argentino (tal vez la provincia de Entre Ríos o el norte de Santa Fe) la tierra prometida, donde se cumplirían las profecías de sus libros santos.

Les parecía fácil lograr de nuestro gobierno una cesión de territorio, que transformarían en nación independiente. Y hasta llegaban a creer que nos halagaría mucho su preferencia.

Esta no es una Suposición gratuita. He aquí las palabras del gran sionista ya citado, Teodoro Herzl:

"La República Argentina tendría el mayor interés en ceo demos parte de su territorio.

La actual infiltración judía ha producido allí, es verdad, cierta inquietud. Sería, pues, necesario explicar a la República Argentina la diferencia esencial de la nueva emigración judía."

A la apatía criolla, que es una forma de la generosidad petrificada en el preámbulo de la Constitución, todavía no le inquieta la infiltración judía en nuestro comercio, en nuestra finanza, en nuestras leyes, en nuestra enseñanza, en nuestra política y en nuestro periodismo.

No le damos importancia al descanso del sábado, porque le llamamos sábado inglés.

No nos preocupa la multiplicación de esas escuelas misteriosas, en que se enseña a los niños argentinos, no solamente una lengua, sino un alfabeto extraño, que hace poco menos que imposible vigilar el espíritu de esa enseñanza.

Cuando pensemos de otro modo, ¿será tiempo todavía? Repitamos las palabras de Bernardo Lazare, cuyo testimonio es irrecusable: "El día en que el judío ocupó una función civil, el estado cristiano se puso en peligro."

Buenos Aires, cabeza enorme de una república de población escasa, palanca de dirección omnipotente de este país sin tradiciones, densamente extranjerizado, puede ser la Babilonia incomparable, la capital del futuro reino de Israel.

Ni Nueva York, ni Varsovia, podrían disputarle el honor de ser la cuna o la metrópoli del Anticristo.

Nuestros judíos no creen, seguramente, en el Mesías, pero sí en la misión mesiánica de Israel, que un día tendrá a todas las naciones a sus pies.

Nadie como el judío está armado para esta conquista universal, que no se realizará por la espada, sino por el oro, el amia de los tiempos modernos. .

En muchos pueblos se está librando ya la gran batalla financiera, que primero conduce a la crisis, luego a la guerra y, finalmente, a la revolución.

El judío la fomenta, la dirige, la subvenciona y cuando ha hecho tabla rasa del estado cristiano, la sofoca y se instala en el Capitolio vacío, a gobernar bajo la inspiración del Kahal, precursor del Anticristo.

La Revolución rusa es un ejemplo actual y completo.

Y ésta es la razón por la que en todos los pueblos, el grito contra el que se ha levantado constante y enérgicamente la voz de los Papas: "¡muera el judío!" haya querido ser sinónimo de "¡viva la Patria!"

Porque dos naciones no pueden coexistir en la misma nación.

Buenos Aires, 22 de abril de 1935

El Kahal

I

DOS ENEMIGOS EN LA SINAGOGA

El 15 de septiembre de 1887 se levantó el censo de Buenos Aires.

Sobre 433,000 habitantes, aparecieron 366 israelitas, reconcentrados en los barrios del norte y del oeste, en el triángulo que forman las calles de Córdoba y Junín, cortadas al sesgo por el Paseo de Julio.

Ha pasado casi medio siglo. ¿Cuántos son ahora? Lo ignoramos, porque una necia preocupación liberal ha borrado de las planillas de los censos, la pregunta sobre la religión de los censados.

Al pobre estadígrafo a quien se le ocurrió la idea de eliminar ese dato, con una inspiración; digna del boticario Homais, le interesaba más saber cuántos cretinos, tuertos y músicos ambulantes hay en Buenos Aires, que cuántos católicos, protestantes, budistas o teósofos.

En el fondo, lo que deseaba era ocultar oficialmente esta vigorosa realidad argentina: que el país, por inmensa mayoría, es católico.

Lo cierto es que aquel triángulo se ha extendido ahora sobre kilómetros y kilómetros, hacia el oeste y el sur, y en las vecindades de Callao y Corrientes hay manzanas que hoy contienen más judíos que toda la ciudad en 1887.

Basta ver las calles, al atardecer, cuando los niños vuelven de las escuelas y los viejos se asoman al umbral. Arden las cabelleras de color pimentón de las pequeñas Rebecas y Sarahs, entre las barbas talmúdicas de Salomón, Jacobo y Levy.

Hacia 1887, uno de los más relumbrosos levitones del Pasee de Julio era el de Zacarías Blumen.

Desde hacía cuatro o cinco lustros habitaba tres piezas de la planta baja, con recova, en ese antiguo Hotel Nacional, que existió hasta hace muy poco, esquina de la calle Corrientes, en cuya arcaica muestra se leían estas palabras impresionantes:

"Fundado en 1830". Un siglo ha durado ese hotel aquí, donde una casa envejece en veinte años y una constitución se desacredita a los cincuenta.

A la puerta de su tienda, Blumen tenía suspendida una caña, que los transeúntes se habían acostumbrado a ver, sin explicarse su significado.

Era la Mezuza, que al entrar o salir, tocaba con tres dedos de la mano derecha, que luego besaba.

Esa caña encerraba un pergamino, en que un copista, con la admirable escritura ritual, que no tolera defecto alguno, había escrito seis versículos del Deuteronomio, comenzando por el que dice: "Escucha, Israel: el Señor, nuestro Dios, es uno..."

Zacarías Blumen, es aquel Matías Zabulón que, con David su hermano mellizo fueron proveedores del ejército aliado durante la guerra del Paraguay, en 1867.

Luego habrá ocasión de referir por qué Matías cambió de nombre y David desapareció.

Con su nueva firma Zacarías fundó una casa de cambio de moneda en la recova del Hotel Nacional. Su clientela principal fueron los marineros y la gente de ultramar, que pululaban en las cercanías del puerto.

Vendiéndoles rubios y zlotis, libras y dólares y hasta monedas asiáticas y africanas, prosperó de tal modo, que a los poco, años pudo instalar un verdadero banco en la calle Reconquista.

No por eso abandonó la recova. Allí se casó con Milka Mir, la de los ojos color de aceituna, que cincuenta años después, se hicieron famosos entre las pestañas negras de Marta Blumen, su nieta.

El gran mundo, que no conoció a Milka, se preguntaba: ¿De dónde saca Marta Blumen esos ojos felinos, soñadores y crueles?

Y allí, en el tenducho de la recova, nació el segundo Zacarías Blumen, padre de Marta, el que había de ser, andan del tiempo, el hombre más rico de Sud América.

Es justo "decir, en honra del primero de los Blumen, que él preparó la grandeza de su hijo y echó los sólidos cimientos de fantástica fortuna.

Vamos a leer su historia.

Una tarde, en el invierno de aquel año, Zacarías Blumen cerró las puertas de hierro de su banco y fué al Hotel Nacional a recoger ciertos papeles.

Levitón negro, relumbroso en codos y omoplatos. Pastelito de felpa, color pasa de uva, cubriendo un cráneo piramidal, mezquinamente guarnecido de cabellos, que descendían en dos tirabuzones sobre las pálidas orejas. Pantalones estrechos y como fundas de clarinetes, cuyos bordes luidos apenas llegaban a la caña de los botines elásticos.

Tez pálida, con la palidez ritual de un cabrito después que o ha sangrado, para que sea koscher (puro) y puedan comerlos fieles. Ojos como dos pedazos de hulla, vivos, escrutadores. Barbas retintas y manos suaves, largas, alabastrinas, de uñas enlutadas.

El Talmud, que dispone minuciosamente cómo deben vivir los judíos, prescribe frecuentes abluciones. Hay que lavarse las manos al levantarse y antes de sentarse a la mesa, pero nada dice de las uñas. Por ello, sin violar la ley ni los Profetas, un buen hijo del Talmud puede llevarlas de cualquier color.

La calle Corrientes tiene, a la altura del Hotel Nacional, una agria pendiente, señal de antigua barranca: hasta ese punto llegaba el Río de la Plata hace tres cuartos de siglo.

Zacarías Blumen asciende la rampa, casi pegadito a las paredes, con el andar silencioso y veloz de la cucaracha.

Al llegar a la esquina de la calle 25 de Mayo, siente la correcta del tranvía. Hace señas y salta a la plataforma, se sienta en la banqueta y extrae su portamonedas, para pagar el viaje, con un mugriento billetito de cinco centavos.

El boletero lo reconoce.

-¡Qué milagro por aquí, don Zacarías! El banquero responde sonriendo:

-Un paseíto a las quintas para tomar aire.

Las quintas, los caserones coloniales, de vecinos pudientes, con inmensas huertas, y jardines, que a veces ocupaban una manzana entera, estaban en su mayoría al oeste de la ciudad. Pero ya escaseaban, pues el crecimiento de la población obligaba a los propietarios a subdivididas y a venderlas, para aprovechar la enorme valorización de los solares.

Sin embargo, decíase "ir a las quintas" cuando uno salía rumbo al oeste.

En realidad Zacarías Blumen se dirigía a la Sinagoga, donde esa tarde, mejor diríamos esa noche, pues ya se encendía el gas en los faroles públicos, iban a tratar un asunto que le importaba; la venta de la casa solariega de los Adalid, un cuarto de manzana en plena calle Florida.

Extraña y peligrosa costumbre judía, esas ventas que se llaman Hazaka y Meropiié, y se realizan conforme al Talmud, en el secreto de la Sinagoga y en presencia de los grandes dignatarios de la nación.

La Sinagoga es dueña virtual de los bienes poseídos por idólatras (pueblos no judíos) y tiene derecho de ofrecerlos a sus fieles si alguno de ellos lo pide, y de venderlos al mejor postor.

El adquirente paga a la Sinagoga una suma de la que ni un centavo llega al propietario idólatra. Verdad es que éste continúa en posesión de su casa o de su campo, ignorante de la original subasta de que ha sido objeto.

La Sinagoga sólo se obliga, por el precio que recibe, a notificar a los judíos de la ciudad y del mundo entero, la operación que se ha realizado, para que se abstenga, hasta la consumación de los siglos, de pretender la cosa adjudicada, ni comprándola directamente al propietario, según las leyes del país.

Sobre ella sólo tendrá derechos, en adelante, a los ojos de los judíos, el que la adquirió en la Sinagoga.

Y tal notificación implica, además, la prohibición de negociar con el propietario. Solamente el que ha cumplido el privilegio puede prestarle dinero o tratar con él. Lo cual, no significa nada en un país donde Israel no tiene mayor influencia, pero equivale a la ruina a largo plazo, en un país donde el comercio, la prensa y los bancos están visiblemente manejados por los judíos.

Los caballejos del tranvía, cabezas gachas, van pespunteando el camino, a lo largo de las calles.

Esquina de Florida. Justamente la casa de los Adalid, bajo la desabrida luz del gas, en el sitio de las tiendas de lujo, donde se realizan los mejores negocios, y cada vara de terreno cuesta un ojo de la cara.

El banquero Blumen siente la atracción de Florida, torbellino viviente, Maelstrom que bombea la riqueza y la fantasía de todo el país.

Hormiguean los peatones, mientras los suntuosos carruajes se atrepellan en la calzada.

Realmente parece un desatino el pretender la casa solariega de una de las más ricas familias argentinas. Blumen sabe que así pensarán todos y espera no encontrar rivales, que hagan subir el precio.

Quiere instalar su banco en Florida, con un inmenso letrero de luces que arroje su nombre como un insulto sobre la ciudad, que ahora se reiría de él, si adivinara sus pensamientos. Pero mañana temblará bajo su garra de financista.

Hace veinte años que vive en el país. Apenas habla su lengua, más ya en sus venas blancas siente ardores de dueño y señor.

"¡Florida será mía! ¡Y después, Buenos Aires será de mis hijos y después, 'la nación entera de los hijos de mis hijos!"

No faltarán hasta en los miembros del ghetto (barrio judío), quienes lo crean loco de ambición o de avaricia.

¡Peor para ellos, que no ven el porvenir de Israel en un; país que, con virginal inexperiencia y desde la primera hoja de su Constitución, se ofrece a todas las razas del mundo romo una granada que se parte!

Todas las razas no son igualmente temibles, porque no todas son igualmente capaces para las conquistas modernas. Ha concluido la misión de la espada. Ha pasado la era de los cartagineses, romanos, árabes, españoles, franceses, hombres de hierro y de sangre, vencidos y aplastados por las ideas económicas.

Mejor que la espada, el fusil; mejor que el fusil, el cañón; mejor que el cañón, el oro. Quien maneje el oro, mandará más que César, más que Felipe II, más que Napoleón.

Pero así como no todas las razas fueron capaces de manejar la espada, no todas son capaces de manejar el oro.

Esto piensa Blumen, encorvado sobre el asiento. ¡Parécele sentir el carro del Anticristo, sobre ruedas de oro, tirado por los economistas cristianos!

-¡Dentro de medio siglo habrá llegado! ¡Y será el Mesías! Su agitación esta! que otros pasajeros lo notan y el boletero se le acerca.

-¿Está enfermo, don Zacarías?

El banquero lo mira, atolondrado, completamente en la luna, y sin responderle se agacha y vuelve a soñar.

En las bocacalles hay un farol, debajo del cual algún impaciente, que acaba de comprar un diario de la tarde, "El Nacional", o "Sud América", devora las noticias. El oro sube, las acciones en la Bolsa bajan, en la Cámara de Diputados se pronunciar discursos amenazantes. Rumores de revolución. Las horas del gobierno están contadas.

Zacarías Blumen sueña que algún día sus hijos o los hijos de sus hijos serán diputados o ministros; tal vez uno de ellos presidente de la república. Toda su fortuna y todo el poder de la Sinagoga se arrojarán en el platillo de la balanza.

¿Quién podrá vencerlo?

En verdad, no tiene más que un hijo, linfático muchachito de trece años, que ha heredado su nombre, sus venas blancas, su nariz fina. Pero cuando él se case, con una muchacha argentina, cristiana de religión, ella será más fecunda que 'la bella Milka Mir.

La estridente cometa del mayoral rompe el frágil tul de sus visiones. El sueño y el viaje han terminado. Desciende.

Calle lóbrega, con aceras de ladrillo y calzada de tierra, la calle de la Sinagoga, casi en los extramuros del oeste.

Los pocos zaguanes vecinos cerrados a esa hora. Un farolito, de trecho en trecho, y algunas sombras, que se deslizan a lo largo de las paredes y de pronto se hunden en mayor oscuridad.

Zacarías piensa: Cuando solamente la mitad del oro del mundo, esté en manos judías, la Sinagoga, o más propiamente, el Gran Kahal de París o de Nueva York, con un solo signo, podrá desencadenar tan grande crisis en el mundo, que las naciones cristianas perezcan de hambre y se vendan ellas mismas a Israel

Y se cumplirán las promesas del misterioso Salmo 47, que los judíos leen siete veces el día de año nuevo (Rosch Haschama) entre los horripilantes aullidos de un cuerno de carnero que sólo esa vez se toca: "Pueblos, batid palmas y celebrad a Dios con gritos de alegría. Porque Jehovah, el Altísimo, someterá y arrojará a vuestros pies a todas las naciones."

Con esto llegó a la puerta de la Sinagoga, que miraba al occidente, y estaba entornada.

La empujó, haciendo deslizarse la piedra que la mantenía, entró y volvió a cerrada.

Es el vetusto' caserón de una quinta, lugar de recreo de algún rico, en tiempos de los españoles. Entonces, aquel punto de la ciudad era la plena campaña y las casas tenían humos de fortalezas, con sus espesos paredones, sus sólidas rejas, sus puertas infranqueables.

Una lámpara a kerosene colgada en el zaguán, apenas alumbraba el primer patio, circundado de galerías con gruesos rilares. Luego otro zaguán y otra lámpara, que oscila en el viento; un segundo patio sin galerías, con un aljibe y un parral, a manera de toldo; y más allá, detrás de una tapia, la huerta de naranjos, tan sombría, que ya al atardecer causa miedo.

Allí está la Sinagoga; y allí funcionan los dos supremos tribunales que mantienen la unidad y la fisonomía de los judíos: el Kahal y el Beth-Din.

Los cristianos piensan que ser judío es profear la religión judaica. No se imaginan que es otra cosa: que es pertenecer a una nación distinta de aquella en que se ha nacido o se vive.

Suponen que la Sinagoga no es más que el templo del culto israelita. Ignoran que es, además, su Casa de gobierno, su Legislatura, su Foro, su Tribunal, su Escuela, su Bolsa y su Club.

La Sinagoga es la clase de uno de los hechos más sorprendentes de la historia.

Los fenicios, los caldeos, los asirios, los egipcios, los medas, los persas, los cartagineses, han desaparecido.

Mientras que los judíos, sus contemporáneos y alguna vez sus siervos, han perforado los siglos, han llegado a nosotros, y con admirable orgullo nacional, se proclama el pueblo anunciado por la Sagrada Escritura para dominar el mundo.

De la antigüedad, anegada en el diluvio de los pueblos cristianos, no queda más que la Sinagoga, insumergible, como el arca de Noé, con su tripulación escogida, sus leyes, sus costumbres, sus ritos, su sangre, y hasta las líneas indelebles de su rostro.

La Sinagoga es el alma del judaísmo.

Y el alma de la Sinagoga no es la Biblia, es el Talmud.

Y el alma del Talmud es el Kahal.

Pero, ¿quién sabe, sobre todo, quién osa explicar exactamente lo que es el Kahal?

En un ángulo de aquella vieja mansión de galerías enladrilladas y patio con aljibe y parral, había un pedazo de pared sin revoque, en memoria de Jerusalén y su templo destruido y un letrero que decía: Zescher la shorban (recuerdo de la desolación).

Y en otra esquina un largo tronco de palmera, que asomaba, como un mástil, por arriba de los techos.

Solamente quienes conocían el ritual comprendían su sentido. La Sinagoga, donde funciona el sagrado Kahal, tiene que ser la construcción más alta de la ciudad.

Cuando no pueden levantar una torre, erigen un mástil. Los rabinos son los más ingeniosos casuistas del mundo.

El mástil era una solución allá por 1887. Ahora no basta, por culpa de los rascacielos, cada día más audaces. ¿Dónde hallar palmeras más altas que un vigésimo piso?

Y los rabinos se han vuelto a sumergir en el estudio de la Mischna, que es la Ley escrita, y de la Guemara, comentarios de la Ley por los antiguos rabinos. Y ciertamente en esa vasta colección de libros que forman la Mischna y la Guemara, y a la cual se da el nombre de Talmud, acabarán por hallar algún versículo que los libre de rehacer sus sinagogas.

Entretanto -recurso de emergencia-, han discurrido alquilar, para ciertas ceremonias, el último piso del más alto rascacielo de la ciudad, que las más de las veces, pertenece a un buen hijo del Talmud.

¿Qué son, pues, el Kahal y el Beth Din?

Desde que un judío toca los umbrales de la vida, hasta que sus despojos, lavados con agua en que se han hervido rosas secas y envueltos en un taled se encierran en la "casa de los vivos" (Beth hachaim), vive secretamente sometido al Kahal.

Tribunal misterioso, como una sociedad de carbonarios, existe dondequiera que hay judíos.

Si son pocos y la comunidad es pobre, se le llama Kehillah.

Si son muchos y tienen rabino y Sinagoga, ya es un Kahal, que manda sobre todo los Kehillahs de la región.

Y si se trata de una capital populosa, donde habitan millaales de hebreos, se instala un Gran Kahal, con jurisdicción sobre todos los Kahales del país.

Hace medio siglo, los trescientos y tantos judíos de Buenos Aires no hubieran obtenido en Europa o en los Estados Unidos más que un modesto Kehillah. Sin embargo, concedióseles un verdadero Kahal, en atención a las riquezas del país y a las ilimitadas perspectivas que sus leyes sabias y generosas y su hospitalaria población ofrecen al pueblo de Sión.

Esperanzas que no se defraudaron. Hoy Buenos Aires tiene la honra de poseer un Gran Kahal, la suprema autoridad de innumerables Kahales y Kehillahs erigidos en ciudades y pueblos argentinos, que sólo dependen a su vez, del Gran Kahal de Nueva York, verdadero Vaticano judío.

Aunque sean varios los miembros del Kahal, la acción se la imprime el más enérgico; y ése puede ser un ilustre Rosch (jefe), un Gran Rabino o un simple lkur (vocal) y hasta un modesto Schemosch (secretario) que se haya hecho conferirla temible facultad de perseguidor secreto, o sea de ejecutor de las altas decisiones del tribunal.

El Kahal es un soberano invisible y absoluto.

Comercio, política, religión, vida privada en sus detalles más minuciosos (relaciones entre padres e hijos, entre marido y mujer, entre amos y criados) todo está regido por el Talmud y controlado por el Kahal, que es su expresión concreta.

Y aunque instituido para aplicar la ley de Moisés, y el Talmud, en la práctica desborda y contradice a la misma ley.

La Biblia es como el agua. El Talmud es como el vino. El Kahal es, mejor aún, como el vino aromático.

El mismo Talmud proclama la infalibilidad y la omnipotencia de los rabinos, sus intérpretes.

"Hijo mío, atiende más a las palabras de los rabinos que a las palabras de la ley." (Erubin, 21 b.)

"Porque la palabra de los rabinos, es más suave que la de los profetas." (Sepher Caphtor U-Perach, 1590,121.)

"Y el temor al rabino es el temor de Dios" (Maimonides Jad. Chaz. Nilch Talm. Thora, Prek S. I), a tal punto que "si un rabino te dice que tu mano derecha es tu izquierda y que tu izquierda es tu derecha, debes creerle." (Rabbi Raschi. Ad. Deuter. XVII, II.)

Por lo cual, el Talmud declara que "el que desprecia las palabras del rabino, merece la muerte". (Erubin, 21 b.)

Y entre el rabino que hace la doctrina y el Kahal que la aplica, hay una estrecha inteligencia, que el público ignora.

El, sólo sabe que es inútil rebelarse y conveniente obedecer.

Porque si el Kahal es duro y temible como un tirano caprichoso, es también un protector omnipotente.

Junto al Kahal, que legisla y manda, actúa el Beth Din, verdadero tribunal secreto que se avoca todo pleito judío, y lo juzga no conforme a las leyes del país sino conforme al Talmud Y sus sentencias se cumplen, así el condenado se esconda en el seno de la tierra.

Ambos tribunales funcionan en la Sinagoga.

La sala de 1887, donde se reunían las asambleas de los judías, era modesta y limpia, toda pintada de blanco. Sus paredes, hasta donde un hombre podía alcanzar, estaban cubiertas de tapices, sobre cuyo borde superior corría una ancha franja de lienzo, con misteriosas leyendas hebraicas, estrellas de seis picos y tablas de la ley.

Cada vez que se abría la puerta, una bocanada del viento de la calle hacía oscilar como péndulos, las tres lámparas de aceite suspendidas de los desnudos tirantes del techo.

En el costado del oriente había un arca, llamada Arón, recuerdo del Arca de la Alianza, donde se guardaban, envueltos en preciosas telas, los rollos de la Ley, o la Sefer Thora, el libro sagrado por excelencia.

La Thora contiene los cinco libros de Moisés, el Pentateuco, que es la historia del pueblo de Israel desde la creación del mundo hasta la muerte de Moisés, y su legislación civil y religiosa.

En largos rollos de pergamino, meticulosamente preparado, un copista de rara habilidad, empleando tinta negra, cuya estricta fórmula dan los rabinos, ha escrito a mano el antiquísimo texto, sin cometer un solo error.

Bastaría, en efecto, que se hubiera equivocado en una jota, o que su tinta no fuera la del ritual, o se descubriera que una de las pieles había sido aderezada por un cristiano para que toda la obra fuese desechada como indigna de la Sinagoga.

Hacia el tercio de la sala, no lejos del Atón, estaba el altar, sobre el cual ardían cuatro velas, para facilitar la lectura de la Thora, ya que la luz de las oscilantes lámparas era harte mezquina.

Seguían los escaños, para los fieles.

Blumen sentase en el primer lugar, por haber comprado al Kahal ese privilegio. A su lado sentábase Mauricio Kohen, de Varsovia, descendiente de la familia de

Aarón, los antiguos levitas, como lo indicaba su nombre (Kohen, sacrificador).

En otros escaños, sentase diversos personajes, todos con el sombrero puesto, porque los israelitas en la Sinagoga, y en la mesa, y en sus visitas, permanecen cubiertos.

Cuando se llenaron todos los asientos se levantó el Rosch hak Keneset (jefe de la asamblea), que era entonces también el jefe del Kahal, Salomón Wofcy, anciano barbudo, de anteojos de oro.

Tenía puestas las tefflilin, correas con que se ciñe en la treno te y los antebrazos, un pergamino donde se han escrito pasajes de: Exodo: "Escucha, Israel... etc."

Y arriba del sombrero el taled, velo blanco de cuyas cuatro puntas cuelgan los zizith, flecos de ocho hilos de lana, anudados cinco veces.

El Rosch tenía majestad de sacerdote y de príncipe.

Desplegó entre la asamblea uno de los rollos de la Sefer Thora y con vos penetrante pronunció en hebreo las clásicas palabras del libro santo: "Esta, es la ley que Moisés impuso a los hijos de Israel." E invito a Kohen, primero que a Blumen a leer el comienzo del capítulo correspondiente a ese día.

Han dividido el Pentateuco en 52 lecciones, una para cada semana, de tal modo que al cabo del año terminan su lectura y vuelven a empezar.

Kohen conocía el hebreo, e iba él mismo traduciendo al idisch lo que leía, para que le entendieran sus oyentes, en su mayoría rusos, polacos y alemanes.

Después fué el turno de Zacarías Blumen, que entendía la letra hebrea, pero no comprendía el texto, y necesitaba el auxilio del turgeman (traductor) de la Sinagoga, el cual lo interrumpía al final de cada versículo, si era la Ley, o de cada tres versículos, si eran los profetas, marcando así la menor veneración que merecen los Profetas, comparados con Moisés; y ponía sus palabras en lengua vulgar.

Zacarías Blumen, más rico que Mauricio Kohen, sentíase humillado por su ignorancia.

El leer ante la asamblea es un honor, que, como todos lo; honores de la Sinagoga, se adquiere mediante el pago al Kahal.

Pero existía, además, el derecho de hablar a manera de predicación o comentarios y aun para debatir asuntos y negocios.

En este caso apagábanse las velas del altar, señal de que podían tratar cosas profanas.

Esa noche Zacarías Blumen pidió la palabra. Su voz era exánime y sin timbre, mas sus ojos lanzaban penetrantes rayos.

—Quiero que, según nuestras leyes y costumbres, el Kahal ofrezca en venta la casa de don Justino Adalid, en la calle Florida, y su estancia de dieciocho leguas cuadradas, con haciendas y colonias.

Gracias a la poca luz, pudo Mauricio Kohen disimulaba su fastidio. No habló, sin embargo; ni miró a Blumen, que con la cabeza caída sobre el pecho, aguardó la respuesta del Kahal, por boca del jefe.

El vecino de Kohen, a su derecha, dijo a éste, en voz baja. -Yo ofreceré por usted.
¿Hasta cuanto?
Kohen escribió con el dedo sobre la tabla del escaño, para que no advirtieran sus maniobras, la cifra que él quería ofrecer. Mas fué inútil, porque Blumen principió las ofertas con una cantidad cinco veces mayor, lo cual significaba su propósito de no dejarse vencer.
-¡Está loco! -dijo, entre dientes, Kohen.
Los seis miembros del Kahal, y el Rosch, deliberaron por fórmula, y respondieron a Blumen que aceptaban su propuesta, y él, sin prisa, contó un centenar de billetes de cien pesos, y lo depositó sobre el altar. Y, el Rosch se puso de pie y solemnemente, los brazos extendidos sobre los ya invisibles rollos de la Thora, pronunció estas palabras:
"Hay, jueves, víspera de la luna Aira, del año 5648 se pan todos que este Kahal ha vendido a Zacarías Blumen, por la suma de 10.000 pesos, el derecho de explotar la casa paterna y la estancia de don Justino Adalid, desde el centro de descendientes tierra, hasta las nubes más altas, para él y para todos sus descendientes. Y sepan todos los judíos que ninguno de ello, puede comprar esas propiedades, aunque el mismo Adalid quiera vendérselas en todo o en parte, por ningún precio, motivo ni pretexto"
Zacarías Blumen habló de nuevo.
-He comprado el Hazaka, esto es, el derecho de explotar los bienes materiales de don Justino Adalid. Propongo ahora comprar el Meropiié, o sea, el derecho de explotar su persona ¡Mauricio Kohen repuso prontamente:
-Yo ofrezco diez mil pesos por ese derecho. Sardónica sonrisa de su rival.
- ¿Diez mil pesos? i Yo ofrezco cien mil?
Kohen pareció hundirse bajo aquella cifra, que para un negocio absolutamente imaginario, resultaba insensata; y guardó silencio. Y el Rosch, se levantó de nuevo, recibió los cien mil pesos y con tria solemnidad anunció que el negocio estaba consumado, y que ningún judío de Buenos Aires ni

del mundo podría en adelante prestar dinero o comerciar en otra forma con don Justino Adalid ni sus descendientes, hasta la terminación de los siglos. Para que esto fuera sabido, se mano daría copia del acta de venta a todos los Kahales del Universo.

-¡Cien mil veces loco! murmuró Kohen.

Blumen alcanzó a oírlo, y exclamó con voz lamentable:

-¡He pagado un alto precio! Ahora exijo que el santo Kahal apostrofe y maldiga al que intente burlar mi derecho. -Es justo-dijo el Rosch, que extendió las manos otra vez, y pronunció esta solemne imprecación:

"En nombre de Aquél que dijo: No hay más Dios que yo. y yo soy el Dios de todos, que te saqué de la tierra de Egipto y de la casa de la servidumbre; y conozco los pecados de los padres, que me aborrecieron en los hijos de los hijos hasta ! a cuarta generación, y tengo misericordia de los que me aman y guardan mis mandamientos; y en nombre del Kahal y del Beth Din de Buenos Aires, aviso a todos los judíos del mundo, el derecho de Zacarías Blumen; y si alguien no cumple y lo desconoce, sépase que su pan no es el pan de un judío; que su vino es el vino de un goy; que sus frutos están podridos; que sus libros son libros de hechicería; y hay que cortar los zizith de su manto; y arrancar la mezuza de su puerta; y no hay que comer, ni beber con él; ni circuncidar a su hijo; y si bebe en una copa, y es de cristal, hay que romperla; y si es de plata, hay que fundirla en el fuego, porque es un Nahri (pagano)."

Unos escuchaban con horror; otros con indiferencia. Los más ignoraban quién fuese don Justino Adalid, ni qué clase de negocios podía tener nunca ninguno de ellos con tal señor.

Mauricio Kohen, profundamente irritado, pidió la palabra y se aproximó al altar. Las pupilas penetrantes, detrás de los gruesos cristales de sus anteojos de oro. Las mejillas encendidas; el rubio y escaso cabello en remolinos. ¿Odio personal? ¿Fanatismo religioso? ¿Intereses desbaratados?

Mientras él habló, Zacarías Blumen parecía dormitar.

—Recordad, hermanos, que se aproximan los tiempos anunciados por los profetas.

Dentro de 89 años, según nuestro Zohar, el Libro del Esplendor, o sea en 1966 para los cristianos, se levantará el verdadero Cristo, que entregará a Israel el Imperio de todas las naciones. El Universo no ha si- do creado sino a causa de Israel, según afirma el Talmud. Nos han perseguido, nos han dispersado. Con eso nos han derramado sobre la tierra, y hemos podido filtramos en todos los países. Hemos destruido los privilegios de las castas y de las coronas y hemos inventado los privilegios del oro, ídolos que el Sumo Sacerdote Aarón levantó en el desierto y adoraron los israelitas de Moisés.

Somos el uno por ciento de la población del mundo entero, y poseemos ya la mitad de las riquezas de todo el mundo. No es necesario luchar por la otra mitad. Nos bastará apoderarnos de todo el oro, que es apenas la centésima parte de la riqueza universal. Y cuando ya no quede ni un adarme de oro en manos de los gobiernos ni de los particulares, podremos hacer que los pueblos cristianos mueran de hambre y de frío, aunque posean todo el trigo, y todos los rebaños, y todas las minas existentes. Porque no podrán cambiar lo que les sobre por lo que les falte y no serán capaces de renegar de las doctrinas que les hemos enseñado.

No nos embaracemos, pues, ni de casas, ni de campos, ni de haciendas que no se puedan transportar, ni esconder; y que apartan nuestro corazón de la tierra prometida.

Y a ti, que quieres llenarte de campos y de estancias te pregunto: ¿vas a hacerte agricultor? ¿No conoces la máxima del Talmud: "el que tiene cien florines en el comercio, come carne y bebe vino; el que los tiene en la agricultura, comerá hierba"...? Por eso te conjuro y te digo con el espíritu de nuestra raza: "No cultives el suelo extranjero; pronto cultivarás el tuyo; no te fijes en ninguna tierra, porque serás infiel al recuerdo de tu patria; no te sometas a ningún señor, porque no tienes otro que Jehovah; consérvate como si estuvieses de viaje, a punto de partir; y pronto verás las colinas de tus abuelos, y esas colinas serán el centro del mundo, del mundo que estará bajo tus pies."

Gruesas gotas de sudor aparecieron sobre la trente del fogoso Kohen.

Zacarías Blumen no contestó ni pareció advertir la alusión, y la asamblea se disolvió en silencio.

En la esquina de la calle juntáronse de nuevo Blumen y Kohen y tomaron el mismo tranvía.

Y sucedió aquella noche que Blumen dio diez centavos al mayoral, y dijo a Kohen:

-Mauricio, ti pago la tranvía.

Y Mauricio se hizo el desentendido, pero se lo dejó pagar.

II

LOS COMIENZOS DE ZACARÍAS

Los que vieron a Zacarías Blumen meterse en su covacha del Paseo de Julio, con sus guedejas rituales, su barbaza retinta y su levita escrofulosa, nunca lo hubieran reconocido en el caballero de trac, atusado y sin tirabuzones que a eso de las diez de la noche salió para asistir al casamiento de la hija mayor de don Justino Adalid.

De acuerdo con la extraña costumbre talmúdica, acababa de comprar en la Sinagoga el derecho de arruinar al rico estanciero.

Pero una cosa son los negocios y otra cosa la amistad.

El, era ya personaje a quien agasajaban no solamente los que podían necesitarlo, sino todos esos que alternan gustosos con los ricos, aunque no sean de buena estirpe ni reputación.

Zacarías, merced a sus relaciones de Bolsa y de banca, iba penetrando en los salones.

Y como echó de ver que su aspecto era ridículo resolvió transformarse.

Se mandó hacer un trac, con el mejor sastre de la capital, y aguardó la primera invitación.

Le llegó en buena hora la de Adalid. Su fiesta haría época en los fastos de la vida porteña, y le permitiría ver por dentro aquella casa que tanto le gustaba por fuera.

Mandó llamar al peluquero y ante la estupefacción de Milka, se hizo cortar a la moda la barba y el cabello.

De trac, con chaleco blanco, una flor y guantes niveos, su mujer y su hijo empezaron a admirarlo. La blandura, la simplicidad, el apocamiento con que se presentaba en público, no eran sus cualidades domésticas. En su casa tronaba y fulminaba como un Sinaí, y cuando en las mejillas se le pintaban dos chapitas de carmín, señales de mal tiempo, la bella Milka y el alebronado pequeño Zacarías, procuraban echarse a la calle o guarecerse en un rincón.

-¡Yo querría acompañarte, Zacarías! —suspiró su mujer.

Y él respondió:

-como me llamó Zacarías, que significa Dios se acuerda; un día llegará en que hasta los perros de mi casa entrarán en la sala de Adalid.

Escalón por escalón iba ascendiendo en la vida social Ya, varias veces, había llegado al despacho del presidente de la república. Más difícil resultaba entrar en las aristocráticas mansiones porteñas.

La fiesta de Adalid sería, pues, su bautismo de fuego. Seguramente lo habrían invitado, con la esperanza de que no fuese.

Temerían verlo aparecer con su indumentaria de mercachifle. ¡No! El, sabía muy bien cómo debía presentarse.

No le importaba que aquellos pobres goyim (cristianos) se rieran de su torpe idioma. Era blando y humilde por fuera; por dentro orgulloso. A su tiempo se despojaría de su humildad exterior y los aristócratas se disputarían su amistad, y las mujeres de ellos, más vanas que ellos mismos, y más codiciosas, invitarían a Milka.

-¡Señor, Señor!-pensó Zacarías. ¡Lo que vaya tener que gastar en joyas, cuando esto suceda! ¡Pero no importa! Los brillantes y las perlas, bien comprados, es buena inversión.

Al peluquero que lo afeitó y ayudó a vestirse le regaló su levita.

-Te servirá para ir a la Sinagoga, Samuel.

-Sí, sí. El día de Yom Kipur me la pondré -respondió Samuel, pensando que por aquella prenda le daría dos pesos otro judío en la misma calle.

Voló el pequeño Zacarías a la plaza de Mayo, a cuatro cuadras del hotel Nacional.

Recorrió la fila de victorias apostadas allí, y eligió una a su gusto y se la llevó al banquero. -No conviene llegar a pie a una fiesta semejante-había dicho Blumen tocando la mezuza de su puerta y besándose los dedos.

Y su mujer le clavó una saeta al partir.

-Apuesto mi tapado de pieles a que a ella la han invitado. Inútil nombrarla. Ella era la mujer de Mauricio Kohen, que se iba introduciendo en todas partes y había hecho del descendiente de Aarón un personaje influyente.

Zacarías reprimió un gesto de fastidio, acordándose de que Sarah Zyto, la actual esposa de Mauricio Kohen, había sido desdeñada por él, años antes, a causa de los bellos ojos de Milka Mir, ¿Error o acierto? ¡Dios lo sabía!

Si grande era la rivalidad de los dos banqueros, mucho mayor era la de sus dos mitades: Milka, la de Blumen, y Sarah, la de Kohen.

Esta, envidiaba a aquélla su fortuna; y aquélla, envidiaba las buenas relaciones de ésta.

Si la fortuna de Kohen se calculaba en un millón, había que calcular en cinco la de Blumen. Y, sin embargo, esa noche, la ambiciosa Milka, bebería sola y. aburrida el té de su samovar, mientras Sarah exhibiría sus collares sospechosos bajo las arañas de los Adalid.

El gas tiñó de espectro la cara del nuevo invitado. Los curiosos le abrieron paso sin reconocerle. Un criado le tomó sombrero, sobretodo y bastón.

El dueño de casa acudió a recibirlo, y quedó pasmado.

-¿Usted es... Blumen?

-Para servirle.

Mauricio Kohen, su contendor de esa tarde en la Sinagoga estaba en el salón, con su mujer, y ambos corrieron a presenciar el prodigio: ¡Zacarías Blumen a la moda!

Sarah Zyto lo llamó por el nombre que él habría querido enterrar bajo siete leguas de tierra.

-¡Oh, mi querido Zabulón! ¿Qué has hecho de tus barbas patriarcales? ¿Qué va a decir tu pobre Milka? Y ella ¿no ha venido? ¿Por qué no has traído a la hermosa Milka?

Zacarías maldijo su estrella, dió algunas explicaciones, y se escabulló de aquella mujer que lo tuteaba como a un criado.-¿Tan amigo es de Sarah Zyto que lo trata con tanta familiaridad?

-Sí... no... , es decir, entre nosotros.

Huyó de nuevo, para no contar que Sarah Zyto, veinte años atrás, fué la mujer de su hermano David. Y se perdió en el tumulto de los invitados, saludando a todos, y sin saber en qué grupo mezclarse.

Hasta que le cortó el paso un muchachón despejado e insolente, que lo condujo al buffet.

-Venga, vamos a tomar champagne, y a hablar de negocios. Yo soy Rogelio, el menor de los Adalid varones. Hay, todavía una hermana de seis años. Yo tengo quince, pero soy el que sabe más. Ellos se burlan de mí porque no quiero trabajar. Yo les contesto que cuando se tienen cinco millones, es una imbecilidad ponerse en peligro de perderlos, por tenéis seis.

Zacarías hizo el gesto habitual de tirarse las guedejas, y su mano indecisa arañó la mejilla flácida.

-¿Y qué es lo que sabe usted, mi amiguito?

-¡Vivir!... Supongo que usted querrá champagne seco ¿no es así? El dulce para las mujeres. Bueno, óigame.

Yo quiero que usted sea mi banquero...

Zacarías bebió una copa y preguntó suavemente: -¿Tiene usted la libre disposición de sus bienes?

-Todavía no; pero cuando el viejo usted sabe, nadie es eterno y un día u otro también a él le tocará el turno. Mi madre ya murió, y de ella tenemos, cada uno de los hermanos, dos millones. Si el viejo no se funde, por trabajar demasiado, heredaremos otros cinco o seis millones, cada uno.

-¡Dios del Talmud! Continúe, niño, me interesa.

-Pongamos que no sean más que cinco; que no sean más que cuatro. Cuatro que tendré y dos que tengo son seis. ¿Puede un mozo vivir en París y en Londres y en Viena con la renta de seis millones?

-¡Ya lo creo! ¡Más que vivir! Puede morirse si se empeña en gastar su renta.

-¿Y cuál sería la de seis millones?

-Según en qué los invirtiera. ¿Casas? ¿Campos? ¿Vacas?

-¡Ni casas, ni campos, ni vacas! ¡Dinero contante! ¡Buenas hipotecas! Mi padre y mis hermanos son unos infelices. Echan los bofes por adelantar sus capitales; viven comprando y vendiendo; mejorando sus estancias, edificando sus terrenos; levantándose al alba y trabajando como negros todo el día.

Zacarías asintió. Las gentes citaban como ejemplo la laboriosidad de los Adalid.

-La gran ambición de mi padre es que lo llamen pionneer del progreso argentino. ¡Qué estupidez! ¡Tome otra copa! Y óigame bien. Usted es judío, y yo soy cristiano, pero tengo más confianza en los que van a la Sinagoga, que a la Catedral.

-Muchas gracias.

-Me refiero a negocios. Ningún judío se empobrece. En cambio, los cristianos viven dando tumbos. - También suele ser verdad.

-Yo quiero entonces confiar mis asuntos a un banco judío

- ¿Cómo el Banco Blumen?

-Eso es. Cuando a mi padre le toque el turno... ¿usted? me entiende? no aceptaré ni una vaca, ni un terreno, ni una hectárea de campo. Si me obligan a aceptar, lo liquidaré en el acto, y le entregaré a usted el dinero, y usted lo colocará en buenas hipotecas. No me ha dicho qué renta pueden dar seis millones de pesos... ¿Otra copa? Y ahora, mi banquero y amigo, dígame por qué esa rubia 1 o trata de tú y 1 o llama Zabulón...

Zacarías inventó cualquier explicación y salió del paso como pudo. El mozalbete, en realidad, apenas le escuchó. En los salones danzaban elegantes parejas, y él envidiaba a los mayores aquel placer, vedado todavía para un colegial.

Zacarías aprovechó ese instante para escabullirse. Ya se había entrenado en la alta vida social. Ya lo habían visto en correcta indumentaria y nueva fisonomía. En adelante lloverían las invitaciones.

-¡Ah Milka! Qe no haber sido tú tan hermosa, yo sería dueño del corazón de Sarah Zyto. Y ella no se acordaría de llamarme Zabulón. ¡Maldito sea!

Era una historia antigua. Los viejos Zyto de Polonia, a raíz de uno de esos frecuentes pogrom, en que los judíos son perseguidos a sangre y fuego, emigraron a la Argentina, con su única hija, Sarah, que tenía cinco o seis años.

Mala suerte y peor salud. Murieron dejando en la miseria a Sarah, de quince años, que no tardó en hallar amparo en casa de los mellizos Zabulón, pues se casó con uno de ellos, David, el más juicioso y tímido y tartamudo.

Buenos y laboriosos muchachos, David y Matías. Habían llegado de Varsovia sin más bienes que sus lustrosas levitas y dos pastelillos de felpa, a guisa de sombreros.

Llegaron en tiempos propicios, pues no tardó en estallar la guerra.

Desde la antigüedad el judío ha preferido la guerra a la paz, porque ésta no engendra negocios.

Cuando hay príncipes que se disputan y pueblos que se entrematan, el ojo acostumbrado a leer los caracteres hebraicos del Talmud, sabe, también descubrir soberbias oportunidades.

El judío no ama la guerra como soldado, sino como proveedor de los soldados y prestamista de los gobiernos.

Ciertamente, alguna vez ha tenido que formar en las filas y marchar al frente. Pero siempre ha hallado manera de cumplir la avisada máxima del Talmud: "Si partes a la guerra, no vayas adelante, sino atrás, a fin de que puedas vol. ver el primero." (Pesdchim, 112 b.)

Los dos Zabulón tenían buen ojo, y eran capaces de convertir en oro no solamente el hambre y la sed de un ejército, sino también la sangre, el dolor y hasta la derrota. Y lo hacían con una sencillez enternecedora y una dulzura invencible.

Eran, pues, los tiempos de la guerra del Paraguay, que se inició en noviembre de 1864, y duró más de cuatro años.

Parece increíble que la pequeña nación paraguaya resistiera tan largo tiempo contra los ejércitos aliados de la Argentina, el Brasil y el Uruguay.

Conviene explicar que en aquella época el Paraguay tenía mejores arsenales, astilleros, telégrafos y ferrocarriles que la Argentina.

Francisco Solano López, su ominoso presidente vitalicio, había logrado reunir más de sesenta mil soldados, en sus famosos campamentos de Cerro León, Encarnación y Humaitá, y provocó la guerra pará hacerse conocer del mundo.

Un día de noviembre del 64, en plena paz, se animó a desafiar al Brasil, apoderándose de un vapor mercante, que tocó en Asunción.

Y meses después, todavía en paz con la Argentina, invadió su territorio y pasó a degüello las tripulaciones de dos vapores de su escuadra, sorprendidos en Corrientes.

Entre los proveedores de las tropas argentinas, que partieron a los lejanos campos de batalla, deslizándose David y Matías. Aquél, según dijimos, ya era casado con la joven Sarah Zyto, que se quedó en la ciudad para servirle de corresponsal.

Vendiendo aguardiente y tabaco, y contrabandeando yerba del Paraguay, que es insustituible para los buenos tomadores de mate; pasándose del campamento argentino, al de los brasileños o de los uruguayos; y en ocasiones metiéndose furtivamente hasta en las líneas paraguayas, es decir, traficando con el enemigo, los mellizos Zabulón, en cuatro años, ganaron centenares de miles de pesos fuertes.

Infinitas penurias y verdaderos peligros. Tan verdaderos que al fin se produjo la tragedia.

Su don de oportunidad, que los hacía caer a tiempo, y volverse indispensables, pues siempre tenían dinero listo; su discreción, su paciencia, su mansedumbre, su sagacidad vulpina, virtudes históricas de su raza, y hasta el ser dos personas tan idénticas que resultaba imposible saber cuándo se trataba de David y cuándo de Matías, y facilitaba ciertos negocios y muchas coartadas, explican su éxito.

Más tanto va el cántaro al agua.

Un día los centinelas brasileños sorprendieron a Matías volviendo de las líneas paraguayas, y se tuvo indicios de que había llevado noticias.

Consejo de guerra inmediato y pena de muerte dentro de las veinticuatro horas. El prisionero mandó llamar a su hermano para despedirse.

Desde el campamento argentino acudió el dulce David, des- hecho en lágrimas y más tartamudo que nunca.

Y el cauto Matías le hizo una extraordinaria proposición.

-¿No te crees capaz de obtener mi gracia, del presidente Mitre, general en jefe de los ejércitos aliados?

-¡Hermano mío, más querido que la misma Sarah! No me creo capaz ni de obtener la vida de un caballo, ni de una vaca, ni de un ratón; mucho menos la tuya. Soy tímido y tartamudo como Moisés. No me tientes y prepárate a morir...

-No, hermano mío: tengo una idea salvadora. Tú eres tímido, pero yo soy audaz; tú eres tartamudo, como Moisés, pero yo soy elocuente como su hermano Aarón.

-¡Es verdad!

-Estoy seguro de que si el general Mitre me escuchara, me concedería su gracia.

-También yo estoy seguro, porque hablas como un profeta. Pero estás preso y el general no te escuchará. ¡Prepárate a morir, querido mío!

-No, porque yo iré al general Mitre, y le diré.

-El centinela no te dejará pasar.

-Sí, me dejará pasar, si tú ocupas mi lugar. Nunca sabrán ellos, ni nadie, si eres tú o soy yo el que queda preso, o el que sale. Recuerda que la misma Sarah, tu querida esposa...

David no acertaba con un argumento que disuadiera a su hermano Matías de aquella pavorosa ocurrencia. Hallaba de pésimo gusto explicarle que aunque eran tan parecidos que nadie los distinguía, él sentíase absolutamente distinto de su hermano.

Para él, Matías no era el mismo que David. Le causaría inmensa pena si fusilaran a Matías, pero mayor pena si fusilaran a David.

Silenciosamente se mesó las barbas, hasta que Matías le dijo con amargo desprecio:

-¡Mal hermano! ¡No quieres salvarme; cuando estoy preso por haber hecho negocios para ti! ¡Y cuántos buenos negocios tengo pensados! ¡Pero no quieres que viva!

-Sí, hermano mío, quiero que vivas. Pero sin oponerme a la voluntad del Eterno. El ha querido que seas tú el preso y tú el fusilado. ¿Qué puedo hacer yo, pobre hormiga, contra los designios de mi Creador?

Discutieron una hora más. Matías se lamentaba de la~ grandes ideas que con él se irían a la tumba. Y David se horripilaba ante el riesgo de dejar viuda a la joven Sarah. ¡Viuda y sin posteridad!, es decir, que su nombre desaparecería de la haz de la tierra, tremenda visión para un buen judío.

Pero no de balde era uno tartamudo y el otro elocuente.

Acabó Matías por convencer a David. Y éste se quedó en la prisión y el otro partió para andar quince leguas a caballo y volver con el indulto.

Al darse el postrer abrazo, todavía David, agarrando por los hombros a Matías y mirándolo en el fondo de los ojos, le preguntó:

-Y si no consiguieras el indulto, ¿volverías lo mismo?

-Sí, hermano; si no consiguiera tu indulto volvería lo mismo.

-Mi indulto no, el tuyo querrás decir.

-Como tú quieras; pero desde este momento, y puesto que eres tú el que se queda preso, el indulto que yo debo pedir no es el mío, sino el tuyo. ¡Adiós hermano mío!

Pasó por delante de los centinelas, que no advirtieron el cambiazo, y voló a convencer al general Mitre; mientras David se quedaba sumido en los más tristes presentimientos.

No era buen jinete, pero galopó toda la tarde, a través de la selva correntina, hasta llegar a la carpa de Mitre. Pero el generalísimo de los ejércitos aliados estaba a veinte leguas de allí.

Ya no había tiempo de llegar.

Entonces Matías pensó qué debía hacer, si proseguir En busca de Mitre o volver a ocupar su sitio y libertar a su hermano.

Extraña terquedad la suya. Se empeñó en buscar a Mitre. Y al fin dió con él, pero tres días después. Y cuando bañado en lágrimas le habló del asunto, el generalísimo le mostró un papel donde le daban cuenta de la ejecución de Matías Zabulón, fusilado por espionaje días atrás.

Quedó pulverizado, con el flaco mentón hundido en el pecho.

-¡Yo también voy a morir -dijo, en su desesperación. Y los que le oyeron, exclamaron:

¡Pobre hombre! do que se iba a suicidar.

-Puesto que Matías Zabulón ha muerto para la ley y David Zabulón ha muerto para mí, yo no puedo ser Matías ni soy David. ¡Yo también voy a morir! ...

Y se mató... civilmente.

Adoptó el nombre de su abuelo, Zacarías, y el apellido materno, Blumen, que en alemán significa flores. Era eufónico y poético.

Liquidó sus asuntos en el campamento y regresó a Buenos Aires, donde lo aguardaba Sarah, para arreglar cuentas.

No hablaron de negocios al principio. Los ojos hermosos de ella tenían fulgores románticos.

-Hermano mío, ¿has leído el Libro de Ruth?

-Sí, hermana mía.

-¿Te acuerdas algo de él?

-¡Ni una letra!

Entonces ella le entregó una edición de la Ley y los Profetas, escrita en sólidos y hermosos caracteres hebreos, pero compuesta en idisch que es una especie de alemán para el uso de los judíos de su raza.

Zacarías Blumen (llamémoslo así en adelante) no dió mayor importancia al capricho literario de Sarah, ni a los románticos fulgores de sus ojos, ni a la cadencia de sus palabras. Ni releyó el Libro de Ruth.

Entonces ella hojeó el Deuteronomio, uno de los cinco libros sagrados que forman la Thora, y le leyó el versículo 5o del capítulo 25, que dice así:

"Cuando los hermanos viviesen juntos y muriese uno de ellos, y no tuviese hijo, la mujer del muerto no se casará con hombre extraño; y su cuñado la tomará por mujer."

Esto era a fin de que el primogénito que ella diera a luz fuese llamado como el muerto y el nombre de éste no pereciera.

Mas como Zacarías no se apresuraba a cumplir con la ley, Sarah lo acorraló delante del rabino y de los ancianos de su nación, reunidos en la Sinagoga.

Era de mañana, y las pálidas velas del Hechal, donde se extendería la Sefer Thora, tenían aspecto funerario.

El Rosch revistió sus ornamentos: ciñóse en la frente, en las manos y en el antebrazo los minuciosos teffilin; separó con un apretado cinturón las partes nobles e innobles del cuerpo; se echó sobre el sombrero el thaled sacerdotal, adornado por los simbólicos flecos (zizith) y vuelto el rostro hacia Jerusalén y puesta la mano sobre el corazón, y juntos los pies, a la manera de los ángeles, porque Ezequiel ha dicho: "sus pies estaban derechos" (c. 1,v.7) entonó las dieciocho bendiciones (scemona esre) comenzando por aquella hermosísima que se recita debe hace cuatro mil años en las Sinagogas, y que Nuestro Señor Jesucristo rezó muchas veces:

"Bendito seas, Señor, Rey del Universo, que produces la luz y creas la oscuridad; que haces la paz y sacas las cosas de la nada, y día por día renuevas la obra de tu creación."

Después vuelto la cara a la concurrencia, en la que había muchas mujeres, desplegó un rollo de la Thora, leyó algunos pasajes y lo cerró, diciendo: "Esta, es la ley que nos ha dado Moisés."

Guárdalo respetuosamente y volviéndose al pueblo explicó la historia de Ruth la Moabita.

Hallábase entre las mujeres la joven y hermosa viuda de David Zabulón, que sentía llover sobre ella las miradas fogosas y textos sagrados; y estaba, también, muy resignado a su deslucido papel, Matías Zabulón, que iba a ser el chivo negro de los pecados ajenos.

Refirió el Rosch de qué manera Ruth, habiendo enviudado en el país de Moab, fué a Bethleem, por consejo de su suegra Noemí, y entró en casa de Booz, su pariente. Y Booz se desposó con ella para suscitar posteridad al muerto, "a fin de que su nombre no se borrara de entre sus hermanos".

-Tal se hacía en los tiempos antiguos! -exclamó el Rosch, despidiendo llamas por los ojos-; pero los judíos de ahora no quieren dar hijos a los muertos y se resisten a cumplir tan dulce ley de fraternidad.

Diciendo esto miró a Sarah Zyto y añadió para su coleto:
-¿.Qué pretende ese animal de Zabulón? ¿Dónde va a hallar mujer más hermosa?

Y en voz alta, prosiguió:
-Por la terquedad de Matías Zabulón y en defensa de los derechos de Sarah Zyto, debe procederse a la santa ceremonia Ibum y Caliza, mas no en la Sinagoga, lugar sagrado, sino en el campo, sitio de oprobio.

Todos sabían que Ibum quiere decir: tomar la viuda; y Caliza descalzarse el zapato.

Zacarías debía optar entre que- darse con Sarah o entregarle un zapato.

Salió el Roch, a reculones, para no dar la espalda al Hechal, y lo siguió el público en la misma forma.

Sarah abría gallardamente la marcha y nuestro Zacarías la cerraba con aire compungido, esquivando las furibundas miradas de las mujeres.

Todavía podía hacer las de Booz.

Sarah no había cumplido veinte años y tenía fama de hermosa. Pero en el corazón de Zacarías había otro argumento.

A cierta distancia detuvieron en un terreno baldío, detrás de unas cercas de bita, que impedían ver desde la calle.

Formaron corro, y el Roch, después de rezar algunas oraciones, invitó a Zacarías a seguir las costumbres antiguas, casándose con la viuda. Sus palabras fueron coplas de ciego para Zacarías, que oía otros cantares en su corazón.

Viendo lo cual Sarah tomó la palabra y pronunció en hebreo el versículo 7 del capítulo 25 del Deuteronomio: "El hermano de mi marido no quiere continuar la posteridad de su hermano en Israel, casándose conmigo."

Zacarías no comprendía el hebreo, por lo cual ella se lo tradujo, y él respondió en idisch lo que se le ocurría, que fué casualmente, otro versículo: "No quiero tomarla."

Entonces el Roch arrojó un zapato de forma especial, que el recalcitrante mancebo tuvo que calzarse. Y ella, furiosa, con la mano derecha, se lo arrancó a tirones y lo escupió en el pie y en el rostro, y a coro con los fieles recitaron el otro versículo:

"Así se hará al varón que no edifique la casa de su hermano. Y su nombre será en Israel: la casa del descalzado."

Y Zacarías respondió, entre dientes, en mal español:

-¡Ahí me las den todas!

Entonces el Rosch dijo a Sarah lo que ella anhelaba:

-Tú puedes ahora casarte con cualquier hombre y recobrar tu dote y los bienes del muerto.

Y Zacarías, que no quería aparecer sin motivos, infringiendo una costumbre antigua, manifestó que estaba comprometido con Milka Mr, y en un rapto de lirismo la describió así:

-Para formarte una idea de su belleza ¡oh Rosch! tendrías que tomar una copa nueva de plata y llenarla de granos de granada, rodear el borde con una guirnalda de rosas y colocarla entre el sol y la sombra; y el esplendor de este objeto apenas llegaría a la mitad del brillo de la cara de Milka Mr.

El Roch inclinó el cabeza convencido. Pero Sarah, que sabía más que los rabinos contestó:

—¡Idiota! Eso está en el Talmud, y es el elogio de Johanann har Napah. Ni siquiera aciertas a elogiar a una mujer con palabras tuyas.

Y volvió a escupirlo y se alejó indignada.

La rendición de cuentas resultó larga y minuciosa. Zacarías era un hombre prolijo.

Nada olvidó, ni el diezmo de la menta y del comino, según las palabras de Jesús.

Sólo tú sabes, Señor, si el saldo que arrojaron dichas cuentas en favor de la viuda, fué la mitad, o siquiera la quinta parte de lo que le correspondía.

Lo que todos sabemos, Señor, es que Zacarías no se habría permitido engañar a su hermano David, de estar vivo, porque el Talmud prescribe que: "No es permitido engañar a nuestro prójimo" (Baba Metsia).

Pero Zacarías había averiguado que el infeliz, puesto en capilla, se dejó convencer por el capellán militar y recibió el bautismo católico, media hora antes de ser fusilado.

Lo cual, lo rayaba del libro de los prójimos y lo incorporaba al gremio de los goyim o akum (perrs idólatras o cristianos).

Y el mismo sagrado Talmud dice: "Es lícito estafar a un goy" (Baba Kamma)... Pues conforme a la doctrina talmúdica, expresada en su Código civil y criminal (Choschem Hidmmischpat) "el dinero de los akum es semejante a un bien sin dueño".

Por final de cuentas Zacarías entregó a Sarah unas libranzas sobre Varsovia y un pasaje para Hamburgo. Y tuvo la generosidad de acompañada al vapor y despedirle como se despide a alguien hasta la eternidad.

Esta, es una parte de la historia de Zacarías Blumen. Pero hay algo más. Las gentes no saben cómo continuó creciendo su enorme fortuna; pero yo lo sé y voy a decido para que no olvidemos que a Zacarías Blumen y a sus semejantes a Argentina les debe buena parte de su fama en el mundo.

Lo cual no significa que sus nombres hayan de quedar la historia al lado de los constructores de la nación.

Tal vez en el reverso de la medalla.

III

LA CONQUISTA DEL MUNDO, SIN ESCUADRAS NI EJÉRCITOS

Restauradas las ruinas de la guerra del Paraguay, sobrevinieron años de gran prosperidad, y se desarrolló en los argentinos el amor al lujo. Y como consecuencia, una afición desmedida a los géneros de seda, afición que el gobierno quiso contener, gravándolos con tortísimos derechos de aduana.

Zacarías Blumen se puso en contra del gobierno y en favor de los argentinos; y se dedicó a procurarles aquellas preciosas tejas, libres de impuestos fiscales.

Comprobarlas en el Japón o en Italia y ocultaba las en sus depósitos de la Banda Oriental, entre Montevideo y la Colonia.

Allí las recogían sus lanchas, más veloces y mejor tripuladas que las de la policía aduanera.

En una noche cruzaban el Río de la Plata y descargaban su rica mercancía en lugares secretos de la costa del Tigre o las barrancas de San Isidro.

En los gastos del negocio, Blumen incluía siempre una partida para el comisario de la región o para el jefe del resguardo. Lo que los argentinos llaman "coima". En lenguaje técnico se dice: "Lubricante, materia viscosa y fluida que se deposita en los ejes y engranajes para evitar que chillen."

A veces algún engranaje rechazaba el lubricante, y los pobres marineros de sus lanchas tenían que andar a tiros con los guardias aduaneros entre los sauzales de la costa y los meandros del Delta.

Pero tales accidentes apenas interrumpían el tráfico durante algunas semanas. Zacarías curaba a los heridos, olvidaba a los muertos y echaba más lubricante o lograba que se removieran aquellas ruedas inferiores, que no se dejaban engrasar debidamente.

A pesar de estos gastos, las sedas de Blumen podían venderse en Buenos Aires a la tercera parte del precio de las que llegaban por legítimo puerto. Pero Zacarías se guardaba de venderlas a ese precio, por no arruinar a sus honestos rivales. Se limitaba a rebajar las suyas a la mitad, lo cual le permitía realizar dos cosas buenas: no ganar más de un veinte por ciento y no fundir del todo a los comerciantes honestos. La experiencia le había enseñado que sólo gracias a la honestidad de los hombres, hay negocios para los pillos.

De las sedas pasó a los cigarros, a los encajes y a la morfina. Los buenos negocios son como las cerezas: en el tronquito de unos se enredan otros.

Y así él, buscando gentes discretas y hábiles que expendieran sus alcaloides, descubrió un nuevo filón.

Había observado que entre los centenares de miles de inmigrantes que los buques de Europa vuelcan sobre las indefensas playas argentinas, venían muchas damas ilustres, baronesas y condesas, de apellidos difíciles, ávidas de explotar sus buenos modales y el sonido de sus nombres: Condesa Kozlowsky; baronesa Zytnitzky.

Y había observado también-pues a Zacarías no se le escapaba ningún detalle-, que los caballeros porteños gastaban con placer su dinero en las guanterías y perfumerías y bomboneras atendidas por jóvenes extranjeras con nombres románticos.

En aquellos tiempos, cuando Olga o Eva, o Abigail decidían cambiarse nombre, acudían a las óperas y se rebautizaban Gilda, Norma, Aida.

Ahora, las óperas han caído en desuso y las muchachas prefieren los nombres en inglés de las artistas de cine.

Zacarías fué el primero en Buenos Aires que relacionó esos dos hechos triviales al parecer; el cursi romanticismo de los caballeros, por quienes las jóvenes se cambiaban nombre y la sonoridad de ciertos apellidos de damas inmigrantes.

El mismo día que desembarcaron la baronesa Fanny Chmielnitzky y la condesa Ida Glück, que venía de Amsterdam con pasaje de tercera clase, Zacarías Blumen las abordó en el hotel de Inmigrantes, donde las alojó la munificencia del Estado.

-Si yo les doy plata-iba pensando el financista-a estas nobles damas para que fingiendo no conocerme, abran guanterías y bombonerías y florerías, con esas rubias muchachas que han venido en el mismo buque, y les cambien sus nombres bíblicos por otros árabes: Zaira, Saída, Zelmira, haremos buenos negocios.

De esta ocurrencia nacieron innumerables tiendas en todos los barrios de la ciudad, regenteadas por nobles señoras, vestidas de sedas brillantes y con gruesos collares falsos.

Zacarías Blumen las comanditaba secretamente y cada semana iba con su levita escrofulosa, su barba negra y su espalda arqueada a hacer balance y embolsar ganancias.

Buena porción de estas se destinaba a engrasar el complicado mecanismo de la policía porteña. Y, como la experiencia le había ell5eñado que algunas ruedas no absorbían el famoso lubricante, Zacarías Blumen, antes de instalar una guantería visitaba al comisario del barrio. Y si lo hallaba insobornable se alejaba de aquella sección.

De lo cual resultó que algunos cuarteles de la ciudad no fueron favorecidos por el progreso; pero en otros fundó Zacarías tantas sucursales que los vapores de Europa no le suministraban ya suficientes baronesas y condesas y tuvo que hacerlas venir de su tierra expresamente.

A veces, desbordado por el éxito de los negocios, cuando hallaba una muía vieja de buen aspecto, que se llamaba como quien dice Juana Pérez, él mismo le otorgaba ejecutoria de nobleza y la Juana Pérez, desde ese día, entraba a llamarse: baronesa Taiba Rubinstein.

Tuvo también que preocuparse de las jóvenes empleadas, lo cual no era escaso quebradero de cabeza y lo obligó a hacer varios viajes a Europa y a establecer corresponsales discretos en distintas naciones.

Al cabo de algunos años tuvo la satisfacción de ver su obra perfecta. Poseía cuarenta o cincuenta sucursales en la Capital Federal y muchas en las ciudades del interior. Y de tal manera había organizado sus agencias europeas y hasta asiáticas, que Buenos Aires acabó por ser el principal mercado para ciertas mercaderías.

¡Al César lo que es del César! Buenos Aires debe a Zacarías Blumen y a otros extranjeros como él, lo más ruidoso de su nombradía en aquellas naciones, de donde importaban sus baronesas y sus modistillas; y gracias a tales industrias, la ruta de Buenos Aires, o como dijeron los franceses: "le chemin de Buenos- Aires", proporcionó argumento a comedias y librejos que han dado mucho lustre al nombre argentino.

Es justo, pues, que tales inmigrantes que al amparo de las leyes más liberales del mundo han ganado el dinero más sucio de la tierra, labrándonos de paso una linda fama, vivan en las páginas de este libro, aunque sea con nombres supuestos.

Y nadie se queje, pues los nombres que se usan aquí han pertenecido, y algunos siguen perteneciendo, a personajes de carne y hueso, cuyos retratos, impresiones digitales y demás circunstancias, guárdanse en los prontuarios de nuestra policía. Ad perpetuam rei memoriam.

Naturalmente, estos negocios los manejaba Zacarías Blumen por intermedio de agentes, subagentes, inspectores apoderados y comisionistas que, a menudo, no tenían la menor noticia de él.

Su buena fama habría sufrido si la alta sociedad porteña, en cuyos salones acabó por deslizarse con la resplandeciente Milka Mlir, cubierta de pedrería auténtica, se hubiera percatado de que él era el capitalista de las baronesas que infestaban cierras barrios.

Zacarías cuidaba su reputación. Sólo quería aparecer como dueño del Banco Blumen y aspiraba a ingresar al Gran Kahal de Buenos Aires.

Pero fuese que alguien recordara su historia en la guerra del Paraguay, o fuese que, absorto en sus negocios, hubiese descuidado la política de su nación, el hecho es que a los sesenta años, poseedor de cincuenta millones de pesos, no tenía influencia alguna en el gobierno del pequeño Estado, que los judíos forman siempre dentro del gran Estado que los acoge.

Eso no debía continuar así. Un día, cuando los negocios le permitieron pensar en los destinos de Israel, se mezcló en las reuniones, derramó dinero y astucia, y en el mes de Kislew (noviembre) en la Asamblea General de los judíos fué elegido elector, miembro del colegio electoral que en la siguiente Pascua designaría a los que iban a formar el Gran Kahal.

¿Cómo se manejó en los pocos meses que van de noviembre a Pascua? Ello es que el modesto 'elector del mes de Kislew, en el mes de Nisan (generalmente abril), primero del año israelita, el 14, víspera de la fiesta de Pesach (Pascua), que dura una semana, durante la cual no se come pan con levadura, en conmemoración de la salida de Egipto, fué electo magistrado del Kahal.

Al año siguiente, un paso más, y se le designó Rosch, Jefe de la secreta institución, síntesis del poderío israelita.

Zacarías Blumen, como muchos otros de su nación, había perdido la fe en el Dios de Abraham, de Isaac y de Jacob, pero conservaba el espíritu del Talmud.

Tenía el orgullo de su raza. Creía en Israel, predestinado para dominar al mundo. Había estudiado la Ley y sus comentadores, para estar en condiciones de usar de la palabra en las asambleas de la Sinagoga.

Veneraba fanáticamente 'la 1/hora, porque su contenido, los cinco libros de Moisés, no solamente son la doctrina, sino también la historia guerrera y gloriosa de su pueblo.

Adoraba los Salmos de David, donde hallaba, entre cánticos de amor y rugidos de contrición, regios fragmentos de la epopeya nacional. Y amaba, sobre todo, a los Profetas anunciadores del resurgimiento. Especialmente a Balaam, cuya boca sobornada para maldecir a Israel, estallaba en bendiciones delante del despavorido rey de Moab:

"Balaam, hijo de Beor, el varón de los ojos abiertos... ¡Qué hermosas son tus tiendas, oh Jacob!... Se encorvará para echarse como un león... ¿Quién lo despertará? Benditos los que te bendijeren y malditos los que te maldijeren. Una estrella se levantará de Jacob... Un cetro de Israel Y perecerán todas las otras ciudades."

Estas magníficas palabras le hinchaban el pecho y le enrojecían las mejillas.

Y aunque prácticamente ateo, creía en el advenimiento del Mesías, no un Mesías personal, sino el propio reino de Israel, que alcanzaría la plenitud de su gloria con la llegada del Anticristo.

Se puede creer en eso, sin creer en Dios; pero no se puede trabajar por eso, sin trabajar, a la vez, por fa destrucción de Cristo, única valla que se opone a la hegemonía de Israel, cuyo nombre extraño contiene su historia y hasta su política: "el que lucha contra Dios".

Día de júbilo fué en casa del banquero, aquel día 14 del mes de Nisan en que se apoderó de las riendas del Kahal.

Eso ocurrió en 1900. Zacarías Blumen tenía 63 años y se infló de orgullo porque en la misma elección en que a él lo ungieron Rosch (jefe del Kahal), a Mauricio Kohen solamente lo hicieron Shemosch (secretario).

Pensó que tenía ahora en su mano el poder de cobrar a su enemigo todas las humillaciones que él y su mujer, Sarah, habían hecho sufrir a los Blumen.

No creyó media palabra de lo que el mismo Mauricio le dijera antes de la elección:-serás Rosch del Kahal, porque yo te haré elegir por mis amigos para mostrarte mi estimación.

Zacarías no agradeció a Mauricio, ni se imaginó que éste, desde su cargo de secretario, era capaz de manejar al Rosch y al propio Kahal.

Ignoraba que Mauricio Kohen había puesto los ojos en el joven Zacarías Blumen, único hijo del banquero, para su única hija, Thamar, ambicionando reunir bajo un solo techo a las dos más poderosas familias judías del Río de la Plata.

El negocio, planeado por Sarah Zyto, fué bien llevado, y Zacarías Blumen (hijo), buen mozo, de 23 años, enamorase perdidamente de Thamar Kohen.

Al siguiente día de su elección, el viejo, sintiéndose Rosch de veras, llamó a su hijo y le habló con énfasis digno de la Sinagoga:

-¿Sabes, hijo mío, que solamente las almas de los judíos descienden del primer hombre?

-¿Quién dice eso, papa?

-El Talmud... ¿y sabes que el mundo ha sido creado sólo a causa de Israel? Y eso, ¿quién lo dice?

-También el Talmud. Está en el tratado Bereschith Rebba, sección 1. El joven guiñó un ojo y comentó son sorna:

-Lo que yo no sabía es que fueras tan sabio, papá. ¿Estás estudiando para gran rabino?

-Desde ayer soy Rosch del Gran Kahal. Escucha hijo mío... Zacarías bostezó.

-Los bienes que poseen los otros hombres, en realidad pertenecen a los judíos. Zacarías dejó de bostezar.

-¿Y eso también lo dice el Talmud?

-Sí, con estas palabras: "la propiedad de un no judío es como una casa abandonada; su verdadero dueño es el primer judío que se apodere de ella".

-¡Hum! -hizo el joven-o ¡Lástima que además del Talmud existan el Código Penal y la policía!

El banquero, con su mano amarilla, le impuso silencio.

-¡No importa lo que digan los códigos cristianos, ni lo que piensa su policía. Hoy, los hombres de nuestra raza no son más que el 1 por ciento del mundo, pero poseemos el 50 por ciento de todas las riquezas móviles. No es bastante. Necesitamos la otra mitad, y la tendremos. Yo no veré ese día, pero tú sí. Los comentadores del 2ohar, el Libro del Esplendor, lo anuncian para dentro de 66 años.

-¿En 1966? ¡Psch! Yo seré muy viejo. ¿No podríamos contentarnos con la mitad del mundo que ya tenemos?

Zacarías estuvo a punto de decirle: ¡Bestia!

Se contuvo y siguió aleccionando a su heredero.

-En el fondo de nuestra alma hay cuatro sentimientos...

Óyeme bien, y si, por desgracia, falta alguno de ellos en tí, debo pensar que no eres hijo mío y que tu madre anduvo en tratos con los goyim.

El joven Zacarías conocía la dura palabra del Talmud, que llama goy al no judío (en plural: goyim) generalmente al cristiano.

-¿Y cuáles son esos sentimientos, padre mío?

-Una ambición desmesurada; una avidez insaciable; un rencor eterno y un odio inextinguible.

-¡Papá! Puedes creer que mi madre es una santa.

-Hijo mío eso quiere decir que sientes dentro de tí los cuatro sentimientos del alma judía. -No, papá; no ciento ninguno. El viejo se rascó la nuca.

-No importa: a los veinte años yo tampoco sabía 10 que sentía. Sigue escuchándome: la ambición, de dominar al mundo; la avidez, de poseer todas las riquezas; el rencor, contra los goyim; el odio, a Cristo.

El viejo parecía crecer de estatura y su voz adquiría una endiablada sonoridad.

-Padre mío.

-¡Calla y escucha! Un solo medio existe para satisfacer estas cuatro pasiones: apoderarse del oro del mundo, de todo el oro. Entiéndelo bien, porque estas palabras son mi testamento: el oro metal, el oro sonante. El resto podemos abandonado a los goyim, porque el día que tengamos el oro, aun- que ellos tengan lo demás, nada tendrán.

-¿Cómo es eso? -exclamó estupefacto Zacarías-, ¿Ni las casas, ni los campos, ni las haciendas, ni las fábricas son riquezas dignas de nosotros?

-Nada de eso es riqueza, si el oro está en nuestras manos.

-Explícate, papá; esto me interesa.

-Sí, pero guárdalo, porque es el secreto del gran Kahal. Para conquistar el mundo no emplearemos una espada, sino un libro.

-¿Qué libro? ¿Acaso el Talmud?

-No, hijo mío -respondió con lástima el banquero-. El Talmud no lo leen los goyim. Un libro que ellos leen: la Economía Política. En ese libro hay un capítulo que es la obra maestra de nuestro ingenio, el que trata de la moneda, especialmente del oro, cuya religión hemos predicado desde las universidades y hemos hecho aceptar a los gobernantes y los pueblos.

Ahora el joven Blumen retenía el aliento. ¿Cómo su padre osaba afirmar que los principios clásicos sobre la moneda fueran doctrina judía?

La mano del viejo volvió a levantarse. No era hombre de libros, pero tenía un instinto portentoso para los problemas financieros.

-La economía política era ciencia cristiana, cuando decía que el trabajo es la dignidad humana y base de roda riqueza. Hoyes ciencia muestra, porque nuestros sabios la han adulterado, para meter en los cerebros de los goyim una doctrina que nos conviene: "El trabajo es una mercadería. No hay moneda sana que no tenga por base el oro." Y como no hay negocie que no tenga por base el dinero, es decir, la moneda, no hay negocio que no tenga por base el oro.

Apoderándonos del oro, dominaremos todos los negocios del mundo.

Se detuvo para recobrar aliento. El joven lo miraba estupefacto. El viejo prosiguió:

-Es infinitamente más fácil acaparar el oro que las demás riquezas; porque el oro del mundo no pasa de diez mil millones, mientras que las otras riquezas son 990 mil millones. Pero no basta apoderarse del oro si los gobiernos y los pueblos dejan de creer en la ciencia de nuestros sabios. Que nuestra doctrina de la moneda se siga enseñando en las Universidades, y que nuestros banqueros sigan acumulando el metal oro, y antes de 70 años, como dice el Zohar, habremos con- quistado el mundo, sin escuadras y sin ejércitos.

Ya la noche se filtraba por los postigos y el salón se oscurecía. Hora del Kahal. El viejo se levantó. Desde la puerta, enumerando los dedos, volvió a decir:

-¡Acuérdate! Cuatro pasiones: una ambición; una avidez; un rencor; un odio.

Zacarías, el joven, se quedó pensando si realmente su alma era judía, pues lo único que en ese momento lo preocupaba era el amor de Thamar Kohen.

Ni Zacarías el viejo, ni Milka su mujer, sabían nada de tal asunto; los Kohen había tendido en secreto las redes, para captar al mozo. Pero Zacarías (padre) odiaba los recuerdos de la guerra de Paraguay. Y la joven Thamar era la reencarnación de la desdeñosa viuda, que le contó la historia de Ruth y después lo escupió en la cara.

Al saber que su hijo la cortejaba, tuvo un violento acceso de cólera y lo amenazó con maldecirlo hasta la quinta gene - ración; y lo que es peor, con echar al mar toda su fortuna, para que no heredase ni un centavo. Y durante largas semanas, ni él ni su madre lo hablaron ni lo miraron siquiera.

¿Cómo no había de enfurecerse si aquel amor desbarataba un proyecto largamente acariciado?

Aunque tenían el secreto orgullo de ser judíos, querían casar' a su hijo con una cristiana, para entrar en la sociedad porteña por derecho propio.

Aquella sociedad los toleraba y hasta los adulaba por sus millones; pero en sus cortesías adivinabas un mal disimulado desdén: ¡judíos!

Sería una gran victoria de su pueblo, si Zacarías Blumen, casaba a su hijo con una aristócrata, aunque tuviese que hacerlo bautizar.

Se habían fijado en Marta Adalid, la hija menor de aquel Adalid cuyos campos comprara al Kahal muchos años atrás y que tenía en buena parte prisioneros de irremisibles hipotecas.

Al viejo Adalid le encantaría entregar su hija al único heredero de su principal acreedor. Y éste podría renunciar a los millones de Thamar Kohen, porque Marta Adalid poseía un apellido ilustre en la Argentina.

"¡Algunas veces hay que ser desinteresado, hijo mío!"

Seis meses duró la batalla, seis meses durante los cuales el joven Zacarías estuvo a pique de cometer diversas locuras: casarse secretamente con Thamar, irse a Europa, pegarse un tiro.

No hizo ninguna de las tres, y acabó por notificar a su padre que estaba resuelto a ser desinteresado. Renunció a Thamar y con ella a la herencia de los Kohen; se dejó bautizar por un Obispo; y poco después el Arzobispo de Buenos Aires lo casó con Marta Adalid.

Todavía la gente recuerda el esplendor del baile que esa noche dieron los Adalid.

Zacarías .Blumen, el flamante suegro, saboreaba un doble triunfo. Primero, el de emparentar con tan ilustre casa. Segundo, el de observar, ante las damas cubiertas de encajes auténticos y de joyas costosísimas, que progresaba en los argentinos el amor desenfrenado al lujo.

Política del Kahal era fomentar entre los cristianos la vanidad y la bambolla obligándolos a meterse en arriesgadas especulaciones, abismo donde perecen las más grandes fortunas.

Pero en los salones justo es decido, nadie se acordaba de la novia.

La reina de la fiesta fué Thamar Kohen que atraía las miradas y hostigaba la curiosidad con una desenvoltura graciosa y vengativa.

¿Por qué ardían sus ojos de aquella manera, y su risa era extraña e impertinente? Ella estaba en los planes de la Sinagoga.

Mauricio Kohen citó al Kahal y al Beth Din y en presencia de todas las barbas de la judería, acusó de renegados ai Rosch Zacarías Blumen, y a su hijo, por haberse convertido a la odiada religión del Crucificado.

Bajo el masónico secreto que envuelve los procedimientos de ambos tribunales, denunció la traición de que había sido víctima la hermosa Thamar.

"Vosotros sabéis, hermanos de Buenos Aires, que el casamiento de un judío con una cristiana es cosa abominable a los ojos del Eterno. Es el ayuntamiento de un ser divino con un ser innoble como una cerda o una asna.

El Talmud nos cuenta, en su tratado Safer Ben Sira, lo que sucedió al célebre rabino Ben Sira, gran amigo de Nabucodonosor en tiempos de la cautividad de Babilonia El rey quiso premiarlo y le ofreció la mano de su hija. Y el rabino contestó orgullosamente: "Sabe, oh rey, que yo soy hombre y no animal!" Por ello el Zohar prohibe a los judíos casarse con mujeres cristianas, que son, al decir de Jeremías, cisternas rotas, que no retienen las aguas, mientras que las judías son fuentes de aguas vivas. Y el rabino Yossé en el mismo Zohar, afirma que éste es el segundo de los tres grandes pecados que alejan al Santo (bendito sea su nombre!)."

Desgarró sus ropas, y pidió que, sin acordarse de la ofensa a la dulce Thamar, sino de la ofensa al pueblo judío, se des- poseyera a Zacarías Blumen de su dignidad de Rosch y se les aplicara a él y a su hijo la excomunión del Herem, expulsándolas de la Sinagoga, hasta el día del reinado del Anticristo, cuando el Santo (¡bendito sea él!) coja la tierra como la orilla de un manto, y sacuda a los impíos como se sacude el barro de las vestiduras.

La peroración del Shemosch del Kahal impresionó a la asamblea.

Blumen se levantó para hacerle frente con bravura y sutileza digna de un rabino.
-¡Hermanos de Israel! Lo que este hombre ha tramado es la más perversa intriga del mundo. Y lo que hemos hecho, mi hijo bautizándose para casarse con una cristiana y yo permitiéndolo, está prescripto por nuestra ley.
-¡Blasfemia!
-¡Escuchad! Vosotros sabéis que el judaismo es indeleble como el color de la piel. Porque no es una religión sino un] raza, la primera y la única que salió de las manos del Eterno (¡bendito sea él!). ¿Por qué los judíos no mandamos misioneros como los goyim? Porque sabemos que ningún convertido a nuestra religión se volverá judío.

Como sabemos, también, que hay millones de judíos que han renegado aparentemente de su religión y siguen siendo tan fieles como el más sabio rabino. ¡Acordaos de nuestro Maimónides, que se hizo mahometano!
-¡Blasfemia otra vez!
-Escuchad con paciencia. Esto no lo digo yo sino el Libro mil veces santo. Extrajo de sus bolsillos un texto y leyó esta prescripción talmúdica:
"El hombre debe ser astuto por temor de Dios"; y a renglón seguido este comentario del famoso rabino Ben Ascher:
"Se permite a un judío engañar a los idólatras haciéndoles creer que se ha hecho cristiano."
-Recordad, hermanos del Kahal, del Beth Din y de la Sinagoga nuestra fiesta del Yom Kipur, que una vez por año nos desliga de todo juramento y de toda promesa.

¿Para qué serviría este perdón anual de los perjurios si no pudiésemos engañar a los adeptos de Cristo?

Por los papeles que el Rosch iba sacando advertías que había ido preparado al combate.

Salomón Levy y Abraham, que lo escuchaban en los escaños de la derecha se acariciaban las barbas.
-¡Está bien!

Pero Jacobo y Aarón y Moisés y David y Eleazar, rebullíanse fastidiados, adentro de sus levitas.

-¡Blasfemia! ¡La pobre Thamar!

-¡Blasfemia! Zacarías dejó sus papeles y desde la altura de su dignidad de Rosch, dejó caer sobre la asamblea estas enfáticas palabras:

-Hemos corrompido a los goyim, haciéndolos amar el lujo, que sólo pueden costear con nuestros préstamos. Somos un puñado, pero nadie tan poderoso como nosotros, porque tenemos esa fuerza de la finanza, contra la que ningún gobierno puede luchar, aunque se llame Napoleón. Y en Buenos Aires, hermanos míos, ningún otro de mi raza ha hecho más que yo, ni siquiera ha hecho la mitad de lo que yo hecho. ¿Ya ese hombre hay quien se atreve a acusado y a pedir el Herem contra él?

Zacarías se sentó, creyendo, por la emoción de los semblantes, que había ganado el pleito.

Temible enemigo aquel viejo Mauricio, que de nuevo se alzó tosiendo y con los ojos bermejos de sangre.

-¡Has blasfemado, Rosch, y mereces la muerte! Mientras nosotros destruimos las aristocracias naturales, para levantar la nobleza del oro, tú, Rosch, nos traicionas para ingresar en la familia de los aristócratas. Mentras nosotros desacreditamos entre los pueblos a los sacerdotes de los goyim, tu hijo, Rosch, se hace bautizar por un Obispo; y tú vas a besar el anillo del Arzobispo. Mientras nosotros trabajamos en la destrucción de Cristo, tú, Rosch, vas a prostituirte con tu familia en los templos cristianos.

Verdaderamente el misterio de iniquidad ha comenzado. Pero todavía faltan años de persecución para Israel y de triunfo para Roma. Pero Roma es la estatua del profeta Daniel. Sus piernas de hierro se asientan sobre pies de barro. Una- piedra, que vendrá de rumbo desconocido, derrumbará la estatua. Esta piedra será el Rey de la sangre de Sión, el Anticristo que está próximo a nacer y que será anunciado por un Obispo católico, que apostatará él fin de ser su precursor. Si tú, Rosch, puedes afinar que el Obispo que ha bautizado a tu hijo es apóstata y será el profeta del Anticristo, podremos perdonarte. Si no, mereces la muerte del Herem.

Zacarías Blumen permaneció callado; y todos los concurrentes se levantaron gimiendo y rasgando sus vestiduras, con unas navajitas finas, que sólo cortaban las costuras, sin grave daño.

-¡Herem, Herem!

Mauricio Kohen había ganado la partida. Blumen tuvo miedo y huyó de la Sinagoga, sintiendo en las flacas piernas los chicotazos de su levita.

El Kahal, presidido por el segundo Rosch, votó la expulsión de padre e hijo. Se apagaron las cuatro velas negras encendidas sobre el altar, para que humeasen durante las maldiciones, y se tocó el Sofar, cuerno de carnero, que sólo resuena en tales ocasiones. Y el gran rabino pronunció el Herem, que segrega definitivamente de la naciónjudía.

Es tan raro leer en algún viejo libro esta maldición, porque los judíos son en extremo celosos del secreto de sus ritos, que vale la pena reproducir aquí su extraña fórmula:

"Por fuerza y la potencia que la palabra santa ejerce, nosotros destruimos, anatematizamos, rebajamos, humillamos y maldecimos, en el nombre de Dios

Kahal, en el nombre de los 613 artículos de la Ley encerrada en los libros santos; por este Herem con el cual Jesús de Narvín maldijo a Jericó; y Elíseo maldijo a los muchachos; y Zazac maldijo a Moraz...

"Por todos los anatemas, maldiciones y execraciones proferidos desde los tiempos de Moisés; y en el nombre de Dios que contiene 42 letras, que sea maldito por todos los serafines, ángeles y arcángeles que sirven a Dios.

"Si ha nacido en el mes de Nisan, durante el cual reina el arcángel Uriel que sea maldito por este arcángel y por todos los ángeles que le obedecen.

(Sigue la enumeración de los otros once meses, impetrando la maldición de sus respectivos arcángeles, a quienes se designa por sus nombres.) "Que las desventuras lo persigan. Gran Dios, castígalo; gran Dios, abísmalo; gran Dios, destrúyelo. Que todos los diablos le salgan al encuentro; y muera de muere repentina, antes de un mes.

"Que Dios lo castigue con la tisis, la espada, la locura y la ictericia. Que traspase su pecho con su propia espada y se rompan sus flechas. Que encuentre una oscuridad profunda y al final la desesperación. Se envolverá en el anatema como en un manto. Y se destruirá a sí mismo. Y Dios no lo perdonará jamás. Y su nombre se borrará del espacio que hay entre el cielo y la tierra. Y será desterrado para siempre de la descendencia de Israel.

"En cuanto a vosotros que teméis a Dios, vivid en paz y que Dios os bendiga."

De esta suerte cayó sobre el fundador de la familia argentina de los Blumen la maldición de su pueblo. Y eso ocurrió en 1900, cuando el viejo tenía sesenta y tres años.

La maldición pareció cumplirse porque ese año murió. Pe- ro lo mismo le ocurrió a su triunfante enemigo Mauricio Kohen, con pocos meses de diferencia. Kohen dejó dos hijos: Thamar de 20 años y Mauricio de cinco, a más de su viuda. Han pasado más de treinta años.

IV

BERTA RAM

El segundo Zacarías Blumen ha intentado infructuosamente hacerse levantar la excomunión de la Sinagoga. Su deseo se ha estrellado en el odio implacable de Thamar Kohen, que envejece soltera y no olvida.

Zacarías Blumen ha acabado por renunciar a aquel propósito, consolándose con la idea de que el Herem no le ha impedido reunir 300 millones de pesos.

Su mujer le ha dado solamente una hija, la incomparable Marta Blumen Adalid, la muchacha más elegante de Buenos Aires.

En no sé qué iglesia de la ciudad hay un célebre cuadro, que representa el episodio bíblico de Rebeca dando de beber él los camellos de Eleazar.

Alguien descubrió que aquella hermosa Rebeca, de ojos color de aceituna, parecía un retrato de Marta Blumen, de lo cual podía inferirse que alguna lejana abuela sirvió de modelo al pintor, doscientos años atrás.

Pero ese descubrimiento trajo otro; no faltó quien observara que si la Rebeca se parecía a la hija, el camello de Eleazar era el vivo retrato de la madre.

¡Qué salto había tenido que dar Marta Blumen, por arriba de sus padres, para no parecerse a ninguno y ser la cifra de la gracia porteña en un precioso molde judío!

Esbelta y firme, como la palmera del Cantar de los Cantares, su cabeza era ayer negra, hoy rubia, mañana platinada, siguiendo unas veces el capricho y otras la moda.

Y sus ojos, como los de un gato, arrojaban por entre las sombras de sus pestañas negras, un rayo verde y felino.

Lástima grande y sin remedio ya, que su madre, que se inició tan bien con aquella exquisita criatura, no siguiera dando hijos al banquero. Se detuvo en la primogénita, so pretexto de que había oído a un predicador que las criaturas alejan del Creador. No quiso tener más' criaturas que la habrían alejado no sólo del Creador, sino del teatro, de los saraos y del bridge. Y cuando se hubo divertido bastante y pensó que no convenía que Marta estuviera sola, ya era tarde. Murió a los cincuenta años.

Marta se quedó sola, para heredar a su tiempo los millones de su padre.

Buenos Aires ya no es la ciudad que conoció Mauricio Kohen. Tiene, con los pueblos circunvecinos, casi tres millones de habitantes; puede considerarse la tercera metrópoli judía del mundo después de Nueva York y Varsovia. Y duerme en su grandeza como la leona de la profecía de Balaam. ¿Quién la despertará?

Cuando siente en sus ijares el rudo latigazo de la revolución de 1930. Se incorpora rugiendo. ¿Quien la golpeó? ¿Quiénes son sus enemigos? Olor de sangre y de fuego en el aire.

Berta Ram, la hija del químico Julius Ram, profesor en el Colegio Militar, ayudaba en sus investigaciones a su padre y escribía artículos literarios para las revistas.

Era joven y apenas conocida del gran público. Aquellas colaboraciones dejaban pequeñas ganancias que le venían muy bien porque su padre andaba siempre envuelto en deudas. De no ser así, habría abandonado la literatura para dedicarse enteramente a la investigación científica, al lado del profesor Ram.

Esa tarde tenía que hacer una de las más fastidiosas diligencias de su vida de pobre: ver al presidente del Banco de la Nación y conseguir que renovara unos pagarés del pobre sabio, que estaba en vísperas de realizar un descubrimiento trascendental.

Al encaminarse a la cita del banco, un mensajero le entregó una carta que la hizo sonreír.

Mal podía quejarse de su modesta pluma, pues le debía la mayor ilusión de su vida.

Sus trabajos no le habían dejado tiempo hasta los 28 años, para pensar en novios. Ni había querido a nadie, ni nadie le había dicho que la quería. Y no lo sentía. De pronto, un cuento, unos versos, una página cualquiera, le ganó la simpatía de un hombre que quiso conocerla. Ella quedó con la inquietud de haberlo decepcionado, mas no fué así, porque desde ese día él la buscó y pareció amada de veras.

¿Por qué no lo decía en alta voz, para que todos lo supieran? ¿Por qué le exigía un secreto que la humillaba?

Aquel hombre ciertamente era libre; podía disponer de su persona; si la quería, podía casarse con ella. Más nunca le hablaba de eso y hasta parecía temer que ella le correspondiera. ¿Qué extraño impedimento era el que le permitía amarla, pero le prohibía ser amado?

Berta Ram se dejó conducir por aquel amor instintivo, como por un guía ciego. Al principio le pareció que todas las ventajas estaban de su parte, ya que él sólo pedía que oyera sus palabras románticas. Nunca una respuesta, ni si, ni no.

Después sintió el agua mansa y profunda en que insensiblemente se negaba. ¡Qué dulzura cerrar los ojos y guardar el silencio que él le pedía!

Empero, un día le exigió que le explicara su conducta y él respondió:

-Hoy no puede ser: Le voy a escribir. Esta era la carta y decía así:

"El amor que ha nacido en mí, contra mi propia voluntad, es triste y absurdo, pero no es culpable. No me acuso de haberla amado, sino de habérselo dicho. ¿Se lo he dicho realmente? ¡Confiéseme que no! Pero, ¿hacían falta las palabras? Hay silencios llenos de murmullos. Cuando yo le hablaba le decía menos que cuando permanecía callado. Yo dejé que usted me adivinara, resuelto a no pedir más que su inocente amistad, en cambio de este confuso amor. ¡Tantas cosas nos separan! Por lo pronto una sin remedio: la religión. Yo no soy un hombre de su religión, ni de su raza, y no podría cambiar, ni siquiera por acercármele, y usted tampoco."

"Tal vez por eso mismo, porque la vi lejana, como una estrella le dije palabras oscuras, que tuvieron suficiente luz para sus ojos.

"Entonces tuve miedo de haberme equivocado. ¿Y si usted, a pesar de todo, llegase a quererme? Quise ponerla en guardia. Pero fui tímido o fui egoísta, no sé bien. Y guardé mi secreto. Y ahora me imagino que es tarde.

"¿Quiere ser franca conmigo? Hágame una sola confidencia, la primera y la última.

Después, no hablaremos nunca más de esto.

"¿No es verdad que si yo abriese los brazos usted se refugiaría en ellos y apoyaría en mi hombro su cabecita cansada de sus pensamientos?

"Contésteme Si o No. Escríbame una tarjeta que contenga una sola palabra. La fecha y su nombre. Cualquiera que sea esa palabra, sabré ser digno de ella. ¡Pero una sola palabra! Si escribe más será una decepción para mí."

Y firmaba, con rasgos sobrios y fuertes: Mauricio Kohen

Berta cerró los ojos y apoyó la frente enardecida en el vidrio de su ventana. La voluntaria noche en que se hundía, (estaba llena de luz. Cerrando los ojos, lo veía a él y sentía que lo amaba.

¿Que era de otra raza y de otra religión? ¡Ah, sí! Ahora comprendía que el amor no es el supremo sentimiento de las almas grandes. Hay obstáculos a cuyo pie se estrella el amor, como las olas en un peñón inaccesible. Y quedan los labios amargos, como empapados por ese mar.

Berta se mordió los labios, se sentó delante de su mesita y escribió: No. Abajo la fecha y su firma.

Se levantó de nuevo y volvió a apoyar la trente sobre el vidrio. ¡Qué dulzura habría sido apoyarla sobre el pecho de él!

Las campanadas de un reloj disiparon los pensamientos inútiles. Tenía el tiempo justo para llegar a su cita del Banco.

Al cruzar la plaza de Mayo vio que un viejo de buen vestir la seguía a muy corta distancia.

Los dos iban con el mismo rumbo y llegaron al mismo tiempo. La presidencia estaba en lo alto. Ella renunció a la jaula negra del ascensor, donde él se metió, y prefirió subir por la ancha y fácil escalinata de mármol. En el primer piso hallándose de nuevo.

-¿Dónde he visto este pájaro? -se preguntó Berta, y al instante se acordó: ¡Zacarías Blumen!; mientras él paseaba sus ojuelos perspicaces por los cabellos rubios, los ojos pardos, la nariz respingada, el talle juvenil, de aquella muchacha que realmente valía la pena de que un banquero la mirase.

-¡Hay tesoros que no están en cajas de hierro! -díjole él con una sonrisa indeterminada.

-¡Es verdad! -contestó ella-o La señorita Marta Blumen por ejemplo, es un tesoro que ni su padre se anima a guardar. Ahí acabo de verla en su Voiturette.

La respuesta no dejaba de tener malicia, pero a Blumen no le desagradó.

-Veo que me ha conocido, señorita.

-¿Quién no conoce al gran banquero?

Iba a decir argentino, mas se contuvo. Perfil de tucán, cuello corto, espaldas cargadas, labios exangües, como la carne kocher, de un cordero sangrado por el rabino; fisonomía marcada por el Talmud indeleble; traje pulcro y de buena tijera, pero demasiado nuevo. La tremenda pepsina de este tierra, que asimila sin trabajo todas las razas del mundo, no logra transformar en verdaderos criollos ni a los judíos cristianados. ¿En dónde radica la resistencia?

-¿La señorita va a ver al presidente?

-Sí, señor.

-¿Quiere que yo la acompañe? Es buen amigo mío, y la puedo presentar.

-Gracias, señor Blumen tengo audiencia.

-Como usted quiera. Al menos la acompañaré hasta la antesala.

-Eso sí -respondió la joven, que empezaba a perder su gallardo aplomo.

Berta Ram, acompañada por Zacarías, llegó hasta el umbral de la antesala espaciosa y llena de gente, y allí midió su audacia y tuvo ganas de volverse. Su asunto le pareció baladí, en comparación de los que iban a tratar los personajes que aguardaban turno.

Un joven secretario del presidente, se aproximó a Berta:
-Su audiencia, señorita, dentro de una hora. ¿Puede esperar?
-Con mucho gusto.
-Aquí tiene asiento. Mentras tanto observe los personajes, usted que es escritora ¿Sabe quién es ése?
-¿Algún banquero, como Blumen?
-¡Qué esperanza! Este no tiene donde caerse muerto. Es el doctor Apolinario Cuscuta, historiador y abogado. Estudia los archivos y de cuando en cuando descubre algún procer que ha muerto en tierra extra n jera. En seguida forma una comisión para repatriar sus restos. Nombra tres o cuatro presidentes honorarios y muchos vices, tesoreros y vocales; y el presidente efectivo. Da la noticia en los diarios y así aparece en letras de molde, codeándose con personajes. Ha proyecta- do varias repatriaciones; todavía no ha hecho ninguna.
-Y el presidente ¿lo recibe?
-¿Y por qué no? Tal vez no lo reciba hoy, ni mañana, pero él no tiene prisa.

El Secretario se alejó para atender a otros y Berta quedó sola, contemplando desde un sofá arrinconado la escena que se desarrollaba en la antesala presidencial donde Blumen era el centro de las conversaciones.

Alguien, tal vez un negociante arruinado, dijo:
-Desde los tiempos de la Biblia, el mejor negocio es no hacer ninguno. Prestar plata a los que hacen negocios. Un año, dos, tres años: el que pide prestado parece que tiene razón. Pero al cuarto o quinto año viene una crisis y el prestamista lo ahorca.

-Eso ocurre aquí-respondió otro-; la Argentina es una vaca lechera, a condición de ordeñarla desde Londres o desde París, y de no preocuparse mucho por hacerla progresar. Pero no ocurre en otras partes.

El joven secretario se aproximó a Berta Ram, y le dijo al oído:

-Le voy a pedir que me ayude a salvar una situación incómoda.

-Qm mucho gusto, señor.

-Le voy a presentar a una persona, que no puede mezclarse con los banqueros donde está Blumen. ¡Enemigos a muerte! Es hombre muy importante. Usted no lo conoce: Mauricio Kohen. Berta se puso pálida.

-¿Por qué piensa que yo no lo conozco?

-porque él no la conoce a usted. Me lo acaba de decir; está en la secretaría. Voy a hacerla entrar y conversará con usted, mientras le llega el turno.

Mauricio Kohen era, a los treinta y cinco años, uno de los hombres más importantes de las finanzas argentinas. Había heredado de su padre una gran fortuna, muchos consejos y la sangre más judía del Gran Kahal. Se casó joven, como es de práctica en su nación, pero enviudó pronto y no quiso volverse a casar.

Por: su físico más parecía noruego que asistente a la Sinagoga. Era un gallardo mozo rubio, de ojos azules, y de tez quemada por los deportes al aire libre.

-¡Sigue usted haciendo la comedia de no conocerme! -le dijo Berta, resentida, ofreciéndole sitio a su lado, en un pequeño sofá- ¿Quiere explicarme por qué me niega?

Mauricio la contempló con sorpresa y embeleso, porque bajo el reproche de aquellas palabras, había un afecto, mal disimulado.

-Los días buenos tienen alas y pasan como flechas-respondió-. No quisiera perder un minuto de este día, explicándole cosas tristes y confusas. ¿Recibió mi carta?

-Sí.

-¿Me contestó como yo le pedía: una sola palabra?

—Sí.

—¿Qué palabra puso? ¿Quiere decirme?

¡Extraña sensibilidad la de aquel hombre! Manejaba empresas colosales; hacía temblar a la Bolsa; era el ideal de muchas mujeres; se dejaba admirar con elegante displicencia; parecía absorto en los negocios, y he aquí que tenía los labios secos, al formular una pregunta que se podía responder con una sola palabra.

Berta lo vio palidecer, como si verdaderamente la palabra que ella debía pronunciar, fuera una sentencia inapelable. Y tuvo pena de haber escrito no, cuando su corazón gritaba sí. ¡Pero no creía, no creía, no creía! ¿Cómo creer que aquel hombre la amase a ella, pobre muchacha sin rango y sin fortuna y casi desconocida?

Sin duda él comprendió los pensamientos de ella, que marcaban sombras en su pura trente. Y como respondiéndole, dijo en voz baja una estrofa de un poema francés:

Toutes les choses ont des contours; Mais a quoi tient la forme qui touche? Comment fais tu les grands amours, Petite ligue de la bouche?

Berta sintió, como el golpe de un ala suave y fuerte, la emoción de aquella verdad. El la amaba, sin explicarse el hechizo. Pero ella siguió dudando, y dijo:

—La palabra que yo he escrito es: No.

Los dos guardaron silencio mirándose como dos adversarios que ensayan el filo de sus espadas.

V

HISTORIA DE MUCHOS ESTANCIEROS ARGENTINOS

Entonces habló Zacarías Blumen, y todos los oídos se tendieron con avidez.

Cuando un hombre posee trescientos millones, su voz ad- quiere un sonido particular. El menos codicioso se sorprende revolviendo y sopesando sus palabras como si fueran las arenas auríferas de un río. ¿Y si de pronto se le escapara el secreto de ganar millones?

-Este señor ha dicho que desde los tiempos de la Biblia el mejor negocio es no hacer ninguno.

-¿Y no es verdad? -preguntó inocentemente el doctor Apolinario Cuscuta, que se había ido acercando hasta mezclarse en el grupo de los magnates.

Blumen miró la derrotada vestimenta del abnegado repatriada de esqueletos y suponiéndolo periodista respondiéndole afablemente:

-No, no es verdad, señor mío: en las épocas de crisis brotan los buenos negocios. Pero hay que comprar cuando todos venden y hay que vender cuando todos compran.

-Y usted, ¿qué hace ahora? ¿Compra o vende?

El húmedo y flaco índice de Zacarías se detuvo en el aire.

Vaciló. ¿Diría la verdad? Puesto que no le iban a creer le convenía decir la verdad.

-Yo ahora compro. Compro todo lo que se me ofrece: casas, campos, terrenos, cereales, pinturas y hasta libros raros. Todo está en baja porque todos quieren vender y nadie quiere comprar. El dinero contante tiene ahora un poder adquisitivo tan grande que parece un crimen utilizado.

-Escuche, Berta, con qué cinismo habla -susurró al oído de la joven Mauricio Kohen-, Por primera vez en su vida dice la verdad, y no le van a creer.

-¡Parece un crimen! -repitió Zacarías-Ninguno de nosotros es capaz de asesinar a ningún hombre...

-¡Evidentemente! -respondió con deferencia el doctor Cuscuta-, El código penal nos lo prohibe.

-Pero todos compraríamos tranquilamente una casa o un campo que vale un millón, por cien mil pesos, aunque supiéramos que luego el vendedor se va a pegar un tiro.

Un impaciente preguntó en voz casi de protesta:

-Pero, ¿con quién está el presidente, que tarda tanto en recibirnos?

-Con don Fernando Adalid-respondió el secretario-, ¿No lo vio?'Es un magnífico viejo que entró hace veinte minutos... Dicen que será el futuro presidente de la república:

-¡Está fundido! -murmuró Zacarías Blumen-, ¡Mi cuñado no puede ser candidato!

Mauricio Kohen alcanzó a oír esta frase, y explicó a Berta:

-El pobrecito Blumen daría cincuenta millones por ser presidente

En ese momento Fernando Adalid, realmente un magnífico señor, alto y recio, que llevaba con elegancia sus sesenta y cinco años, hablaba así al presidente del Banco de la Nación:

-Créame, la obra maestra de los financistas ha sido desencadenar esta crisis, para explotarla.

El presidente objetó:

-No puedo creer; sería un suicidio, porque muchos y de los más poderosos se han arruinado.

-¡Así es! Pero, ¿se ha fijado usted a qué religión pertenecen los financistas arruinados?

—Le confieso que no. ¿Tiene algo que ver la religión con los negocios?
—¡Sí! ¡Mucho! No encontrarán un solo judío entre los arruinados. ¡Y en ninguna parte del mundo!
—Eso querrá decir que los judíos son más prudentes, y que en el tiempo de las vacas gordas no han especulado como los cristianos.

Adalid repuso con tristeza:
—Todos ustedes, los banqueros, coinciden en arrojar la culpa sobre los que han especulado.
—¡Así es!
—Pero ¿qué quiere decir especular? Nosotros, los Adalid, ¿hemos especulado?
—No sé. ¿Qué les ha pasado a los Adalid?
—Eramos cuatro hermanos varones. Nuestro padre nos dejó diez millones de pesos a cada uno. Todo el mundo pensó: "Podrán vivir como príncipes, viajando y divirtiéndose." Desgraciadamente, tres habíamos heredado el temperamento de nuestro padre: laborioso, tenaz, progresista.
—¿Por qué dice que desgraciadamente?
—En nuestra tierra, señor, es preferible no ser trabajador, ni progresista, cuando se tienen diez millones de pesos. Permítame que me explique. Todos nos citaban como ejemplo y decían: Dentro de treinta años tendrán cien millones. Han pasado ya los treinta años. Hemos creado las mejores estancias argentinas. Hemos fundado ciudades, que llevan nuestro nombre. No hemos viajado. ¿Se puede decir que nos hayamos divertido?... Y dos de los cuatro hermanos están ya en la absoluta miseria; y yo. ¡Mejor no hablemos de mí!
—Pero, ¿qué han hecho para disipar fortunas semejantes?
—Lo que han hecho todos los pioneers de la ganadería y de la agricultura, a quienes algún día llamaremos: los constructores de la nación.
— ¿Qué hicieron, pues?

-Nuestros ganados pacían en campos abiertos; hemos alambrado leguas y leguas; lujo para los que cercaban sus campos con ramas o no los cercaban de ninguna manera. Las vacas se morían de sed en tiempos de sequía; hemos cavado centenares de pozos e instalando molinos y bebederos y jagüeles artificiales; despilfarro a los ojos de los que no pueden sufrir ningún progreso. Nuestros peones vivían como los indios en ranchos de paja y barro; les hemos construido casas, y llevándoles escuelas, y doblándoles los sueldos; crimen para los que tienen alma de negreros. Y hemos contratado colonos y arado la pampa, y dilatado cien leguas al sur los campos de cultivo; insensatez, según el criterio de los que ganaron fortunas vendiendo cueros y sebo y tasajo, y comían pan hecho con la harina de Estados Unidos, y afirmaban que este país no podía ser nunca agrícola.

-Es verdad. Ahora parece increíble que eso se haya sostenido en la Argentina.

Continúe, Adalid.

-Para hacer todo eso, no bastaban las rentas. ¡Nosotros no hemos tenido nunca rentas! Un año temamos ganancias; al año siguiente pérdidas. ¡No importa; adelante! A los diez años el balance nos decía que nuestro capital se había triplicado. Sólo que para aprovechar esa ganancia habría sido necesario vender los campos valorizados por los cultivos y salir a disfrutar los patacones. ¡Adelante, siempre! Veinte años. Figurábamos entre los grandes terratenientes del país. Aparecíamos los primeros en todas las listas de beneficencia. ¡Ay de nosotros si hubiéramos negado lo que parecía obligatorio dar!

Eramos los latifundistas, denunciados en las Cámaras y en los pasquines. Y los impuestos llovían sobre nosotros. Nuestros balances arrojaban pérdidas. Todavía hubiera sido tiempo de salvar la mitad de la fortuna, sacrificando la otra mitad. Preferimos hipotecar confiando en el porvenir. Hemos luchado treinta años; hemos creado riquezas enormes; y hoy nos confesamos vencidos.

-¿Quiénes son los vencedores?
Adalid miraba la alfombra; parecía no haber escuchado la pregunta.
-Se confiesan vencidos; pero, ¿quiénes son los vencedores? La crisis es universal y a todos ha empobrecido.
-¡No es así! ¡Los vencedores son los que no han trabajado: los que han vivido a expensas de los demás! Eramos cuatro hermanos; los tres mayores un ejemplo de laboriosidad, según decían las gentes; el menor un calavera vividor. Redujo a dinero su herencia y se marchó a Europa. Ha vivido fastuosamente de los intereses de sus hipotecas. Sólo viene de tarde en tarde al país rezongando y criticando. Hoy tiene veinte millones, y puede comprar los campos y las casas de sus hermanos, por la cuarta parte de lo que hemos invertido en mejoras. Y revenderlos antes de cinco años por el doble; y seguir prestando dinero a los que trabajan y aguardarlos en la encrucijada de otra crisis, para estrangularlos. Mi hermano, por instinto, ha adoptado la política de los judíos. No labrar la tierra, no criar ganados, no construir ferrocarriles. Y si alguna vez se queda con los bienes de un deudo- es para revenderlos en cuanto mejoren los precios. Su fuerza es el dinero líquido. Y algo más; es la herramienta con que elaboran las guerras y las crisis.
-No creo que un individuo pueda provocar una crisis, ni una guerra.
-Un individuo, no, ciertamente. Pero muchos individuos, animados del mismo espíritu, con medios ultra poderosos, y dirigidos por una autoridad oculta, omnipotente y universal, ¡sí!
-¿Y qué autoridad existe omnipotente, universal y oculta? Adalid observó el vivo interés con que el presidente lo escuchaba y retardó la respuesta. Oíase en la antesala el rumor de las conversaciones y la voz falsa de Zacarías Blumen.
Adalid sonrió.
-Ese es uno de los responsables de la crisis.
-¿Su cuñado Blumen?

—Sí, señor. Esta crisis es una vasta maniobra judía, para ahogar la civilización cristiana.

¿Blumen es judío?

—Sí, señor, aunque no ande bien con la Sinagoga, donde predominan Kohen y los Meyerbeer, enemigos de los Rhein gold, que Blumen representa.

El presidente aguzó la atención. Adalid prosiguió:

—Los judíos son los banqueros del mundo. No hay gobierno que no sea su deudor.

Poseen las tres cuartas partes del oro que existe. Y el oro es la base de las monedas, y, por 10 tanto, del sistema bancario de todos los países civilizados. A una señal del Gran Kahal, de Nueva York, que es la autoridad omnipotente y oculta que mueve este colosal mecanismo, retiran de la circulación parte de ese oro. Sobreviene el pánico y, como resultado, la crisis, que luego los economistas llaman crisis de superproducción Manera hipócrita de desacreditar a los que producen para Que el mundo no se fije en los que atesoran. ¡Superproducción! ¡Qué casualidad! Al mismo tiempo se ha producido con exceso: bacalao en Noruega, estaño en Bolivia carne en la Argentina automóviles en Detroit perlas en Ceylán... No faltan gobiernos que caen en la trampa; limitan la producción; prohiben sembrar; destruyen cosechas. Y entretanto media docena de personajes acaparan por precios viles las más nobles e indispensables riquezas del mundo.

—Cuadro sombrío pero tal vez exagerado amigo Adalid.

—En este momento señor las mejores propiedades de esta gran ciudad las más ricas estancias de la república, van cayendo, por cuatro reales, en poder de los acreedores hipotecarios, judíos nueve veces en diez, porque son los únicos que tienen dinero disponible.

—¿Usted cree que eso es injusto?

—Sí, señor; más que injusto, inicuo.

—¿Quiere explicarme por qué es inicuo el que un hombre previsor, judío o cristiano, se aproveche del mayor valor que adquiere el dinero en tiempos de crisis? ¿Acaso considera usted inicuo que el dueño de un campo, en tiempo de prosperidad, lo venda por cinco veces el precio que pagó?

Adalid pareció vacilar y el presidente insistió:

-¿No es el oro una mercancía?

-Sí, señor. Pero desde que la estupidez de los cristianos ha consagrado la doctrina judía de que el oro sea la garantía universal de las monedas, ha dejado de ser una mercancía como las demás. Convertido en el metro con que se miden todos los valores, ya no puede ser propiedad particular de nadie; es una función social. El retirarlo de la circulación para hacerlo escasear artificialmente y aumentar su poder adquisitivo, será un delito en las leves futuras aunque esté permitido en las actuales.

El presidente dijo en voz baja:

-Voy encontrándole razón: el alza del oro aplasta a los productores y a los trabajadores, que son las nueve décimas partes de la humanidad.

-Considere, presidente, el caso mío: hace veinte años, un suizo, M. Sandoz.

-Lo he conocido, gran estanciero en la provincia.

-Efectivamente. El me prestó un millón de trancos.

-¿Vive todavía?

-Sí señor; vive en Berna. Pues bien para reunir la suma vendió dos mil novillos, y me entregó el dinero. Durante veinte años he pagado religiosamente el 80% de interés. Y ahora debo reembolsar el capital. Como no tengo dinero líquido, he propuesto a mi acreedor que reciba otros dos mil novillos de la misma clase que él vendió. Me ha contestado que debo entre garle diez mil novillos, porque los animales Que entonces valían quinientos francos suizos, ahora no valen cien. Después de haberle pagado por intereses un millón seiscientos mil trancos suizos, tengo que darle cinco veces más de lo que me prestó.

-¡A causa de la baja de los productos ¡-murmuró el presidente, impresionado por aquello que no era un apólogo, sino una ruda verdad, el retrato fiel de muchos estancieros argentinos.

-¡No, señor! <replicó vivamente Adalid-, A causa del alza del oro.

-¿No es lo mismo?

-¡No, por cierto! Lo primero es echarles la culpa de la crisis a los productores, al trabajo fecundo que crea riquezas. Decirles: ¡Insensatos! ¡Habéis trabajado de más! La abundancia que vosotros creáis, ha empobrecido al mundo. ¡No sembréis! ¡Destruid lo cosechado!

-¿Y lo segundo?

-Lo segundo es situar la cuestión en su verdadero terreno. La razón de la crisis es el alza del oro. Gracias a ella, un prestamista estéril, que nada crea, devora cinco veces más de lo que ha prestado.

Adalid hizo una pausa, para añadir:

-¿No es absurdo haber hecho medida universal de todos los valores, a la cosa más variable en su propio valor, que es el oro?

El presidente nada dijo, mas permaneció absorto en el problema.

-Discúlpeme, presidente si le he tomado más tiempo del que pensé.

-No tengo nada que disculparle; me ha interesado mucho y no olvidaré sus palabras.

-No olvide tampoco éstas, que acabo de leer en un libro judío: "Un paso más, y la serpiente simbólica cerrará su círculo. Y cuando el círculo esté cerrado rodeará a todas las naciones con cadenas indestructibles."

El viejo estanciero salió y durante un rato el presidente quedó solo y pensativo.

VI

"MI RAZA ES LA SUYA"

Altas horas de una noche primaveral. Por la calle Arroyo, en su gran automóvil norteamericano, Zacarías Blumen volvía a su casa, próxima al Retir.

Abrió su puerta con una llavecita norteamericana como su coche y en un ascensor, también norteamericano, subió hasta el segundo piso, donde tenía su dormitorio.

Nadie lo sintió llegar.

La brisa, embalsamada por los jacarandás en flor, le trajo las armoniosas campanadas de la Torre de los Ligleses. -lilas tres! ¿Hahrá veni.do mi hija? ¡Seguramente ya irá por el quinto sueño! ¡Vamos a espiada!

Hall de por medio hallábase el departamento de Marta Blumen, quien podía entrar y salir por su propio ascensor sin que nadie lo advirtiera.

Su dormitorio, vacío de muebles inútiles, y sencillo de apariencia, era extraordinariamente rebuscado y suntuoso.

Un artista norteamericano, traído especialmente de Nueva York, había imaginado su decoración.

Las lisas paredes en forma circular, enduídas color de ceniza. La cama de largueros invisibles, a dos coartas del suelo, ovalada como una mesa, tendida de muselina dorada.

El piso de mármol de leche, lustrado y casi cubierto por inmensas pieles de cebra, reunidas de tal manera que sus manchas electrizaban los nervios.

Una chimenea de acero cromado y arriba un cuadro estupendo del gran pintor boer Van Riits, que representaba la imaginaria lucha de una cebra con un tigre.

Una mesa de cristal negro, una lámpara de porcelana blanca y ligeras cortinas de lona, que a la difusa claridad del techo despedían el cálido resplandor de las velas de un buque en mares africanos.

¡Ah! Sobre la cabecera un exangüe Cristo del Greco. El lecho estaba intacto.

-Pero, ¿a qué hora duerme esta criatura? -exclamó Zacarías-Es la última en acostarse y la primera que se levanta. Tendré que intervenir en sus asuntos...

Con esto se volvió a su habitación y se metió en la cama, y se puso a cavilar. Se había dejado morder por la ambición política. Quería ser presidente de la república.

¿Cuánto le costaría? ¿Un millón, diez millones?

La candidatura de Fernando Adalid podría ser un obstáculo insalvable.

Pero tenía en su mano el poder de destruida. Sabía que el Banco de Sud América estaba en mala situación, por haber concedido muchos préstamos a los ganaderos argentinos, y esos créditos se habían congelado.

Echando a pique el Banco de Sud América, se hundiría la candidatura de su presidente Fernando Adalid.

Pero existía otro obstáculo: la hostilidad del Gran Kahal. Blumen era rico, pero odiado por la judería porteña, sobre la que ahora dominaba Mauricio Kohen.

Era necesario destruir a Kohen y apoderarse del Kahal.

Para ello tenía que intrigar en Nueva York, desde donde se impartía el movimiento a la inmensa maquinaria judía del mundo entero.

Resolviendo estas ilusiones se durmió, a tiempo que Marta llegaba, en liviana compañía de amigos.

Frisaba en los veintiocho años, y aunque pasaba por la más elegante muchacha porteña y el mejor partido de la ciudad, no tenía novio ni apuro en tenerlo.

-Me casaré cuando cumpla treinta y cinco años-declaraba-. El amor es bueno, pero es mejor la libertad.

Naturalmente, no sabía lo que es el amor y poseía una idea ingenua de la libertad. Imaginábase libre desde que ni su padre, ni sus criados, averiguaban la hora en que volvía, ni con quién, ni en qué boîte había cenado; ni en qué dancing había bailado; ni cuáles eran sus cocktails preferidos, ni los cigarrillos que fumaba.

Libre, porque un día eligió a su arbitrio la marca de su automóvil, y otro día conquistó el diploma de piloto aviador, adquirió un avión, como otras muchachas compran una tímida Voiturette.

Poseía una sólida certidumbre de que habiendo hecho Dios el mundo para que criaturas como ella lo usen hasta el forro, nunca les pedirá cuenta de sus actos. ¿Con qué derecho, pues, podrían pedírsela los hombres y fijar límites a sus deseos?

Más conviene aclarar que tales pensamientos eran demasiado aburridos para Marta Blumen, que procuraba ahuyentarlos. Hay ideas que no caben en una hermosa cabeza platinada.

Al acostarse y, por costumbre, se santiguó y su último pensamiento fue que apenas la dejarían dormir cuatro horas, ya que a las ocho, en punto, la despertaría por teléfono un desconocido. Esto la hizo sonreír.

La primera vez él se limitó a darle los buenos días. Ella cortó la comunicación, pero se quedó intrigada, pues el número de su teléfono era secreto de poquísimas personas. El segundo día, a la misma hora, igual llamado.

-¿Quién es usted?

-No me pida mi nombre, Marta.

-Entonces no sigo la conversación.

El tercer día, Marta se recordó antes de las ocho, y no bien sonó la campanilla, cogió el tubo y habló la primera.

-No me diga su nombre. Digame sólo cómo ha sabido el número de mi teléfono. Si no me contesta inmediatamente, voy a cortar la comunicación y pedir hoy mismo a la empresa que me cambie la línea.

Obtuvo por toda respuesta una carcajada inteligente y suave, que la fastidió.

—¡Decídase pronto! ¿Tiene allí su reloj? ¡Le doy medio minuto de plazo!

—¡Por favor, Marta! Me ha pedido dos cosas: ayer, mi nombre; hoy, de qué manera he sabido su número. No sé por cuál de las dos comenzar. ¿Cuál le interesa más? ¿Mi nombre o esa historia de su teléfono?

—¡Qué torpe es usted! Con sólo una adivinaré la otra.

—Confía demasiado en su propio ingenio.

—¡Perfectamente! —replicó ella airada—,Si no me explica en el acto cómo ha sabido mi número, hoy mismo lo haré cambiar.

El se volvió a reír. Y ella cortó la comunicación, y horas más tarde fué a la Compañía de teléfonos a pedir otro número.

Cuando se anunció, un ordenanza la condujo al despacho del presidente. Marta, sorprendida, pero halagada de que diera tanta importancia a su pequeña gestión, se dejó guiar.

Conocía de nombre y aun de vista a Mauricio Kohen; pero debía ser el único hombre importante que nunca se había hecha presentar a ella. Enemistad entre él y su padre, rivalidad de negocios tal vez. Lo admiraba de lejos, deseando que el azar se lo entregara. Bendita, pues, aquella ocasión.

El la aguardaba de pie, en la puerta del regio despacho. En sus pardas pupilas había un rayo de luz burlona, que la desconcertó; pero en su actitud una perfecta corrección.

—Señorita Blumen, no tengo el honor ni siquiera de conocer a su padre, pero ya que usted en persona viene, no he querido perder la oportunidad de atenderla yo mismo.

Marta le dio la mano y le explicó su asunto. Mauricio Kohen sonreía de tiempo en tiempo.

Un hombre como ése, tranquilo y dominador, le habría gustado para novio. Sensible a su belleza, capaz de amarla apasionadamente, pero también de domar a la criatura rebelde y caprichosa... ¿Por qué se le ocurrió que él era capaz de eso?

—Antes de cambiar su número, ¿no prefiere saber quién es el desconocido, madrugador e indiscreto?

-¡No! Se pondría orgulloso, si supiera que ando en esas averiguaciones.
-Es que no se lo diríamos.
-No creía posible, que con los teléfonos automáticos
-No es fácil, pero en obsequio a su tranquilidad.
-De eso no depende mi tranquilidad. Prefiero no hablar más del asunto. Hágame dar otro número, y quedamos en paz.
-¡Con qué gusto va a dormir toda su mañana! -exclamó irónicamente él, escribiendo en un papelito. ¿Le agrada éste?
-¡Ah! ¡Qué lindo número! Y fácil de recordar. Lo que llaman los españoles un capicúa.
-¿Qué es eso?
-Todo número que puede leerse de izquierda a derecha, o de derecha a izquierda, por ejemplo éste: 1221... ¡Capicúa!
-¿Sabe que tiene un modo muy lindo de decir capicúa? No deje de pronunciar esa palabra delante de un espejo... ¿Quiere decida de nuevo?
-¡No! Si usted no fuese persona de tanta seriedad, creería que se burla de mí... -¡Oh! Es la primera vez que la hablo y me parece que la he tratado siempre. -A mí me ocurre lo mismo. ¡Qué raro que nunca nos hayamos conocido, habiéndonos encontrado en tantas partes! Por la trente de él pasó una sombra.
-Voy a explicarle. ¿Podemos tener otro secreto, los dos, Marta Blumen? -¿Otro secreto? Pienso que no tenemos ninguno todavía. -Sí, el número de su teléfono, que solamente conocemos usted y yo. Y el primer secreto, entre una mujer como usted y un hombre como yo, es la primera complicidad. Por allí se comienza.
-Probablemente nunca más nos veremos. El desvió la conversación.
-No me ha dicho, señorita Blurnen, qué razón le dió su desconocido para ocultarle su nombre.
-¡Ah, sí! Me aseguró que sería peligroso revelármelo. -¿Para quién?
-No alcanzó a decirme tanto. -¿Y usted creyó?

-¡Qué he de creer! Pienso que fué una escaramuza.

El callaba, contemplándola con admiración, y de pronto, como si oyese una voz que, desde el fondo de los siglos le dictaba palabras eternas, le dijo: -"Morena como las tiendas de Cedar, como los pabellones de Salomón. " -¿De quién está hablando?

-"Sus labios como cinta de púrpura. " -¿A quién se refiere? -¿No ha leído el Cantar de los Cantares? -No he leído nada... ¿Eso está allí? ¿A quién se refiere? -A la Sulamita, pero... -Continúe; me ha dado curiosidad. -Podría referirse a usted, morena, con labios de púrpura. -¿Acaso la Sulamita tenía cabellos platinados?

-Tal vez. Entre las mujeres de mi raza, que es la suya, ese matiz de cabellos no es raro.

-¡Mi raza! ¡Su raza! ¿Qué quiere decir? -Usted es judía, como yo... Supongo que no lo niega. -Tampoco le confieso. ¡Qué sé yo lo que soy! -¿Le disgustaría que la tuviesen por judía?

-Nadie me ha dicho nada. Es la primera vez que se me ocurre que pueda serlo.

-¿Eso le preocupa?

-No; yo no tengo prejuicios de raza...

El posó en los ojos verdes una mirada magnética y le dijo lentamente: -No es bastante, Marta Blumen. Debería tener el orgullo secreto, de ser judía. Marta sintióse inquieta. Los ojos de él se le hicieron antipáticos y respondió: -¿Un nuevo secreto entre los dos?

¿No le parece que para una primera conversación hemos hablado bastante? Mauricio Kohen le estrechó la mano.

-Espero, señorita Blumen, que su desconocido ya no la molestará. -¿De veras? ¡Lo había olvidado! -exclamó ella con coquetería y salió. Un minuto antes de las ocho, sin alzar la cabeza de la almohada, miró burlonamente a su teléfono.

-¿Hoy me dejarás dormir, mi desconocido?

Apenas había formulado su advertencia, la campanilla se puso a vibrar. -¡Oh! ¿Qué significa esto?

—Buenos días, Marta Blumen... No esperaba comunicarme con usted. Temía que hubiese cambiado el número, como ayer me dijo. -Pero, ¿a qué número ha llamado, mi perseguidor? -Al de siempre.
—¿Y ha obtenido comunicación? -¡Ya lo ve!
—Pues le juro que yo misma fui ayer a la compañía, y lo hice cambiar. -La atendería algún empleado distraído: no han cambiado nada.. -¡No, señor! Me atendió... Pero, ¿a qué estoy dándole explicaciones? Hoy será la última vez que me hable, si no se nombra.
—Ni me nombraré hoy, ni será la última vez que la hable. -¡Usted está loco!
—Es cierto... ¿Qué hombre de corazón, en nuestro Buenos Aires, no está un poquito loco por Marta Blumen?
—¿Y para decirme esto me despierta a las ocho? -Perdóneme; hoy la dejaré dormir.
¡Hasta mañana! -¡Hasta nunca!
—¡Hasta mañana!-replicó el desconocido.
Trémula de indignación, hojeó la guía de los teléfonos. ¡El imbécil de Mauricio Kohen! ¿Para qué compararla con los pabellones de Salomón y elogiar la púrpura- de sus labios, si había de olvidada tan pronto?
—El señor presidente -le respondió la telefonista- no llega nunca antes de las diez.
—Pues dígale al señor presidente, de parte de Marta Blumen... No, usted no es capaz de trasmitirle mi mensaje... Lo hablaré luego.
En vano quiso ella irritar a Kohen, increpándolo. El tomó el asunto con mucha calma, y le pidió mil perdones. Confesaba una distracción: no volvería a suceder.
—¿Se olvidó usted de dar curso a mi pedido?
—¡ Sí, señorita; de nuevo le pido perdón. Y espero que mañana su indiscreto desconocido no la despertara.
—¡Ah! Yo también lo espero. ¡No faltaría más! Adiós. Por fin estaba segura de que el odioso llamado no se repetiría.
Una indefinible inquietud la despertó al quinto día.

¡Qué fastidio, sentirse pendiente de aquel pequeño tirano, que la acechaba desde su cabecera!

El otro le había dicho ¡hasta mañana! ella ¡hasta nunca!

Podía ganar la puesta, levantando el auricular. Pero eso no era faír play, como dicen los ingleses, juego limpio. Y no le satisfacía ganar con trampa.

Miró el reloj. Las ocho. El animalito negro permanecía mudo.

-¡He ganado!-murmuró con pueril satisfacción-, ¡Pero dió mi pista!... ¿Llegaré a saber nunca quién ha sido?' ¿De veras está enamorado de mí? Todos dicen lo mismo y no le creo a ninguno.

-¡Triiinnn

-¡Mi teléfono! Me da ganas de llorar y de reírme. ¿Quién llama?

-¡Buenos días, Marta! ¿No me reconoce?

-Reconozco la voz de mi desconocido.

-¿Está segura de que soy su desconocido?

-¿Quién otro podía ser? Reconozco su voz y su audacia.

-Agregue su locura. Porque estoy loco. Usted me lo dijo ayer y estoy empezando a creelo.

-Y' yo que se lo dije, no lo creo. Si lo creyera...

-¿Qué ocurriría?

-Si lo creyera seguiría la conversación. Ahora con una tijera voy a cortar el alambre para siempre. Ha tenido usted la virtud de hacerme odioso el teléfono. Ya ni siquiera me interesa su nombre.

-¡Qué lástima! Hoy estaba dispuesto a decírselo.

-¡Es tarde! Ya no me importa.

-¿Tampoco le interesa saber cómo he acertado con su nuevo número?

-Eso sí. Soy capaz de perdonarle si me demuestra que ha gastado ingenio y valor en conseguido.

-¡Romántica! Desgraciadamente no hay nada de eso. y es increíble que no haya adivinado quién es su desconocido.

-No, no he adivinado.

-No lo diga a nadie; se reirían de usted, Marta Blumen...

-¡Ahora se burla de mí! Es lo que yo merecía por seguil Estas estúpidas conversaciones. Vamos a aclarar de una vez: mi número de antes no lo sabían sino tres o cuatro personas, mis íntimos...
-Sí, y algunos empleados de la Compañía Telefónica.
-Es cierto; pero hoy mi nuevo número no lo sabe nadie Sino yo.
-¿Nadie sino usted?
-¡Ah, sí! Nadie sino yo y usted... Mauricio Kohen...
¡Con qué ira los filosos dientes de Marta partieron por la mitad aquel nombre! Se oyó la risa de Kohen y esta furibunda exclamación de ella:
-¡Se burla y se ríe de mí! No me ha ocurrido jamás tan ridicula aventura... ¡De veras, señor Kohen, lo detesto!
-Sí, lo comprendo; no merezco otra cosa. Pero acabaremos por ser muy buenos amigos. Siento sólo haber perdido cinco días en esta emboscada.
-¿Por qué no me dijo antes su nombre? -replicó ella tan resentida que se la habría creído a punto de llorar.
-¿Acaso me hubiera prestado más atención?
-No sé; probablemente no: me resulta ahora terriblemente antipático. No debiera decírselo, pero las palabras se me forman solas al borde de los labios
-¡Como cinta de púrpura!
-¡Ah, no! Eso no puedo permitirle. Usted, que apenas me conoce, me trata como a una cantarada.
-He perdido cinco días, Marta; déjeme recuperarlos.
-Y es necesario, además, que me explique por qué me dijo el primer día que el darme su nombre era un peligro... ¿Peligro para quién?
-No piense más, ahora que lo sabe.
-¿Fué una farsa?
-No. Realmente, no debe decir a nadie que habla conmigo.
-¿Peligro para quién? ¿Para mí o para usted?
El pequeño ser negro permaneció callado. Marta, impaciente reclamó la respuesta, golpeándolo. Y escuchó

entonces no la ligera y burlona voz de su desconocido, sino la viril y armoniosa de Mauricio Kohen, aquel a quien ella desde el primer momento hubiera amado, si él hubiese querido.

-Tengo muchos secretos que comunicarle. El viernes, dentro de tres días, la hablaré.

Pero esté dispuesta a salir.

-'¿Salir a las ocho de la mañana?

-Sí; ¿eso la asusta?

-Es ridículo...

-Lo que usted hace, Marta, nunca es ridículo y en Buenos Aires acaba por entrar de moda.

-¿Se trata de lanzar la moda de salir a las ocho de la mañana?

-No, porque nadie lo sabrá. Y es indispensable guardar el secreto más estricto.

-¡Por Dios, señor Kohen!

-No gaste ceremonias; dígame Mauricio como a un cantarada.

-Todavía no lo merece. Me ofenden tantas precauciones, tantos secretos...

-Nada más que uno, que comprende todos los otros; su telación conmigo no debe conocerla nadie.

Marta Blumen sintió la atracción de una misteriosa aventura y acabo por responder:

-Está bien; ¿adonde iremos?

-Discúlpeme que hoy sea yo el que corte la comunicación. Pero debo alcanzar un tren. Esta noche estaré a cien leguas de aquí. ¡Hasta el viernes!

La joven se quedó intrigada. Hubiera deseado preguntar a su padre qué clase de rivalidad había entre ambos; pero una extraña aprensión la contuvo.

Pasó dos días y el viernes se despertó antes de la hora. A las ocho en punto sonó su teléfono.

Por primera vez Marta Blumen aguardaba aquel llamado con romántica impaciencia.

VIII

LA SEÑAL DEL ANTICRISTO

-Muchas veces oirá decir, Marta, que ha pasado la época en que se podía hacer fortuna. Que ahora no hay negocios. -Supongo que eso no es cierto, porque mi padre hace toodavía buenos negocios.
-¡Tenga compasión, Marta! El vigilante me va a anotar a mí, que soy el dueño del auto, una multa por exceso de velocidad... Conduce muy bien, pero es muy impetuosa.
La gente se queda admirándola.
-O maldiciéndome... ¡Vea cómo gesticula ese viejo!
-¡Su padre hace buenos negocios, ya lo creo! ¡Dentro de cinco años tendrá cien millones más! -¡Feliz mortal! ¿Y es el único?
-No, ciertamente. Hay otros que hacen negocios tan buenos como él.
¿Quiénes son?
-Si le digo nombres, va a creer que recito una página de la Biblia: Jacobo, Salomón, David, Nephtali Eleazar.
-¿Todos judíos?
-Sí. Pero, ¿qué culpa tenemos los judíos, si los cristiano.no saben de negocios? Marta se echó a reír y él prosiguió:
-Cuando pase la crisis, los arruinados y los que siempre serán pobres, se lamentarán, con la eterna excusa: También nosotros pudimos comprar títulos a la mitad de su valor, y casas por la quinta parte, pero no tuvimos dinero.
-¡Esa es la gran razón! No basta ver un negocio: es neo cesario tener dinero para hacerlo.
Mauricio Kohen meneó la cabeza.

-Solamente un bolichero hace negocios con dinero propio.

El financista los hace con el ajeno. Si el asunto marcha bien, ganan el financista y su cliente; si sale mal, sólo pierde el cliente. La cuestión es descubrir un negocio y a la vez un diente con plata y embarcarlo.

-¿Sabe que me asombra su cinismo?

-Pregúntele a su padre si no ha hecho él así.

-N'o lo dudo, pero usted.

-Yo, como los otros. Estoy lejos de ser rico. Al lado de su padre soy un mendigo.

Pero antes de dos años o él o yo haremos quedado tendidos en la arena El vencido valdrá cero.

Marta no pudo disimular que la impresionaban aquellas palabras. No había en Kohen ni jactancia ni cinismo. Era una franqueza brutal, expresión de fuerza consciente y segura.

-¿Y cuánto valdrá el vencedor?

-Lo que usted quiera. Cien, doscientos, quinientos millones.

A esa altura, la cifra no tiene- importancia. Lo que imporr'a es la posición: se es el primero, es decir, el jefe, o se es uno de tantos.

-¿Y usted piensa vencer a mi padre?

-Sí.

-¡No lo vencerá!

-¿Por qué?

-Porque usted habla demasiado y él sabrá prevenirse.

-¿.Pero cree, Marta, que esto se lo he dicho yo a alguien?

-Sí, a mí.

-A usted sí, pero es la única persona que lo oirá. A usted porque va a ser mi aliada.

-¡Qué desatinos está diciendo! ¿Yo, aliada suya en contra de mi padre? ¿Y por qué razón?

Ella envolvió en una mirada fanática.

-He dicho mal, no será mi aliada, sino la aliada del KahaL

-¿Qué es el Kahal?

-El solo hecho de que usted no haya oído hablar nunca del Kahal, atestigua en contra de su padre. El, y no yo, debió iniciarla en el judaismo.

Marta, confundida y asustada, replicó:
-Entonces no me diga nada, le preguntaré a él.
-Ya no es tiempo de preguntarle. Yo le explicaré y usted me guardará el secreto.

El auto llegaba en ese momento a la Avenida de La Plata, y tras una violenta curva tomó por la calle Directorio hacia los mataderos de Liniers.

En aquel lejano rincón de la ciudad, cerca del Frigorífico Municipal, donde se matan diariamente cuatro mil novillos y vacas para que la inmensa población, carnívora hasta el desspilfarro, tenga las mil toneladas de carne que consume dentro de las veinticuatro horas, se codean el estanciero, que ha venido desde su campo para vender un lote de doscientas reses, el tropero que las trajo arreando con sus peones, el rematador que con su martillo de marfil las adjudicará al resero que las compre, el matarife que las carnea, el pobre diablo que espía una changa, y cien tipos más, unos ricos, otros pobres, sin que pueda afirmarse que a tal rico no lo desplazará ése que vemos en mangas de camisa, manchado de sangre, y si el revólver de aquél no se medirá con el gran facón que éste lleeva, cruzado a la espalda.

Porque todos allí sienten la vocación de los negocios, y de entre ellos la suerte elige a sus favoritos.

A ciertas horas cruzan la calle y se van a comer un bocado y a beber un vaso de vino. El comedor es grande. Mesas diseminadas; los comensales se arriman sin cumplimientos. Unas tienen manteles, otras no. Lo mismo da, los ventila dores del techo agitan sus paletas para ahuyentar las moscas y aligerar el humo. Huele a carne asada.

La famosa parrilla criolla está a la puerta, para que todos puedan elegir el trozo predilecto.

Un gran fogón con campana; una simple reja de hierro: sobre muchas brasas de algarrobo; los chinchulines, la tripa gorda, las mollejas, las costillas, el matambre, asándose en suculentos pedazos, que el cocinero pincha y remueve con un gran tenedor.

Extraño privilegio de la cocina criolla: no pensemos que esos rústicos manjares, aderezados de un modo primitivo, pue- dan comerse en los hoteles de lujo. Los ofrecen, pero son cosa bien distinta y uno exclama con decepción: "¿Y esto es una parrillada?

¡Pues no vale la pena!"

Porque tales condumios, tríos o recalentados, en nada se parecen a los crepitantes chinchulines, al sobrio matambre, a la suculenta trija gorda, a las tiernas mollejas, al clásico asado de costillas, manjares de reyes, pero que los reyes han de como prar por treinta centavos, y comer en mesas así, codeándose con personajes de esa laya.

Como varíen el precio, la compañía y el lugar, la parrilla pierde su sabor.

Mauricio Kohen hizo a Marta por teléfono la descripción del ambiente y picó su espíritu de aventura.

Allí-agregó-nadie la reconocerá.

Sentados en el ahumado comedor, el sirviente en mangas de camisa, resplandeciente de sudor, les propuso unos chinchulines asados al minuto.

-¿Son frescos? -preguntó ella maquinalmente.

-¡Oh! Tan frescos, señorita, que si se los muestro ahora. Se los come crudos. -Bueno, que vengan.

-¿Y una ensaladita de cebollas y tomates? ¿Y una media botella de vino de la casa? ¿Y un poquito de salchichón de chacra? ¿Y café?

-Sí, traiga de todo, ya veremos.

Se habían sentado en un rincón. Precaución innecesaria. Había allí cincuenta tipos de todo jaez, que discutían o cavilaban en sus negocios, pero ni uno solo se dignó mirar a los elegantes señores del coche amarillo.

-Explíqueme ahora, Kohen, por qué me dice que soy de su raza.

-¿La he ofendido?

Marta se ruborizó. Era judía, por la familia de su padre, mas no le gustaba confesarlo, porque en la alta sociedad tenían por advenedizos a las gentes de esa nación.
-No, no soy judía. ¿Quiere que un día le muestre mi fe de bautismo? ¡Soy católica!
-Eso no es nada. Yo también soy bautizado. A los veinte años me bautizó un obispo, que está muy orgulloso de mi conversión.
-A mi padre también lo bautizó un obispo; y lo casó el arzobispo.

Mauricio Kohen miró los ojos verdes, y como quien hace la primera confidencia a un cantarada, le susurró:
-El judaismo es indeleble: no hay bautismo de agua ni de sangre que lo borre. Los apóstatas de nuestra religión son raros. Muchos fingen abandonarla para servirla mejor. Solamente un verdadero renegado conozco yo en Buenos Aires...

Convicción y orgullo, y no cinismo, trascendían sus palabras. Ella lo contempló con admiración. Aquel hombre joven fuerte, sin prejuicios y sin escrúpulos, animado de una gran pasión, la aturdía, la conquistaba.
-Enséñeme. Ese renegado... ¿es mi padre?
-Sí.
-Y yo, que soy de su misma estirpe, y creo en otras cosas, ¿también, soy renegada?
-No, usted ignora nuestras leyes y habla y vive como una gayo
-¿Qué es una goy?
-Una infiel, una cristiana. Para un judío, todos los otros pueblos de la tierra son goyim (infieles), sean católicos, sean budistas, sean paganos. Y usted habla como una goy, pero es judía y acabará por sentirse orgullosa de ello, aunque nunca lo diga. Y más vale que nunca lo diga. Precisamente la fuerrza de los judíos es saber callar. Nuestra nación vive aún sólo porque ha sabido guardar un secreto, durante veinte siglos de persecución.

Marta había probado apenas los ricos manjares que el mozo le presentara. Bebió un vaso de soda y pareció impaciente.

-¿Hay entre ustedes un secreto? ¿Cuál es? También él dejó su plato, apuró su vino y pagó.

-Aquí no podemos hablar: venga conmigo, Marta.

-¿Adonde?

-A mi casa.

-¡Cómo! - exclamó ella sorprendida.

Nunca sus amigos habían conseguido que ella aceptase el ir a tomar un refresco en sus casas de solteros o de calaveras.

-No.yo no puedo ir a su casa.

-Tengo cosas graves que confiarle, y en la calle no es poosible. ¿Qué teme de mí? Ella lo miró de reojo.

-Que me hable de las tiendas de Cedar, y de los labios color de púrpura.

Los ojos de él, sagaces y duros, le hicieron sentir cómo desentonaban esas palabras frívolas.

-No voy a hablarte de usted, sino de algo que vale muucho más. Ninguna mujer en Buenos Aires representa mejor que usted lo que es la belleza y la fuerza de las mujeres de mi nación. Yo la he estudiado y elegido entre mil y más mil. Nunca usted sospechó mi persecución silenciosa. Y cuando fué el momento, porque me convencí de que era la que buscaba, me puse en relación con usted, sin ningún interine- diario.No dirá que he perdido el tiempo.

La mano de él oprimió la de ella, aferrada al volante.

-Vamos a mi casa!

Imperiosa dulzura la de su voz y la de su gesto. Como livianas hojas de otoño volaron sus escrúpulos. Quedó el alma desnuda y temblorosa. Por primera vez en su vida, Mar - tú sintió las corrientes de su sangre judía, y se estremeció al oír una misteriosa exclamación:

-¡Hacia la parte de Dan, se escucha ya el relincho de los caballos!

-¿Qué quiere decir? ¡Enséñeme!

—Es un texto del profeta Jeremías, que anuncia al que vendrá en su propio nombre...
—Nunca, nadie me ha hablado de estas cosas. ¿Qué es? Dan? ¿Quién es el que vendrá en su propio nombre?
—Dan es una de las doce tribus de Israel, y esas palabras se refieren al Anticristo, que nacerá de su tribu.

Marta Blumen, cegada por un rayo, murmuró:
—¡El Anticristo! El que ha de venir hacia el fin de los tiempos, a disputar a Gristo el imperio del mundo y el amor de los hombres.

En su colegio de monjas, había leído una obra sobre el An- ti cristo, cuyo verdadero nombre se encierra en la cifra 666, y a quien la Sagrada Escritura llama: la Bestia salida del abismo el Hombre de pecado, la Abobinacion de la desolación.

El eco de esas palabras, que leyó de niña, la hirió como una piedra en la frente. Ella, católica, que había recibido en la Comunión, con alma pura, el cuerpo de Cristo, ¿iba a rene- gar de El por la vana y peligrosa curiosidad de penetrar aquellos secretos?

¿Y quién era aquel hombre, que se había apoderado de su mano, haciéndole sentir, a través del guante, el calor de la piel? Habían cruzado apenas algunas palabras, y ella ignoraba todavía sus sentimientos, sus costumbres, sus intenciones.

—Yo no he leído la Biblia -dijo a manera de excusa-. Yo no sé nada de lo que usted sabe, y sus frases incomprennsibles me llenan de temor.

—¿Qué es lo que no comprende?-preguntó él con la blandura de un maestro, que enseña a un niño.

—No comprendo que un hombre de negocios, capaz de arruinar a un rival, aunque sea mi padre, se transfigure como se ha transfigurado usted, y me hable en el estilo de los sacerrdotes y de los profetas.

—¡Es claro! -repuso él, desdeñoso-, Usted no puede librarse instantáneamente de su temperamento de goy; ni alcanza a comprender la verdadera alma judía, positiva y mística a la vez, y se escandaliza ante lo que le parece una contradicción.

-En efecto, una contradicción -repitió ella en voz baja.

¡Inexplicable hechizo! Ella, la audaz, que amaba la indeependencia más que la vida, experimentaba una rara fruición en sentirse dominada y vencida. Y es que, en realidad, no había en Marta una voluntad persistente, sino una sucesión infinita de caprichos de niña mimada y vanidosa.

Un sentimiento fuerte, semejante al amor, aniquilaba de repente su vanidad, volviéndola dócil y mansa, como una criatura dormida.

Y para que él no la despreciara, por artificiosa y pueril, ni siquiera intentaba disimular su emoción, parecida al espanto.

El adivinó sus pensamientos.

-¡Pobre goy! ¿Tiene miedo de saber cómo somos? Vuelva los ojos a sí misma, y lo sabrá sin que yo le explique nada.

También en usted hay esa eterna contradicción del alma judía: Somos el pueblo escogido y a la vez "el de dura cerviz". Predestinados para dominar el mundo, no tenemos patria. Nuestro libro religioso, el Talmud, es el más prolijo tratado comercial que pudiera inventar el más alevoso banquero. Elevamos altares al Señor y no bien se aleja Moisés imploramos a su hermano Aarón que nos fabrique un ídolo. Y él, Sumo Sacerdote de Jehovah, funde con sus manos un becerro de oro. "¡Israel, he aquí tu dios!"

-Extraño, en verdad.

-Todo tiene su clave, Marta.

-¡Muéstremda!

-Somos místicos y religiosos, pero nuestra esperanza está solamente en los bienes de este mundo. Ignoramos lo que hay más allá y establecemos aquí nuestro paraíso. Dios no nos ha creado para ganar el cielo, sino para dominar la tierra. Esa es nuestra fe. Hace seis mil años la nación espera al Mesías, nuestro rey, que ha de conquistar el universo.

Kohen observó a su hermosa compañera, que iba muda, en- trecerrados los ojos, cegada por el resplandor de la profecía.

Y el coche guiado por su mano firme, devoraba hileras de edificios, calles tranquilas, avenidas vertiginosas, parques donde el calor teñía de sangre los ceibos y de violeta las copas de los jacarandás, llenando el aire de olores del trópico.

-En esta calle está mi casa -dijo él de pronto-. Doble a la - Izquierda. . Ella no quiso obedecer y pasó de largo. -¿Qué hace? ¿No viene conmigo?

-¡No!

-¡Sí! Rodee el parque y volvamos. Lo que yo tengo que decide, no puede ser en la calle.

-¿Qué tiene que decirme? Usted habla del Mesías que ha de venir. Yo soy católica y creo que el Mesías ya vino y es Cristo, que es Dios.

El la envolvió en una mirada somibría y le respondió lenntamente, para que la blasfemia atroz mordiera el blando metal de su pobre conciencia.

-Cristo no es el Mesías: es el Impostor. El verdadero Meesías, hijo de Dios, a quien los judíos esperamos, para que por él se cumplan las promesas de la raza, es aquel a quien los cristianos llaman el Anticristo, cuyo verdadero nombre nadie sabrá hasta el día de su advenimiento.

El corazón de la joven latía atropelladamente. El apartó su mano y le produjo alivio.

Pero volvió a apretarla, con más violencia, cual si fuera su marido o señor.

-Yo soy católica -repitió ella casi maquinalmente-; y creo que Cristo es Dios. Y él asestó un segundo hachazo en la raíz de aquella fe vacilante.

-Cien generaciones de goyim no bastan para diluir con su sangre impura, una sola gota de la sangre de Israel. ¿Cómo no siente arder en sus venas nuestro orgullo inextinguible, usted que es judía desde la punta del pie hasta los briillantes cabellos de su cabeza?

Marta Blumen calló, para mejor percibir las corrientes de su corazón. Le pareció, en efecto, que, a pesar del bautismo siempre había sentido una secreta repulsión hacia las creenncias católicas.

Los soberbios ojos de él irradiaban tan extraña luz que ella le preguntó:

-¿Usted no es, por ventura, el que ha de venir en su propio nombre? Kohen se guardó de burlarse y contestó seriamente:

-Yo he nacido en Buenos Aires, y el Anticristo nacerá en Babilonia o en Jerusalén, y las mujeres no lo mirarán sin amarlo.

A las últimas palabras ella replicó, ruborizándose:

-¿Qué sabe usted de lo que pasa en el corazón de las mujeres? El no pareció advertir su rubor.

El automóvil descendía como un proyectil por la Avenida Alvear.

-Tome esta calle. Por aquí llegaremos a mi casa.

Marta obedeció. Se sentía envuelta e irremediablemente dominada.

-¡Doble a la derecha! Esta es mi casa, vivo solo, con un sirviente... Deténgase y bajemos.

El coche se detuvo, y Marta bajó detrás de Kohen, que abrió la puerta con un llavín.

Hall fresco y penumbroso. Resonancia de pasos en las baldosas de mármol blanco y negro. Despacho oscuro. Ventana sobre un jardín entoldado por glicinas en flor.

-¡Siéntese, Marta! ¿Por qué tiene los ojos tristes y azorados? ¿No se quita el sombrero, ni siquiera los guantes?

Ella sentía la aprensión de penetrar en regiones tenebrosas y sin arrepentimiento.

-¡No solamente el camino de mi casa voy a enseñarle yo!

Cuántas veces habrá oído la blasfemia de Jesús: "Yo soy el Camino, la Verdad, y la Vida..." " ¡No! Ni el camino, ni la verdad, ni la vida están en los Evangelios, sino en este libro que ha realizado el más estupendo milagro de todos los tiempos.

-¿Qué libro es? -interrogó Marta, hojeando un grueso tomo en caracteres hebraicos.

-El Talmud, nuestro código religioso, político y social, mil veces más sagrado que la Biblia.

-"¿Y cuál es su estupendo milagro?

-Mantener, a través de los siglos, la fisonomía de un pueblo. Impedir que quince millones de israelitas oprimidos pot dos mil millones de enemigos, se fundieran en la masa innuumerable de cristianos.

-Parece un milagro verdaderamente -dijo Marta.

-Más todavía -prosiguió él- Gracias al Talmud, ese pueblo sin patria no tardará en dictar la ley a todas las naciones.

Marta lo miró con estupor. Empezaba a creer que eso podía ser verdad, y que la Argentina sería, antes de los tiempos del Antieristo, una esclava de la Sinagoga.

Y no se rebeló. Sintió, por el contrario, la fiereza de la apostasía adentro de su corazón de cristiana.

Mauricio Kohen prosiguió:

-Escuche y comprenda los caminos por donde Israel doominará al mundo. Dios ha dado a nuestra raza el genio de las conquistas modernas que no se realizan por la espada sin; por el oro.

-Entonces mi padre puede ser un rey -dijo ella con orrgullo, y él prosiguió:

-Hasta en los libros sagrados de los goyim se anuncia ei triunfo de Israel. Jesús, junto al pozo de Jacob, dice a la Samaritana: "la salvación viene de los judíos". Y Pablo, el gran apóstol, repite la promesa de Isaías: "el libertador saldrá de Sión". La más grande batalla de los tiempos se está librando en los campos de Italia y de Aiemania: Roma contra Jerusalén.

-¿Quién la ganará? -interrogó la joven con viveza.

-La primera, Roma.

-¿Y después?

-Jerusalén, pero recuérdelo siempre: no por la espada, sino por el oro.

A mediodía Marta regresó a su casa, aturdida por visiones apocalípticas.

Y a la tarde recibió una carta, sin firma, que sólo contenía estas enigmáticas palabras: "El rey de la sangre de Sión está próximo a nacer."

"Un paso más y la serpiente simbólica (Israel) encerrará en su círculo a todas las naciones."

Y Marta experimentó el orgullo mlenario del pueblo escogido, y se sintió judía por la sangre y el alma, y se aproximó al espejo y se miró.

¡No! todavía no. Todavía ni en su frente esplendorosa: ni en su brazo aparecía la cifra del Anticristo: 666.

VIII

LOS PROTOCOLOS DE SIÓN

Había llegado a Buenos Aires en esos días el gran banquero norteamericano Mili Morton, para estudiar la situación del país y la conveniencia de prestar doscientos millones de dólares al gobierno.

No necesitó un mes, ni siquiera una semana, para comprennder los negocios argentinos. Vió cómo las montañas de trigo, lino y maíz de sus campos sin límites, caían en poder de allgunas pocas firmas extranjeras, por precios, muchas veces, abajo del costo de producción.

Vió la gran industria de la carne, antaño gloria de la nación, sacrificada a trusts ompipotentes.

Leyó artículos de diarios; asistió a clases en las universidaades, comprendió cuáles eran las doctrinas dominantes, y meeneó la cabeza:

—Este queso tiene adentro un ratón, que no le dejará más que la cáscara. Y' al oído del ministro que aguardaba, dió su diagnóstico en inglés:

—You are beeing devoured by the Jews. Y aprontó sus valijas para volverse.

Como aún le quedaban tres días, los dedicó a visitar la ciuudad y sus alrededores.

Con Fernando Adalid y otros hombres de negocios, entre ellos Blumen y Kohen, y un pelotón de periodista, s que recoogía sus palabras, fué al Colegio Militar.

Berta Ram iba entre los periodistas y Marta Blumen se había mezclado en la comitiva de su padre. Por primera vez se encontraron las miradas recelosas de aquellas dos mujeres.

-¿.Quién es esa joven de cabeza platinada? -preguntó Mili Morton a Fernando Adalid, cuando cruzaban los herrmosos jardines del colegio.

-Es la hija de Zacarías Blumen.

Morton hizo una mueca, y dijo al oído de Adalid las mismas palabras que al ministro. Pero las dijo en francés, porque hablaba mal el castellano y su compañero no entendía el inglés:

- Vous etes devorés par les Juifs! Adalid se creyó obligado a agregar:

-Esta joven es mi sobrina, hija de mi hermana.

-¡Oh! I'm sorry! La verdad es que no da miedo dejarse devorar por dientes tan bonitos... ¿eh?

Rieron los dos, y Adalid con un gesto familiar, llamó a su sobrina y le presentó al personaje.

-¡Si supieras lo que acaba de decir de ti! Pregúntale.

-What did you say about me, Sir?-interrogó Marta acorralando al norteamericano, que gruñó: ¡Tipo indiscreto! y en alta voz:

-Le he dicho a este señor que sus cabellos en Hollywood, valdrían dos millones de dólares.

Se había aproximado Mauricio, y ella, por picarle celos, respondió, siempre en inglés, que hablaba con raro encanto:

-Lléveme a Hollywood y haremos el negocio a medias, -y dándose vuelta:

-¿Se vendría usted conmigo, Mauricio, si yo me fuese? Mauricio advirtió que esa pregunta hecha a él sólo, había sido captada por alguien más. Berta Ram adivinó el amor en las coqueterías en la hija de Blumen, y aguardó lo que él contestaría.

Afortunadamente pudo no contestar, porque el Director, que les hacía los honores de la casa, se acercó a prevenirles que tres pasos más allá se detendrían delante del aula de un curioso personaje, Julius Ram, cuyos trabajos sobre la desintegración de la materia, se publicaban en las más acreditadas revistas del mundo.

-¡Es un sabio, pero tiene algo de loco...

Berta Ram se ruborizó y dijo a Kohen en voz baja:
-¿No sabe usted que Julius Ram es mi padre?
Kohen la miró estupefacto y un resplandor de alegría iluuminó su rostro.
-El profesor Ram, ¿es su padre? ¿Por qué me imaginaba yo que usted fuese católica?
¡Ram es judío, como yo!
Berta sacudió la cabeza enérgicamente.
-¡No!
-¡Sí! -exclamó él.
-¡No! -repitió ella- Después le explicaré.
Marta Blumen no había podido escuchar una palabra, pero la escena confidencial la irritó. He ahí que su profeta, en quien ella había creído encontrar la sobrenatural figura del Anticristo, era un pobre hombre como todos. ¡Bah! ¡qué asco!

-¿Julius Ram...? -preguntó el banquero norteamerica- no-, por casualidad, ¿no es el autor de un libro sóbrela producción artificial del oro?

-¡Exactamente! -exclamó el Director, encantado de que la obra de uno de sus profesores fuese conocida por un personaje como Mil Morton. .

-Sí -dijo éste-, es un libro clásico.-y en forma que oyera solamente Adalid: - Creo que es judío. Si sus experimentos sobre la desintegración de la materia y la producción artificial del oro, tuvieran éxito, en quince minutos, lo que tardase en transmitirse la noticia a Nueva York, se derrumbaría el poder de la judería universal. ¿Comprende?

-No, no comprendo -respondió Adalid, intentando diisimular la impresión que le produjeron esas palabras. ¡El aire le pareció que resplandecía!

Se detuvieron ante el aula abierta. Precisamente Julius Ram explicaba en ese instante su famosa teoría.

Una gran cabeza hundida en los hombros. Cuatro pelos rojizos y revueltos. Un bigote a la diabla. Anteojos de oro como se usaban en 1900. Un cuerpo de muchacho; un cráneo poderoso. Ojos daros y voz musical y flexible, voz de políglota, que se amolda a todas las lenguas, al ruso y árabe, al hebreo y al latín, al castellano.

No le inmutó la presencia de tantos personajes a su puerta y prosiguió la explicación:

-"El más asombroso descubrimiento de la física moderrna, ¿cuál creen ustedes que sea? Ni los rayos catódicos, que permiten ver a través de los cuerpos opacos; ni la onda corta, ni la televisión. Mucho más trascendental que todo eso es el descubrimiento de que la materia, base y objeto de nuestra ciencia, no existe.

-Oigamos cómo explica esa paradoja -Murmuró el Director.

-"La materia no existe. El atributo esencial de lo que llamamos materia, es la masa, eso que permanece constante e indestructible a través de todas las reacciones y que el célebre axioma de Lavoisier ha expuesto así: "nada se pierde, nada se crea". Pues bien, los trabajos de los físicos modernos han demostrado que esa constancia de la masa no existe. Durante veinte siglos, los sabios habían sostenido, que los eleementos simples de los cuerpos, son permanentes, es decir, intransmutables.

"Para la física moderna no es así: los átomos de esos elementos que se creían eternos, se desgregan y se transforman en otros elementos simples (lo cual suena como una herejía),

Y finalmente, se desvanece y confunde con el éter, y no queda nada, nada, nada. ¡La materia, pues, no existe!"

Al decir esto volvióse a mirar a los nuevos oyentes, cual si aguardase un comentario. Y prosiguió:

-Lo único que existe es la energía, en diversas formas -¡Filosofías!-dijo Zacarías Blumen, con ese desdén de los financistas hacia las especulaciones abstractas.

La ancha oreja del profesor recogió la palabra. -¿Filosofía? ¡Sí! Y también finanzas

-replicó vivazmennmente, advirtiendo de quién había sido el comentario.

-¿Finanzas? -interrogó el Director-, ¿Cómo?

-¡Las más estupendas finanzas; las que en media hora acabarían con el mundo moderno! -exclamó Julius Ram, vaacilando al borde de una doctrina, que era como el secreto de la destrucción del mundo.

Aidalid tradujo aquella frase al norteamericano. -¿Ha visto? ¡Es su teoría! Hágale explicar.

Julius Ram se quedó mirando a Zacarías Blumen, como a un execrado enemigo. De pronto, clavó la mirada en sus alumnos, y empezó a exponer sus secretos. Todos le escuchaban con angustia, como se escucha a un poseído.

-La física ha demostrado que la materia "se desmaterializa", es decir, pasa por fases diversas y acaba, no por aniquilarse, sino por transformarse en energía, que se confunde con el éter. Todos los cuerpos acaban en una sola substanncia. Es decir: el oro y la plata y el plomo, están construidos con los mismos elementos finales. Como que todos los cuero pos no son sino fases más o menos adelantadas de infinitas transformaciones. Y es posible, conociendo el camino, realizar el sueño de los alquimistas y convertir el plomo u otro metal innoble en el oro preciado y purísimo. ¿Comprende ahora, señor Blumen, cómo mi filosofía está llena de consecuenncias financieras?

-Sí, sí -respondió Blumen por cortesía; la cuestión es ea nacer el camino. Y todos se alejaron, y el Director dijo, a manera de concl usión:

-Es un sabio de autoridad universal. Es casi un mago. Un Paracelso, un Cagliostro extraviado en nuestro siglo. Ha hallado la piedra filosofal: esta bala de plomo, él podría hacerla oro. Y con toda su ciencia está arruinado. Le van a rematar la casita en que vive, porque no puede pagar los innteresees de una hipoteca... ¡Hombre! Creo que.

Se interrumpió cuando todos adivinaron que iba a decir, a Blumen: "Creo que el acreedor que lo ejecuta es usted." Blumen se ruborizó:' era verdad. Casi todas las hipotecas que se ejecutaban en el país eran suyas.

Mili Morton y Adalid cambiaron una mirada.

-¿Ha visto? Y pensar gue un sabio así, va a ser devorada precisamente por uno de los hombres a quienes él podría arruinar con su idea. El día que el plomo se pueda connvertir en oro, los judíos que poseen las tres cuartas partes del oro existente, quedarán en la calle.

Adalid quedó pensativo.

-¿Cree usted que la ruina de los judíos sería un mal?

-Sería como cortarle la cuerda a uno que se está ahorcando -contestó el norteamericano, con el tono de quien ha considerado largamente la cuestión y no admite réplica.

Zacarías se les aproximo: aquella conversación a media voz, tal vez sería interesante.

Mili Morton clavó en él sus ojos claros.

-¿Sabe usted, señor Blumen, quiénes pueden resolver la crisis? ¡Hablábamos de eso!

-Pero, ¿hay crisis, realmente?

Todos rieron de la inocente salida del banquero.

-Le aseguro que sí -dijo Mili Morton-, Pues no la resolverán los economistas, porque están imbuidos en doctrinas falsas. Ni la resolverán los gobiernos, porque son prisioneros de los que han sembrado esas doctrinas. La resolverán, escúchenme ustedes...

Los periodistas prepararon sus lápices.

-La resolverán los alquimistas. Un mago como Julius Ram, que convierte el plomo en oro...

-¿Porqué aumentaría la existencia de oro? -preguntó allguien.

-No, señor; todo lo contrario. Porque el oro desaparecería como moneda. Porque no le dejaría más que su valor inndustrial, que es muy poca cosa. Blumen se puso lívido.

-Pero, ¿es posible?

-Acabamos de oír a un sabio como Ram.

-¡Oh! -exclamó Blumen recobrando su color-o No es un sabio; ¡es un filósofo! Los periodistas apuntaron aquella respuesta. -¡Qué plato! -dijeron.

Adalid afirmó que tenía una audiencia con el Presidente de la República y se despidió. Los demás de la comitiva almorzarían en el Colegio Militar.

En la puerta no halló su automóvil. El motorista se había ido, creyendo que no lo necesitaría hasta la tarde.

-Si quiere que lo lleve en mi 'Voiturette -le dijo Marta Blumen-,Tampoco ella quería continuar entre aquellos pero sonajes, a uno de los cuales amaba.

¡Al diablo con él y con todos los hombres! -Fernando: ¿ha leído usted el Talmud?

Marchaban a noventa kilómetros.

-¡Qué ocurrencia! El Talmud es un guiso demasiado fuerte para mi estómago.

-Pues yo lo estoy leyendo. Hay. Cosas aburridas y cosas picantes. Saltando las unas y perdiendo tiempo en buscar los otros, cálculo que tardaré en concluirlo unos veinte años.

-¡Deja el Talmud! Yo te voy a hacer leer otro libro.

-¡Hoy me siento católica, Fernando! ¡Hágame leer un libro católico! Me tienen seca los judíos! ¿Conoce usted a Mauricio Kohen?

Adalid se echó a reír.

-Y a comprendo: estás celosa de Kphen. Lo has visto secretearse con esa linda rubia, que escribe... ¿cómo se llama? -¡Qué sé yo! ¡Ni qué me importa de Kohen, ni el Talmud! ¿Acaso es judío?

-Sí, como tu padre, como tú misma, aunque eres hija de mi pobre hermana. Pero es enemigo de tu padre y su enemisstad viene de lejos. Los Blumen fueron expulsados de la Sinagoga por intrigas de un Kohen, el padre de Mauricio.

-¿Historia antigua?

-De antes que nacieras tú. Tu padre está empeñado en ser admitido de nuevo, pero se le cruza el hijo del viejo Kohen. Conseguirá que lo admitan, no hay duda. Ninguna Sinagoga es capaz de rechazar un candidato que posea trescientos millones. Y cuando esté adentro, arrojará a tu Mauricio por el balcón.

-¡Hum! Mi Mauricio no es hombre de dejarse arrojar por el balcón. Permanecieron silenciosos un rato.

-¿Qué libro me iba a leer? ¿Un libre católico?

-No, un libro judío: los Protocolos de los Sabios de Sión.

-Ya he oído hablar de eso.

-¿A quién?

Marta Blumen se ruborizó. Pero hallábase en la pendiente de las confidencias, hostigada por los celos. Sentía la nece- si dad de hablar mal de él, a toda costa, y habría querido que la acorralasen y la obligasen a confesar que se había enamorada estúpidamente de un hombre que no la amaba. ¡Oh!, eso que parecía imposible se adivinaba, se veía, no en sus palabras, sino en el desesperado fulgor de sus ojos.

-Mauricio Kohen me ha hablado de ese libro, pero dice que es una falsificación atribuida a los judíos.

-Explícame cómo ha nacido esa amistad. ¿Dónde has conocido a Kohen?

-Lo hallo en todas partes.

-Hablemos con lealtad, sobrina: ¿te festeja?

-¡Eso no sería nada! ¡Todo el mundo me casteja!

-Ya lo sé, pero ese hombre no es como todo el mundo

Hoy me ha sorprendido verlo... Te vas a poner celosa de lo que voy a decir.

- ¡Ya estoy! iya sé lo que va a decir!

-Entonces no lo digo.

-¡No, no! Yo quiero saber que otro ha pensado como yo, que Mauricio Kohen no ha sido capaz de disimular que está enamorado de esa otra.

-¿La conocía él antes?

-¡Qué sé yo! Y para decirle verdad, tampoco me interesa.

Hablemos de otra cosa. ¿No es ridículo que yo, Marta Blumen, tenga celos de una infeliz, que se gana la vida garabateando pavada s en papel de diario?

-Eso mismo creo yo, Marta. Pero creo también que tu pobre corazón está más mordido de lo que ahora confiesas. -¡M pobre corazón! ¡Qué ocurrencia! Yo no tengo carazón. A los veintiocho años no he sentido la mellar tentación de enamorarme. Y he tenido mil ocasiones.

-Lo creo. Marta Blumen, eres como el viejo de la Montaña. ¿Te acuerdas de la historia que estudiaste en el colegio? ¿Del viejo de la Montaña?

Marta volvió con la imaginación a los tiempos en que quiso ser monja estúpidamente de un hombre que no la amaba. ¡Oh!, eso que parecía imposible se adivinaba, se veía, no en sus palabras, sino en el desesperado fulgor de sus ojos.

-¿Aquel jefe árabe que manejaba a sus soldados con los ojos?

-Sí, más o menos. Paseándose por la terraza de su palacio, para que los embajadores admirasen su poder, mandaba a sus centinelas que se arrojasen de arriba de las murallas.

-¡Ya recuerdo! Yo no soy como ei viejo de la Montaña. Ningún hombre sacrificaría su vida por mí. ¡Tal vez yo por otros! ¡Qué vacía es mi vida, que parece tan llena! ¿Sabe, Fernando, que estoy harta de vivir?

Adalid se rió.

-Te sientes humillada y estás furiosa. Y no hallas refugio ni en tu corazón ni en tus pensamientos. ¡Pobre barca sin quilla! Tú y muchas otras como tú. En los ríos sin hondura nao vegan bien; pero no resisten el golpe de las olas de alta mar... Livianas, vacías de grandes sentimientos. ¿Te resiente que te hable así? De algún modo tengo que pagarte el servicio que me prestas, llevándome en tu coche. Nos vemos tan pocas veces que aprovecho la primera ocasión para decirte estas cosas.

-¡Siga! No me resiento. Hábleme claro. ¿Qué mar y que olas son éstas? ¿Por qué dice vacía de grandes sentimientos? ¿Qué sabe usted mi verdadera vida?

-No sabría nada, si tú misma no me lo dijeses. Harta de vivir a los veintiocho años!

¿Has pensado en matarte?

-¡Sí, más de una vez. Sembraría de rosas la cama; me pintaría los labios y las mejillas.

¡Qué fea es una muerta sin color! Y me pegaría un tiro. La sangre que manchase mi almo hada haría juego con mi boca. Piense en la sorpresa de mis amigos y los comentarios de la gente... ¡La hija de Blumen! ¡Qué bonita estaba! Las mejillas, del color de las rosas. Los labios, del color de la sangre. Los cabellos, brillantes como la luna.

Adalid la miró severamente.

¿Y no pensarías en tu alma? Tres días, no más, durarían los comentarios. Y porque durante tres días hablasen de tí, ¿arrojarías tu alma a la eternidad cargada de ese crimen? Pobre mujer, que tantos admiran y tantos envidian. Tu padre no se preocupa más que de sus negocios. Nadie, en tu casa, se acuerda de tí. Vida criminal cuando no estúpida. La tuya y la de él.

-¡Por eso he pensado en matarme!

-No, afortunadamente nunca has pensado. Serías capaz de hacerlo, sin pensar, ya lo sé. Y tantas infelices, bonitas y enviadas como tú, han caído en ese abismo de insensatez, en un minuto de exasperación y de vanidad. Qué pavor irremeediable cuando se vieron cara a cara con Dios. "Yo te había hecho hermosa, como una copa de cristal; y encargué a tu liibertad que llenara la copa de obras buenas: Y la llenó sólo de vanidades. Y tu libertad se hartó de aquella cosa amarga que es la vanidad, y estrelló la copa, obra maestra de mis manos..." Marta, ¿quieres que un día te hable Dios así?

-¡No, no... ! Pero, ¿acaso Dios habla a los muertos?

-Los muertos sólo mueren para los hombres, no para Dios, ante quien deben presentarse y rendirle cuentas.

Dos o tres minutos de silencio. La calle de asfalto, negra cicatriz en los frescos jardines y huertas del suburbio. Ella en el volante, mordiéndose los labios en un tic de sombría voluntad. Adalid mirándola con ternura y tristeza.

-¡Hábleme! Me calma su voz, tal vez porque dice cosas que nadie me ha dicho.

-Por eso me escuchas, fierecilla domada.

Ella premió su interés con una sonrisa; pero el fulgor d~ sus ojos entrecerrados no se apartó de la negra calle. -Siento que me mira. ¿Qué está pensando?

-Que tienes un perfil exquisito, una nariz graciosa, una boca perfecta, un mentón fin, pero...

-Pero, ¿qué?

-Pero todo eso, que suele revelar equilibrio y voluntad, es en tí un dato falso.

-¿Cómo? ¿Yo no tengo voluntad, ni tengo...?

-No, no tienes. Eres testaruda, por amor propio, y eso da la impresión de carácter. Pero tu obstinación es pueril, como antojo de niño. Eres inquieta y pareces activa, pero tu inquietud es voluble, como el vuelo de una mariposa. Thdo te incita a andar: de adentro, la sangre joven, el corazón ávido, el alma sedienta. De afuera, la sociedad que te agasaja, tus admiradores que te acosan, la riqueza que todo te lo facilita. Pero estás desorientada. A fuerza de tener abiertos todos los caminos del mundo, no sabes adonde ir; y con la copa llena, te estás muriendo de sed. Con franqueza: ¿no es verdad?

-Sí ¿Por qué es ésto?

-Te lo diré: tu alma está vacía, porque es profunda,

-Primera cosa realmente amable que me haya dicho hoy.

-Voy a decir te una segunda cosa amable: Dios te ha dado la gracia de la inquieutd...

- ¿Acaso es una gracia no creer en nada, no gustar de nao da, no descansar en nada?

-respondió ella, hosca y resentida,

Sí. Tu alma no se llena porque es lo que te he dicho.

-¡Profunda! -exclamó ella coomo un eco-, ¿En qué lo ha conocido?

-¡En todo! En tu impaciencia, en tu desorientación, en tu cansancio. Eres como una golondrina sobre el mar: no hallas dónde asentarte. No tienes reposo, porque no tienes firme.za. Si gustases todos los placeres del mundo no te saciarían porque tu alma es de una capacidad infinita, y las cosas de la tierra son limitadas. Y esa es una misericordia que te ha hecho, el que ha fijado la profundidad de los mares y de las almas.

-¿Por qué misericordia? ¿No sería mejor que pudiera ser feliz con lo que tengo?

-Porque si estas cosas te llenaran, encontrarías tu satisfacción en las bajezas en que vives, y no buscarías nunca nada m.ás excelente.

-Yo creía, en cambio, que la virtud consistía en contenntarse con las realidades y en sofrenar los deseos.

Adalid se acercó al oído de ella porque el ruido de la calle apagaba su voz.

-Ycuando satisfacías tus deseos, ¿no te sorprendía lo m.ezquino del placer que sacabas de las cosas que habías deseado con más ardor? ¿No te humillaba y no atribuías ese desenncanto a la fatiga de tu cuerpo, más que a la inmensidad de tu alma?

- Yo no creía que usted, que apenas me ve dos veces en un año, me conociera mejor de lo que me conozco yo misma.

-Pero, ¿es así?

-Así es. ¡Hábleme! Líbreme del silencio en que me escucho a mí misma.

Aquel hablar cristiano, tan distinto de las palabras seductoras y soberbias, con su pompa oriental de Mauricio Kohen, penetraron la carne de Marta con una doliente dulzura.

Sus celos, su vanidad herida, la habían libertado de la diabólica influencia de Kohen.

Pero sólo la verdad engendra libertad duradera. Y ella, que ansiaba la libertad desconfiaba de la verdad.

¿Qué podía durar aquella sensación inefable en una mujer que instintivamente al mirarse en un espejo, buscaba en su frente y en su brazo la predestinación del Antieristo, que Mauricio le había anunciado?

La Voiturette, como un dardo, penetró en la ciudad turbulenta y enfiló la calle Rivadavia, la más larga que exista en el mundo, contorneó el palacio del Congreso, se zumbulló en el maremágnum de la Avenida de Mayo, logró zafarse del tráfago vocinglero y de los policías que lo dirigen, ávidos de atrapar algún indefenso infractor, y se embotelló en la calle Florida.

Media hora tardó en avanzar las cinco cuadras que distaba la casa de Adalid. Por fin llegó y con maestría embocó el por- tal de las antiguas lujosas cocheras.

-Ven y te leeré una página de un libro, que debieras conocer. Y almorzarás con nosotros, si no tienes mejor programa.

-No, no tengo. No podría tener mejor programa que están cerca de usted.

-Me contarás lo que quieras contarme. Guardare en seecreto lo que me cuentes, y no querré saber lo que te guardes... ¿Te conviene el trato?

La joven le estrechó la mano sonriéndole. Y sus ojos no tuvieron el rayo verdoso, que los hacía aparecer crueles y falsos.

Hay momentos en que los corazones se desbordan como cánntaros llenos. ¡Suave y penetrante embriaguez de la confidencia! ¡Palabra omnipotente que nada pide, nada espera, y nada pretende para sí!

Marta sintió la mano desinteresada y vigorosa que oprimía la suya. Le hacía bien andar sinquiera un momento con los ojos cerrados, guiada por otro.

Antes que él se lo dijera ya había sospechado muchas ve- ees que carecía de voluntad, y que podía ser, manejada por otros, instrumentos para el bien o para el

-La señorita almuerza con nosotros-dijo el señor a un criado-,Avise a la señora.

Y se encaminaron a la biblioteca, el mayor despilfarro de Adalid, estupenda colección de libros raros y de encuadernaaciones de lujo.

-Siéntate y escucha.

-¡Uff! ¡Qué calor! ¿Va a leerme algo divertido? ¿Le molesta el humo? ¿Quiere que yo misma le 'prepare un cocktail?

Vestida con un traje de deportes, en tweed escocés, su elegancia consistía en la severa simplicidad de líneas.

Se quitó el saco y el gorrito, que llevaba caído sobre la oreja. Su blusa, sin mangas, con los colores escoceses de los Glenarvan era deliciosa.

Un tablero de caoba, en la suntuosa librería, pulido como un espejo, reflejaba su imagen radiante de juventud. Ella se contempló con secreto orgullo.

-¿Qué buscas en tu trente y en tu brazo?

-¡Busco una marca! Pero no la tengo... Todavía no la tengo.

De una regia cigarrera de plata, que había allí, escogió un cigarrillo, lo encendió, y acercándose a una mesita licorera, le propuso:

-¿Quiere que le prepare un coktail? ¿Hay hielo aquí?

-¡Pide!

-¿Sabe que he inventado un coktail nuevo?

-¡Me alegro ¿Qué contiene?

-Lo mismo que los otros, pero... el doble.

-¡Cabecita hueca! No hagas ruido: escucha. ¿Me dijiste que habías oído hablar de los Protocolos de los Sabios de Sión?

-Sí; son una falsificación de los cristianos, para desacreditar a los pobres judíos.

-¡Los pobres judíos! Eso te lo habrá dicho tu amigo Kohen...

-¡Al diablo mi amigo Kohen! ¿Usted qué piensa de los protocolos?

Qué aunque no sean las' actas secretas del congreso israelita que se reunió en Basilea en 1897, pueden ser muy bien una síntesis fidelísima, hecha por alguno de los congresales. ¿De qué manera la obtuvo el profesor rusoSérgio Nilus, que la publicó en 1902? Es un misterio. Naturalmente los israelitas se han apresurado a desautorizar los protocolos. ¡Apócrifos! -dicen- ¡Bah! Sería ingenuo pretender que confe saran su autenticidad.

-¿Congreso de Basilea? ¿Quiénes se reunieron allí? -preguntó Marta sacudiendo la coktelera.
-Los representantes más ilustres de la judería universal.
-¿Para tratar de qué?
-De la conquista del mundo.
Marta recordó palabras de Maurido Kohen. "Gracias al Talmud, un pueblo sin patria no tardará en dictar la ley a todas las naciones. Dios ha dado a nuestra raza el genio de las conquistas modernas, que no se realizan por la espada sino por el oro."
Permaneció abstraída escuchando aquella voz que sacudía su carne y su espíritu.
Adalid la contemplaba. Ella disimul. S su turbación.
-De modo que esas actas...
-Son los planes de los judíos para dominar el mundo. ¿Comprendes?
-Sí, comprendo. Y le digo mtás: creo en la autenticidad de esas actas.
-Escucha, pues.
Adalid abrió al azar el famoso libro de los Protocolos. "Para que los cristianos no observen nuestra política, es esencial entretenerlos y llamar su atención hacia el comercie y la industria... La base del comercio debe ser la especulación.
"Las continuas especulaciones, crearán una sociedad desmo- ralizada, egoísta y sin corazón. Esta socidad acabará por vollverse indiferente a la religión y a la alta política; su sola guía será la pasión del oro".
-No creo que los judíos quieran inculcar a los otros, como un vicio, la pasión del oro, que es la vocación de ellos.
-Tú misma lo explicas: vocación en ellos; pasión en los cristianos. El cristiano se vuelve esclavo del oro; mientras que el judío tiene tal ciencia y tal costumbre de manejado, que lo domina y se sirve de él, como de una herramienta.
-A ver, siga leyendo. Adalid prosiguió:
"Todos los engranajes del mecanismo del Estado, son movidos por una fuerza que está en nuestras manos: el oro.

En los países cristianos el pueblo está embrutecido por el alcohol y la juventud trastornada por los clásicos y por la intempeerancia prematura, a la cual la incitan nuestros agentes: preceptores, criados, institutrices, empleados, mujeres de mala viida y también mujeres del gran mundo."

Marta olvidó su cocktail. Eran las ideas de Mauricio Kohen, expuestas con mayor cinismo.

-Ese libro no es una falsificación -dijo tranquilamente.

-No, por cierto.

-Pero es mortalmente aburrido... ¿Si habláramos de otra cosa?

-Aguarda un poco. ¿Quieres oir algo tan sutil que ningún cristiano habría sido capaz de inventar? Escucha estos afoorlsmos:

"Para obtener la mayoría, daremos voto a todo el mundo, sin distinción de clases." "Vosotros sabéis lo desastrosa que ha sido para los gentiles la idea, absolutamente idiota, de que ninguna diferencia debe existir entre las clases sociales."

-Por eso objetó Marta- es el sufragio universal, como existe aquí. ¿Afirmaría usted que la igualdad entre los hombres no es idea cristiana, sino judía?

-¡No! la idea cristiana es la igualdad de los derechos esspecíficos fundamentales: el derecho a la vida, a la familia, a la libertad, a la educación. El concepto judío es la igualdad electoral: lo mismo vale el voto del Arzobispo de Buenos Aires, o del Rector de la Universidad, que el de asesinos, ladrones y rufianes. Lo mismo el voto del hombre ilustrado, que sabe por quién vota, que el del analfabeto o del atorrante, que lo vende por un vaso de vino.

¿Y qué les importa a los judíos que 'los pueblos cristianos se gobiernen de un modo u otro?

":-Sí les importa. Les interesa que adopten formas de goobierno que los lleven a la anarquía y a la revolución. ¿Te can- sa oírme?

-Oído a usted no, pero sí a los Sabios de Sión.

-Con todo, oye esto, que podrás relacionar con lo que esta, mañana aprendimos del profesor Ram.

-¡Ya no me acuerdo!

-Mili Morton dijo que la crisis no la van a resolver los estadistas sino los alquimistas, como Julius Ram, que convier- ten el plomo en oro, y tu padre palideció como si le cortaran la yugular.

-¿Y dicen algo de eso los Protocolos?

,-Sí; muestran cómo se elaboran las crisis valiéndose del instrumento judío por excelencia: el oro. "Desencadenaremos una crisis universal -dicen-; gracias al oro que está entera, mente en nuestras manos." Y en otro lugar: "Hemos logrado hacer estallar las crisis económicas, retirando el dinero de h circulación." Ya comprendo que el tema te parezca árido, pero hay sangre judía en tus venas. '

Marta se echó a reír:

-Usted quiere escandalizarme, y en cambio me hace enorgullecerme de mi raza.

Preparó otro coktail, y sentada sobre el brazo del sillón, se resignó a escuchar el final de aquella lectura.

-Pues oye cómo, desde hace más de treinta años, los Protocolos anunciaron esta crisis: "Vosotros s.rbéis que el patrón oro ha sido la ruina de los estados, que lo adoptaron, porque no puede satisfacer todas las necesidades de las poblaciones, tanto más que nos hemos esforzado por acapararlo, para retirarlo de la circulación." En aquel año del Congreso de Basilea, el pronóstico era prematuro. La riqueza de las naciones en moneda oro, parecía inconmovible. Hoy se advierte la sagacidad de esos señores de .Sión, y la profundidad de la paradoja de Mili Morton: la crisis la resolverán los al- quimistas.

-¿Por qué los alquimistas?

-Porque si llegan a producir oro artificial, acabarán con su escasez que le da valor y permite su acaparamiento.

-¡Ah! Pero el que eso invente será un genio. Ahora no hay genios sino entre los judíos y es imposible que un judío divulgue una invención, contraria a los intereses de su pueblo. ¡Julius Ram es judío!

El brioso argumento impresionó a Adalid.

-Ya veo Que Kohen te ha convertido.

La puerta del desoacho se abrió de golpe y entraron dos niños, con su gobernanta inglesa. Eran los nietos menores de Adalid, los predilectos hijos de una de sus hijas.

No conocían a Marta y estuvieron a punto de echarse atrás. El abuelo arrojó el libro y se apoderó de aquellas dos flores vivientes.

-¿Qué les pasa? ¿Me tienen miedo?

Un criado anunció que el almuerzo estaba servido. Se dirigieron al comedor. La hija de Blumen conocía la casa, mas no dejó de admirar la distinción clásica y rica de los salones que cruzaron.

-¡Es magnífica su casa! y. Adalid le dijo al oído:

-Voy a dar aquí un gran baile... ¿Vendrás? Cuento conntigo.

Eran famosos los bailes que daban los Adalid. Marta había oído decir que no se gastaban menos de cincuenta mil pesos en flores y champaña. Así, pues, el runrun de que Fernando Adalid estaba arruinado no debía tener fundamento.

Adalid adivinó los pensamientos de su sobrina, y sonriénndose le explicó:

-Todos los estancieros pasamos ahora por momentos duros. Pero yo he resuelto ya mis dificultades. No le digas a tu padre; pero en mi huerta (quizá la última puerta que queda en la calle Florida), tengo unas cuantas toneladas de plomo, de una antigua cañería de gas que hemos arrancado y ¿no comprendes?

-No comprendo...

-¡Zonza! Julius Ram me las va a convertir en oro. El gramo vale cuatro pesos; el kilo, cuatro mil; la tonelada, cuaatro millones.

-¡Qué alegres son sus cuentas!

-Entonces daré un gran baile festejando el fin de la crisis... ¿No crees? Ven conmigo.

La condujo a la huerta, un hernioso jardín interior, lleno de árboles frutales y de plantas floridas. En un rincón, oculto por una cortina de hortensias, había un gran montón de caños retorcidos, abandonados desde muchos años atrás.

Marta se puso a reír, pero no dejó de sentir alguna inquietud.

Se encaminaron al comedor. Al pasar trente a un teléfono, Adalid se detuvo, y delante de ellos pidió comunicación con su banco y ordenó que buscaran la ficha de Julius Ram y le citaran para esa tarde a las tres.

-Tengo que hablar con ese hombre. Ya verás, Marta.

Ese, que ha peregrinado por todos los bancos de Buenos Aires, solicitando un préstamo de diez mil pesos, para librar su casita de las garras de un usurero... acabará por arruinar a tu padre.

IX

UN VIVO

Doño Luisa Lagos de Adalid, la dueña de la casa, tenía diez años menos que su marido: andaba pues, en los sesenta, pero habría podido afirmar que no pasaba del medio siglo, tan lozana era su tez, y fresca su sonrisa. Sólo sus cabellos, casi del todo blancos, descubrían lo que ella no se tomaba ningún tra' bajo en ocultar.

Besó a Marta cariñosamente y la sentó a su lado, a tiempo que llegaba María Adalid, la madre de los dos niños.

Poco mayor que la hija de Blumen, aunque no tan herrmosa, mostraba la estirpe, mejor que su prima: tenía "clase" por los cuatro costados."

Parecía hondamente preocupada.

-¿Qué ocurre?

. -Nada, mamá.

-¿Y tu marido?

-Vendrá a tomar el café.

Su marido, José Luis Lobos vivía tan envuelto en negocios y en política, que no tenía tiempo de almorzar. Tomaba un sandwich de pie, en un bar o en su club, y un coktail Hasta la hora del té.

-Papá, ¿quieres oírme una palabra?

-Sí, mi hija.

Los dos se alejaron hacia el fondo del comedor. Su expresión era grave. Doña Luisa pensó que tratarían de asuntos de dinero. Tenía confusas noticias de los asuntos de su marido. Instintivamente se acordó de Blumen, el hombre que podía, con un gesto, enriquecer o arruinar, provocar tragedias o de- volver la paz al corazón de muchos otros hombres.

-Hace mil años que no veo a tu padre -dijo a Marta.

-Yo lo he visto hoy -respondió la joven-; pero no me ocurre eso todos los días. A veces no lo veo durante una seemana. Es muy ocupado y poco divertido. ¿Quiere que se lo traigá un día de éstos? Dicen que es difícil de manejar. ¡Si viera usted cómo me obedece a mí!

-Papá -decía en ese momento María Adalid-, tengo el corazón oprimido horriblemente. Me ahorcarían con un cabello.

-¿Qué te pasa?

-Mi marido me ha encargado un mensaje para tí; y que te dé ésto. Adalid se caló pausadamente los anteojos y cogió el papel.

-¿Qué es ésto?

-El pagaré de cien mil pesos, con tu firma, que le diste ayer para que lo descontase en el Banco de la Nación.

-¿No lo necesita ya? Me alegro que se haya arreglado, porque yo mismo voy a utilizar todo mi crédito en ese banco. -¡Papá!...

-¿Qué?

-En ese banco no tienes un centavo de crédito.

-¿Cómo dices, hija?

-José Luis presentó tu pagaré y se lo rechazaron. Propuso entonces una operación por la mitad de la suma, y le contestaron que estabas excedido en tu crédito, que no disponias de un centavo...

-Tal vez en otro banco -repuso Adalid, simulando no dar importancia a aquella noticia, terrible como una sentencia de muerte.

Para que un financista, tal vez el futuro presidente de larepública y a quien las gentes juzgaban todopoderoso, hubiera perdido todo crédito en el banco oficial, era necesario que se supiera que andaban muy mal sus negocios.

—No deben conocer tu situación -díjole su hija para consolarlo; pero Adalid comprendió que pensaba lo contrario.

—Tu marido debió ir al Banco de la Provincia. Allí le hubieran descontado mi pagaré. María agachó la cabeza.

—Lo malo es, papá que ayer mi marido fué no sólo al Banco de la Nación y al de la Provincia, sino también al Español y al de Londres y a un comisionista. Parece que alguien ha hecho correr malas noticias.

Adalid pensó en Blumen. Violentando sus nervios, logró componer el semblante.

—¡Bah! En trances peores me he visto. Esta tarde arreglaaremos eso. Vayamos a almorzar.

En el momento en que se sentaba, un criado anunció: -El señor Rogelio Adalid -y vióse entrar a un hombre corpulento, vestido con tela a grandes cuadros, traje de golfista o de viajero. Conforme a sus costumbres, Rogelio. Adalid caía en Buenos Aires sin anuncio previo. En la misma forma se mandaría a mudar, abrazando a unos y a otros, con voz resonante, el recién llegado explicaba:

—El "Alcántara" entró al dique a las diez. Pero me han tenido tres horas en la aduana...

¡Qué patria la mía! Ern- pleados guarangos, con tonada arrabalera; policía habacana y prepotente; calles sucias, barridas por un pampero, que le- vanta papeles, polvo y polleritas. ¡Uff! Ya estoy pensan- de en volverme... Pero no debemos ser egoístas; de cuando en cuando hay que visitar a los parientes. A eso he venido y mi primera aparición es en tu casa, a la hora de almorzar. ¡Tienes tan buenos vinos!

—Gracias por la visita-dijo la dueña de casa, cuyas manos no soltaba el cuñado.

—¡Qué buena moza estás, María! ¿Tu marido? ¿Tus hijos? ¿Y tú? ¡Marta Blumen! Casi no te he conocido. ¡Sólo por verte valía la pena el viaje!

Se sentó sin ceremonia a la derecha de doña Luisa. El criado le ofreció.

¿Jerez?

-¡Sí! ¿A ver la marca? Le mostraron la botella.

-¡Hombre! ¡Qué casualidad! Dejo el "Alcántara", buque, y me ahogo en el "Alcántara", Jerez. -Bebió un sorbito y juzgó así-: Very dry. No menos de cuarenta años en bodeega. Cinco guineas la botella, en Londres... Y después ¿qué tendremos? ¿A ver el menú?... Paltas salteñas. Langosta de Chile... Empanadas... ¡Hum! ¡Mi pobre hígado! No immporta. ¿Tienes siempre aquel Chateau Iquem?

-Sí, y además un Pape Clement, 1924, que disolverá las empanadas, mejor que el bicarbonato.

-¡Bravo! Después hablaremos de negocios.

Fernando Adalid se esforzaba en ahuyentar las preocupaciones en que lo había sumergido la conversación con .su hija. Rogelio llegaba en buena hora. Si él quería, podría salvarlo. Tenía sumas enormes depositadas en diversos bancos. Precisamente en el Banco de Sud América, un millón de pesos, en cuenta corriente.

Apareció un último comensal, que entró humillado, bajando la cabeza. Sus ropas no eran de mal corte, pero sí harte raídas.

-El profesor de los chicos -pensó Marta, sin reconocer a Juan Adalid, su tío, a quien no veía desde años atrás.

Rogelio no paró mientes en él, hasta que doña Luisa le dijo:

-¿Cómo es eso, Juan? ¿No has saludado a tu hermano Rogelio, ni a tu sobrina Marta?

Juan se levantó, y se les aproximó como un sonámpulo. Sus ojos huidores ni siquiera se fijaron en los dos parientes ricos que le hacían .el honor de tenderle la mano.

Rogelio se la dió con repugnancia. ¿Para qué lo hacían ir a la mesa? Probablemente le habría resultado más agradable comer con los criados o con los niños. \

Doña Luisa le explicó:

-No queremos que a la ruina de su fortuna se junte la de su i.nteligencia. Ha estado a punto de volverse loco. Vivía como un atorrante, y Fernando lo obligó a instalarse aquí y a corn.partir nuestra mesa. Costó mucho decidido, pero poco a poco va recobrando sus costumbres y haciéndose menos arisco.

-¡Vaya una conquista! ¿Y el otro?

-Pedro .se arruinó también, pero del naufragio salvó su voluntad y su dignidad. Tiene familia y vive con ella. -¿De qué?

-Es jefe de sección en el Banco de Sud América.

-¿Que suelos?

-Quinientos pesos.

Rogelio hizo una mueca despectiva.

-¿Valia la pena heredar diez millones para acabar de ésto?

-¡Los malos negocios!

-Di mejor, la mala cabeza. Y pensar que hace cuarenta años, cuando yo vendí todas las propiedades que heredé y me fui a Londres a vivir... mi vida, todos dijeron: ¡mala cabeza!

Por más que esta conversación se mantuviera en voz baja, algo pescó el oído de Juan Adalid.

Le temblaron las manos y estuvo por levantarse.

Un gesto de Fernando lo contuvo. En aquel pobre ser se había roto el resorte de la voluntad. Con delicadeza y perseverancia iba su hermano reconstruyendo la energía perdida, él fin de que no se hundiera en la misantropía salvaje, hermana de, la locura, cuando no puerta del suicidio.

Otro gesto y su mujer se callo. Rogelio raspó hasta la cáscara la gruesa carne mantecosa de la palta; la declaró manjar suculento, la roció con una copa de aquel soberbio Chateau, que no había olvidado, y se sintió dispuesto para las confidencias.

-¿Qué tal andas con el presidente de la república?

-Bien.

-¿Quieres presentarme?

Con mucho gusto; hoy mismo, si tienes prisa.

-Prisa yo no tengo, pero a él mi visita puede serle útil.

-¿Vienes a ofrecer algún empréstito? El momento es oportuno.

—Vengo a ofrecerle algo mejor Que eso. Me han dicho unos políticos, compañeros de viaje, que tiene dificultades con el ministro de hacienda.

—¡Un buen ministro! -dijo Adalid-, Pero no durará, porque los tiempos imponen una política que él no quiere seguir.

—¡Eso mismo! Bueno, pues, yo vengo a ofrecerle al presidente algo mejor que un empréstito: un ministro de hacienda que conseguirá en Londres todo lo que se le antoje pedir.

La prosopopeya con que el frivolo Rogelio pronunció estas palabras, impresionó a Fernando.

—¿Se puede saber quién es el candidato?

Rogelio paseó una mirada importante alrededor de la mesa, Las damas hablaban entre sí. Juan se entretenía con su plato.

Pero María Adalid, a quien las cosas políticas interesaban, porque su marido andaba en ellas, prestó oído y recogió esta contestación de Rogelio, en voz baja:

—¿Qué dirías si yo fuera el candidato?

A Fernando Adalid le pareció tan necia la cuestión, que al punto no halló cómo responder, y Rogelio, sensible a todo lo que hería su vanidad, advirtió el medio segundo que duró el silencio de su hermano.

—¿Lo dices en serio?

—¿Acaso no me crees capaz?

—¡Hombre! Capacidad no te falta.

—Me parece que he dado pruebas de no ser un imbécil para manejar mis asuntos privados. ¿Orees tú que un hombre que no sabe administrar su propia fortuna sirva para administar la ajena?

La trente de Fernando Adalid se tiñó de sangre. De buena gana hubiera contestado con brío la alusión, pero aquella letra con su firma, que ningún banco descontaba, le quemaba la piel, a través de la cartera. Necesitaba de su hermano para salir del trance. Le convenía, más bien, entretenerlo en la extraña ilusión de su amor propio.

-Creo que eres tan capaz de dirigir los asuntos públicos, como los privados; pero no pensaba que, alejado como estás del país, te dejases tentar por una posición política.

Además, si se produjera la renuncia del ministro de hacienda: el presidente tendría que reemplazado con un hombre de partido, para no perder terreno en las Cámaras. Rogelio Adalid envolvió en la misma desdeñosa mirada la pobre figura de Juan y la del presidente del Banco de Sud América.

-¡Ya sé lo que eso quiere decir! Si hace treinta años, tú mismo, presidente de la república, hubieras tenido que elegir un ministro de hacienda, entre el laborioso Juan y el calavera Rogelio, habrías elegido a Juan. Y si hoy el actual presidente, debiera elegir entre tú y yo, seguramente no me elegiría a mí. Porque tú eres un financista y yo soy un farrista. Pero habría que ver la cara de los banqueros de Londres, si les puusieran delante para elegir un papel con tu firma y otro con la mía

Silencio. Uno de esos embarazo, sos silencios, que en un bodegón se cortaría de un tiro o de una cachetada. Pero Roggelio pertenecía a esa especie, harto común, de botarates que sueltan sin maldad y por ligereza, descomunales groserías. Su disculpa está en su inconsciencia; y entre matarlos o tomados a risa, la gente de verdadera educación, opta por reírse.

Los buenos platos, los excelentes vinos, reforzados por un coñac Napoleón, que Rogelio declaró formidable, y un café como no se lograba beber en Londres y un cigarro como sólo Sí: fuma en Nueva York, dieron pie para cambiar de tema.

Por cierto que el café lo tomaron paseándose, con el pocilio en la mano, en la biblioteca de Adalid, donde a media luz, bajo lámparas especiales, había cuadros soberbios.

-Por este Rembrandt-dijo Rogelio deteniéndose delante de un autorretrato del pintor holandés -la National Gallery te pagaría tres mil guineas.

-Mal negocio para mí -respondió con displicencia Fernando-, Me ha costado mucho más.

-Y por ese Greco, y aquel Goya, y aquel Velázquez,
-¡Me han costado cien mil pesos!
-Hoy te darían más.
-Ya ves cómo yo también acierto, de vez en cuando...
-¡Bueno, pueda ser que no .sea un acierto gastarse ¿Cuánto te cuesta tu biblioteca?

Fernando paseó una opaca mirada por los anaqueles de caoba, donde se enfilaban tres mil tomos de ediciones escogidas, de encuadernaciones firmadas por los más grandes artistas dei siglo XIX, muchas que procedían de bibliotecas reales, desparramadas por las revoluciones, muchas ejecutadas especialmente para él, por Ruban, por Raparlier, por Chambolle Duru, encuadernadores que hacían aguardar meses a un cliente, así fuera un rey, y exigían miles de trancos por un libro.

-¡Psch! No tanto... La verdad es que una biblioteca así con cuadros de maestros, es un capricho costoso.

-¿Medio millón de pesos?

-¡Hombre? Creo que más; calcula un millón.

-¿Y lo que has perdido en intereses? ¿y lo que significa para un horntbre de negocios, tener esta suma congelada? ... No, hombre, aunque te dieran un millón, no te pagarían lo que te cuesta.

-¡Tal vez tengas razón! Tal vez si hoy me ofrecieran la mitad., aunque es lo que más amo de cuanto poseo, lo vendiera. Estoy, estamos todos los argentinos en una terrible encrucijada. O logramos vender la mitad de nuestras propiedades por la mitad del precio, para salvar la otra mitad, o nos hundimos todos en una ruina tan deslucida, que se parecerá mucho al deshonor.

La respuesta que logró la amarga declaración fué un desabrido encogimiento de hombros, y estas nueve mordaces palabras:

-Todos, no. Yo, por ejemplo, nunca he estado mejor.

Femando Adalid posó sus ojos grises y leales en los de su hermano, y palideciendo, se atrevió a decile:

-¿Tienes mucho dinero líquido?

El otro, con esa fruición de las gentes satisfechas de sí mismo, respondió:

-Cinco millones en títulos del gobierno; y otros cinco miillones en dinero, depositado en bancos. En el tuyo tengo un millón. Y no deja de preocuparme... ¿Cómo está tu banco?

Femando eludió la contestación.

-¿Eso, aparte de tus inmuebles, casas y campos?

-¡Naturalmente! Ojalá no los tuviera. Me he quedado con ellos por créditos hipotecarios y por la tercera parte de su valor; pero ojalá no los tuviera... Te diré la verdad: un alma caritativa, no sé quién, me mandó a Londres datos sobre la situación de los negocios argentinos, y de ciertos bancos...

Fernando pestañeó y pensó en Blumen.

-Y me he venido con el primer buque, a vender todo, a liquidar todo, y a poner mi fortuna, en moneda extranjera, trancos suizos y florines. Le tengo miedo al peso. Este país se va al bombo. Si yo fuera ministro de hacienda.

-Si fueras ministro de hacienda, me imagino que no harías eso.

-¿Por qué no?

-Porque sería un mal ejemplo y un desastre, sacar toda tu fortuna del país...

-¡Hombre! -exclamó Rogelio con sincera sorpresa-o ¿Y á tí te parece mal qu.e sintiendo que el buque se hunde, trate de salvarme? Y aunque fuera minitro, ¿qué ganaría el país con que yo me fundiera a la par de todos los argentinos? Es preferible que, a lo menos, el que maneja las finanzas, tenga una posición sólida, para que no se sospeche de él...

-Sea como fuera -respondió Fernando-, si se llega a- saber que liquidas tus negocios argentinos, para comprar mooneda extranjera, el presidente no pensará en tí, cuando se produzca la crisis del gabinete.

-¡Entonces, renuncio a mi candidatura! -exclamó Rogelio despreocupadamente, bebiendo un sorbo de coñac-o Prefiero salvar mi plata. No me has contestado... ¿Cómo está tu banco? No he visto el últitnlo balance. ¿Lo tienes por allí?

Fernando abrió una gaveta de su escritorio, sacó un folleto y lo entregó a su hermano. Este se puso los lentes y durante un buen rato se entregó al examen de la última memoria del Banco de Sud América.

Fernando se paseaba nerviosamente con las manos a la espalda, mascando la punta de su habano. Todavía esa memoria no era tan mala, porque sus cifras databan- de tres meses atrás. El último trimestre había sido realmente duro para todos los bancos argentinos: quiebras de grandes clientes, auumento de las cuentas incobrables, retiro de depósitos, disminución del dinero disponible en caja... Si a Rogelio se le ocurría examinar el últirnlo balance mensual, de 3 días antes...

Rogelio plegó el folleto y se lo metió al bolsillo. Se quitó los anteojos y dijo:

-La situación no es brillante. Tienes una caja débil; no más de un 13% de tus depósitos

-Así es, pero tengo más de doscientos millones de letras en cartera, que puedo redescontar en el Banco de la Nación, si necesitara...

-Me imagino, porque tu folleto no aclara bien estas cosas, que ya has redescontado lo más que podías.... y que esas letras son créditos congelados, es decir, incobrables.

Fernando hiio un gesto negativo, pero no se animó a apoyarlo con una sola palabra, porque era verdad.

Pasaron un rato en silencio. Rogelio volvió a ponerse los lentes y de nuevo examinó la memoria.

-¿En estos tres meses han mejorado tus balances? Querría ver el último.

-No lo tengo aquí...

-Bueno, en definitiva, no es asunto mío. Por mal que esté el Banco de Sud América, supongo que hoy tendrá por lo menos un millón de pesos en caja....

-¡Mucho más, pero mucho más!

-Me alegro, porque así no tropezaré con dificultades: son las dos y media de la tarde.

Todavía tengo media dora...

-¿Para qué?
-Voy a retirar mi dinero. Lo llevaré al Banco Británico, el único banco serio que hay en el país.

Fernando arrojó la punta de su habano. Se sentó al lado de Rogelio, y le dijo, poniéndole la mano sobre el hombro:
-No hagas eso. Tu dinero está perfectamente seguro en el Banco de Sud Amirica. Aunque hay en caja mucho más que esa suma, al retiramos de pronto un millón de pesos, no dejaría de causamos daño. Podría saberse. Podrían sospechar: fíjate bien, que yo te he aconsejado que lo retires, porque temo que el banco vaya mal. Eso se prestaría a mil comentarios. Muchos creerían la especie; la calumnia es un reguero de pólvora. No hagas eso, porque mi situación se volvería delicada.

-¿Quieres decir que presntarías tu renuncia?
-Tal vez, si eso conviniese al banco. Rogelio volvió a mirar el reloj.

-He perdido cinco minutos. Voy para allá. Lo siento, pero si no hubiera pensado en retirar mis pesos de tu banco, lo que me dices me habría decidido a hacerlo. Hoy todavía es tiempo. Mañana, tal vez, sería tarde. .. ¡Hasta mañana! Vendré a almorzar... Espérame con un pejerrey del Panamá...

Fernando no se movió de su asiento, hasta que el otro se fué. Tuvo intenciones de ordenar por teléfono al banco que no pagaran el cheque de Rogelio; pero se contuvo.

Más bien iría al presidente de la república y le contaría el caso. En verdad era un asunto de gobierno. Y ¡a no estaba enjuego solamente la situación personal de un estanciero o de un financista; ni siquiera la de un banco particular.

Era la fortuna de todo el país la que hacía peligrar el egoísmo de los que se aprestaban a llevar al extranjero los capitales líquidos, que son la sangre de un país.

Desgraciadamente, ninguna acción del gobierno sería capaz de cambiar la mentalidad de tipos como Rogelio, empeciinados en creer que el mejor negocio, en tiempos de crisis, es retirar su plata de la circulación y estar prontos a huir con ella, aunque el país agonice por la carencia de nutllierario.

A esos innobles personajes hay que atacados de otro modo; hay que heridos en aquella su religión del dinero contante y sonante y demostrades que la más necia de las ilusiones es la del valor inconmovible del oro. Hay que probarles que el oro también puede desvalorizarse, en su escondite.

El día en que a esa raza de capitalistas líquidos les entrara el pánico del oro, terminaría el despotismo de los usureros de alto bordo y la humanidad saldría de esta absurda crisis.

-¿Qué vamos a hacer, papá?

Sumergido en tales cavilaciones, no se había acordado de que para salvar a su yerno de la quiebra, le había dado aquella letra de cien mil pesos, que ningún banco descontaba.

No se le ocurrió ninguna respuesta, de tal manera lo dessconcertaba aquel suceso. Por primera vez en medio siglo de operaciones comerciales, los bancos rechazaban la firma de Fernando Adalid.

Consultó su reloj. Vió que eran más de las tres, y esforzando tma sonrisa contestó:

-Dile a tu marido que duerma tranquilo; mañana arreglaremos ésto. Ha habido un error. Ya verás...

X

JULIUS RAM, ALQUIMISTA

Se levantó con las piernas pesadas, como si hubiera bebido más de la cuenta, y se fué al Banco de Sud América, cerrado a esa hora para el público.
-Señor, ese hombre a quien usted mandó llamar, está allí.
Adalid cogió los papeles que el empleado le ofrecía, y vió la ficha de Julius Raro.
-¡Lo había olvidado!-pensó-. Y, sin embargo, él nos salvará; y en alta voz ordenó:
¡Quépase!
A pesar del tiempo caluroso, Julius Ram llevaba el sobretoodo puesto, porque no bien se alejaba de ¡sus hornillos se en- triaba su pobre sangre de sabio.
Adalid volvió a ser el financista que comprendía y resolvía con rapidez. Buena memoria y juicio pronto.
-Vamos a ver, profesor... ¿Cómo era su asunto? ¿Uso ted pidió una vez un préstamo de diez mil pesos?
-Sí, señor.
-Se lo negamos, claro... Su manifestación de bienes era tan escasa. Otros bancos también se lo habían negado.
-Sí, señor; todos...
-Bueno; quiere decir que si yo ahora le doy los diez mil pesos, haré lo que ningún banco ha querido hacer. ¿No es así?
-Sí señor; hará un milagro y una obra de bien, todo junto.
-¿En qué consistiría el milagro?
-En resucitar un muerto. Yo estoy muerto y usted me resucitaría...

Llegaba aquí la conversación, cuando se anunció el gerente del banco por cosa de apuro. Un hombrón obeso, de cara apoplética, en mangas de camisa, la pluma detrás de la oreja y los anteojos sobre la frente. Consternado:
—Señor.
—¿Qué pasa?
Habló al oído del presidente:
—Su hermano ha retirado hoy un millón de pesos. Otros depositantes de cuentas corrientes han hecho igual, como si les hubiera advertido. La caja del banco está casi vacía. Nunca, jamás, ha descendido a este nivel.
—Y para mañana, ¿qué se prevé?
—Más extraciones de depósitos.
—¿Hay recursos? ¿Hay muchas letras a vencerse mañana?
—Sí, señor; letras... congeladas. Los deudores no las pagarán y habrá que pagadas en el Banco de la Nación, que las ha redescontado.
—Entonces, ¿usted halla muy malla situación?
—Sí, señor presidente.
—Bueno, tranquilícese. Mañana será un buen día. Ya verá.

El gerente salió pasmado de tanta sangre tría, y Adalid prosiguió su conversación:
—¿Con diez mil pesos redimirá usted la hipoteca y podrá entregarse a sus trabajos?
¿Qué trabajos son?
Los ojos del físico relampaguearon:
—Todos mis trabajos se refieren al problema de la desintegración de la materia, y a otro que se relaciona estrechamente con él, la....
—La trasmutación de los metales— agregó sonriendo Adalid. El físico lo miró sorprendido.
—¿Cómo lo sabe?
—Esta mañana lo escuché, cuando daba su conferencia en el Colegio Militar...
¿Quiere decir que, con diez mil pesos, usted quedará libro de preocupaciones y salvará su casita?

-Perdón, señor presidente: la deuda hipotecaria son diez mil pesos; pero los intereses atrasados, y las costas del juicio, la hacen subir...

-¿A cuánto?

-A dieciséis mil.

-¡Caramba! Bueno, es lo mismo. Tome firme este papel. Le voy a prestar dieciséis mil pesos a ciento ochenta días. Y le renovaré el préstamo cuantas veces sea necesario, hasta que usted haya terminado sus experimentos. Es indispensable, par" bien de la humanidad, que usted compruebe en la práctica sus teorías.

El físico firmó el papel, con mano trémula y lágrimas de gratitud. Adalid lo entregó a un empleado:

-Diga al gerente que despache en seguida esta operación. Traiga el dinero aquí. Ahora, mi buen señor, libre de preocupaciones, vamos a hablar. ¿Quiere explicarme en las menos palabras posibles, el estado de sus trabajos? Sobre todo, me interesa conocer qué juicios han merecido sus obras en el mundo científico.

-Todavía sobre este asunto, la trasmutación de los metales, no he publicado gran cosa.

-¡Mejor! Me interesa saber de qué crédito goza usted entre los sabios extranjeros. Ya sabemos que en los bancos argentinos, no es gran cosa el que tiene.

-Señor -murmuró Julius Ram ruborizándose y sacando del enorme bolsillo de su sobretodo una revista norteamericana-. Hoy me ha llegado ésto; me alegro de haberlo traído: vea usted lo que dice.

-Léalo usted mismo.

Y Julius Ram leyó en castellano, lo que allí estaba escrito

En inglés: "El descubrimiento del radio ha dado base científica a las teorías de los alquimistas, que hasta ayer no más, considerábamos sueños, si no delirios. Más allá del átomo, existe un mundo maravilloso, que los físicos de ayer no conocieron, pero que los alquimistas habían presentido.

"La substancia de los llamados cuerpos simples, está constituida por partículas mucho más pequeñas que el átomo químico. Estas partículas forman sistemas dotados de una gran estabilidad.

"Algún día se descubrirá la fuerza que pueda alterar ese equilibrio y fomar con las mismas partículas otros sistemas. Eso significaría no sólo la disociación de la materia, sino la transmutación de un cuerpo simple en otro. El sueño de los alquimistas.

"En los últimos veinte meses, los trabajos de Julius Ram, de Buenos Aires, han hecho avanzar a la ciencia práctica mucho más que en doscientos años.

"Esta vez, por lo menos, la profunda ciencia del moderno alquimista, está respaldada por la honestidad insobornable, reconocida umversalmente.

"Cuando Julius Ram diga: "He producido oro en mi laboratorio", habrá que creerle. " Adalid escuchaba con inmenso interés; y no pudo reprimir un temblor de sus párpados.

-¿De veras, es usted así? Si usted descubriera el secreto de transmutar el plomo en oro.

-Ya lo he descubierto -respondió sencillamente el físico.

-¿Y qué hace que no lo utiliza, hombre de Dios? exclamó violentamente Adalid.

-Todavía no es más que un experimento de gabinete.

Por la insuficencia de mis aparatos, me cuesta más obtener un gramo de oro artificial, que comprar tres gramos de oro natural.

-¡Ah!

-Pero el camino está hallado. El aspecto industrial es otro asunto, que a mí no me interesa. Una vez que haya descubierto la manera de producir económicamente el oro, elevaré una comunicación a las academias científicas de todos los países.

-¡No! Usted no hará eso.

-¡Sí! Yio no explotaré nunca mi descubrimiento. Tengo la convicción de que el oro es el peor enemigo de la humanidad, y yo quiero librarla de ese enemigo, produciéndolo en mi laboratorio, al precio del almidón o del jabón.

El gerente se asomó a la puerta, luego entró y habló en voz baja a Adalid:

-Señor presidente, yo no puedo autorizar este documento, a un hombre que no tiene ninguna responsabilidad, y menos en la situación actual del banco.

-No lo autoriza usted sino yo -respondió Adalid, tomando los papales y firmando él mismo la orden de pago.

El gerente salió con la cabeza gacha, pensando que el presidente estaba loco y que el banco se hundía sin remedio.

Ni Adalid, ni Julius Ram hablaron una palabra, hasta que un empleadillo trajo el dinero. Julius Ram se lo guardó sin contarlo. Resplandecía de optimismo.

-Ahora refiérame sus trabajos, si tiene confianza en mí, como la tengo yo en usted.

-¡Oh, señor presidente! Yo estaba perdido, peor que pero dido, estaba muerto. Usted me ha resucitado...

-Y haré más, le daré cuanto necesite para continuar sus experimentos.

-Eso es más que darme la vida, es darme la inmortalidad. ¿No he de tener confianza en usted?

-Hable, pues. Hasta las seis, hora de Directorio, puedo escucharle. Señor Adalid: me admira el que un hombre tan ocupado, tenga interés en tratar con un...

-¿Un alquimsta, quiere decir? ¿Por qué teme llamarse alquimista?

-Mala costumbre... Me ruboriza expresar lo que interiorrmente es mi orgullo. Yo sé lo primero que se les ocurre a las gentes cuando ven un alquimista. Piensan que están en presencia de un loco...

Sonrisa enigmática de Adalid. Ni sí, ni no. Verdaderamennte, aquel hombrecillo cabezón, tímido y audaz, locuaz y tacitur- no a ratos, fogoso de mirada, honesto ciertamente, pero tammbién capaz de llegar al crimen por lograr una solución, era candidato al manicomio.

-¿Y lo segundo que se les ocurre?

—Lo segundo, señor, es que el personaje está arruinado. Sólo un arruinado puede tener la manía de fabricar oro; y solamente un loco puede persistir en ella. Aun exponiéndose a que Ud. piense lo que he dicho, declaro que soy alquimista. Mis antepasados llamáron.se en los tiempos antiguos, Arnaldo de Villanueva, Raimundo Lulio, Alberto el Grande, Rogelio Bacon, Paracelso, Nicolás Flamel, Basilio Valentín, Lascaris, Van Helmont... y en los tiempos modernos Berthelot, Ramsay, Rutherford, Crookes, Mendelejew, Lothar Meyer...

—Pero, estos grandes químicos y físicos ¿fueron alquitas?

—¿Qué importa el nombre? Lo esencial es que estaban a mil leguas de profesar el postulado de Lavoisier: nada se crea, y nada se pierde en la naturaleza. ¡Pobre ciencia! Durante mil años ha afirmado que existían cuerpos simples, oro o plata o hidrógeno, cuyos átomos seguían siendo oro, plata o hidrógeno, hasta los últimos límites de su esencia.

—¿Yeso no es verdad?

—¡No, eso no es verdad! El átomo, elemento indivisible, que a través de todas las transformaciones de la substancia volvía a descubrirse en las retortas, conservando su individualidad y su masa, como para confirmar a los químicos de la balanza en su pobre creencia de

—De los cuerpos simples —dijo Adalid para mostrar al sabio que seguía su argumentación.

—¡Eso es! Pues bien, ese átomo indestructible no existía hace treinta siglos, para los filósofos griegos o egipcios, alejandrinos o gnósticos; no existió para los que practicaron sus doctrinas en la Edad Media.

—Los alquimistas —indicó Adalid.

—Sí! Y ha dejado de existir para la ciencia actual, que después de mil experiencias, ha encontrado lo que los antiguos hallaron con el solo raciocinio.

—¿Qué es lo que ha encontrado?

—Que la materia es una; que la noción de los cuerpos simples no tiene sentido dentro de las teorías modernas de la constitución de los átomos; que todos los cuerpos .son

compuestos de un elemento único, que es el éter, especie de protoplasma de la materia
—¿Y fué preciso que se descubriera el radio, dijo usted, para que los sabios llegasen a esta doctrina?
—Para esos sabios de las teorías atómicas, sí-exclamó con supremo desdén Julius Ram-, Pero la doctrina de la unidad de la materia es la vieja doctrina de los escolásticos, de Samo Tomás, que la bebió en Aristóteles. Los químicos del siglo XIX se resistían a aceptarla, ha.sta que se produjo el milagro del radio, que dislocaba el fundamento de sus convicciones.
—Explíqueme eso. Nunca me había detenido sobre estos asuntos. ¿Por qué dice "el milagro del radio"?
—Porque el radio, y como él todas las substancias radioactivas, el uranio, el torio, el helio, bombardean el espacio con partículas, que son verdaderas balas dotadas de una velocidad enorme y cargadas de electricidad. Y este bombardeo se efeccrúa sin que ese cuerpo pierda nada, ni reciba nada. Es una lámpara que arde perpetuamente sin combustible; una rueda que se mueve eternamente, sin motor.
—La derrota de todos los principios conocidos en física
—sugirió Adalid.
—Así parecería. En realidad, es otra la explicación.
—Demela; yo ignoro todo y todo me interesa.
—Los cuerpos radioactivos revelan un mundo maravilloso. El átomo es un edificio complicado, que al derrumbarse prooduce una energía colosal.
Esa energía son los últimos elementos de que está constituido el átomo.
—Pero usted dijo que ese bombardeo se efectuaba sin una pérdida de sustancia.
—¡Aparente! Nuestras balanzas no pueden todavía medir las, pero se ha podido calcular que para que un fragmento de radio, perdiese un miligramo de peso, tendría que lanzar sus proyectiles durante mil millones de años.
—¡Qué pequeñas deben ser esas balas!

-Pero su efecto es formidable. Y lo más curioso del fenómeno, es que esas irradiaciones en que lentamente se va disgregando el cuerpo, forman una nueva sustancia. Así las cenizas del radio, diríamos, son el helio, las del helio, son el torio, las del torio, el polonio, hasta que al fin de la desagregación, se encuentra el éter.

-¿El éter? ¿Le sorprendería a usted que yo le preguntara qué es el éter?

-Lo malo es que no sabría exponérselo. Fué por siglos una hipótesis para explicar muchos fenómenos. Ahora es una realidad, tan evidente como la materia misma. Pero no ha sido posible aislarlo, y muchas de sus propiedades continúan siendo misteriosas, mejor diré, contradictorias.

-En resumen, del éter procede la sustancia de todas las cosas.

-Exactamente. No conocemos de qué manera y con qué fuerzas la naturaleza transforma el éter en hidrógeno, en helio, en oro.

-¿En oro?

-Sí. Ya vamos llegando a nuestro asunto - respondió con una pálida sonrisa el profesor-. Ignoramos cómo se construye pero observando la descomposición de los cuerpos radioactivos, sorprendemos a la naturaleza en plena labor destructiva. Y hemos comprobado que los distintos cuerpos pueden trasmutarse unos en otros; y que unos están más cerca que otros, del término final.

-¿Eso quiere decir que si supiéramos el camino y dispusiéramos de fuerzas suficientes, podríamos realizar la trasmutación?

-¡Sabemos el camino y disponemos de esas fuerzas! pondió orgullosa mente Ram.

-¿Cuál es el camino?

-El inmortal Mendelejew, verdadero filósofo a la vez que químico, es decir, alquimista, lo descubrió con la luz de su genio: el parentesco de las sustancias, lo indican los pesos atómicos de cada una de ellas.

-Discúlpeme, si digo que no comprendo.

—No me extraña. Pero va a comprenderme. En la naturaleza hay unos siete árboles que hunden su raíz en el éter. Tomemos el árbol de los metales. Los metales nobles, el platino, el oro, la plata, son frutos perfectos, maduros. Los metales innnobles, el estaño, el cobre, el hierro, son frutos verdes: la naturaleza se ha detenido a medio camino. Pero el hombre puede completar su obra, hacer madurar en su laboratorio esos frutos verdes. Y para que la tarea sea más breve, no intentar la maduración de los que están lejos, sino los más próximos.

—Ahora entiendo algo. Pero, los pesos atómicos ¿qué tienen que ver en ello?

—Los pesos atómicos nos indican la afinidad que esos metajes tienen unos con otros, es decir, si son frutos nacidos en la misma rama del árbol metálico, y si están lejos o cerca de la madurez.

—Y usted afirma que un metal verde, por ejemplo, la plata...

—No, la plata es un metal maduro, nacido en otra rama que el oro, en la rama negativa o femenina. Prevéngole que estamos en plena alquimia.

—Como quien dice en plena magia.

—¡No, señor! —respondió con aspereza el sabio—. La alquimia fué ciencia secreta, que se comunicaba solamente a los inicia.dos en aquellos tiempos en que era peligroso ir contra las ideas vulgares y los intereses de las escuelas. Todavía ahora hay quienes querrían enterrar, bajo siete estadios de tierra, la doctrina de la transmutación de los metales. Pregúntele a Blumen.

—Comprendo. Ahora le repito mi pregunta: ¿usted afirma que un metal verde?

—Por ejemplo, el cobre.

—Sí, por ejemplo, el cobre ¿puede madurar hasta convertirse en oro?

—Sí. La cuestión es encontrar un fermento madurativo, que arrojado sobre ese metal en fusión, apresure su madurez.

Adalid sonrió, y Ram atrapó aquel rasgo de escepticismo.

—¡Usted cree que estoy delirando! ¡Peor para usted!

¡No! -replicó Adalid seriamente-, ¡Si supiera con qué interés le escucho!

—¿Ha oído usted algo de la piedra filosofal? ¿Sabe lo que es?

—Sí, sé que la piedra filosofal era lo que buscaban los alquimistas, gastando en experimentos su fortuna y su vida. Peero no sé para qué les habría servido, si la hubiesen hallado.

—Pues la piedra filosofal, que algunos alquimistas llaman polvo de proyección, es la levadura, que haría de un metal imperfecto un metal noble, no por transmutación, lo cual sería un milagro, sino por maduración, lo que cae dentro de las leyes naturales.

—¿Y de qué está compuesta esa piedra filosofal, y cómo actúa?

—Cada alquimista persiguió su fórmula y algunos las han descrito.

—Sí, yo he leído algo de eso: Fórmulas extravagantes, térrminos incomprensibles. No sabe el lector dónde termina la filosofía, y dónde empieza la farsa.

Los dedos de Julius Ram rasguñaban el cristal de la mesa, como era su costumbre, cuando algo lo irritaba.

—¿Farsa? ¡Tal vez! ¿Qué religión no tiene sus explotadores? La alquimia ha sido una ciencia, una filosofía y una religión. Miles de sus adeptos han muerto por ella; y no han faltado algunos que han vivido de ello. Pero, ¿eran verdaderos alquimistas? ¿O eran infames embaucadores?

¡Qué fuego de indignación ardía en los ojos de Julius Ram! Adalid trató de calmado.

—No tome en cuenta lo que he dicho. Yo soy muy ignorante de estas cosas. Pero explíqueme cómo era la piedra filosofal

—Cada adquimista producía la suya, y guardaba el secreto de su constitución.

Raimundo Lulio la describe a la manera del carbunclo. Paracelso la pinta transparente, flexible y quebradiza como un cristal de rubí. Van Helmont la halló pesada como el oro, brillante como el vidrio molido y color de azafrán. Helvetius le encuentra aspecto de azufre.

-¿Y esa piedra filosofal o ese polvo de proyección arrojado sobre un metal ordinario en fusión lo trasmutaba en oro?

-Diga usted mejor: lo maduraba hasta dade las cualidades reales del oro o de la plata, según fuera la fuerza de la piedra.

-Pero, ¿qué componentes entraban en la piedra o en el polvo de proyección?

¿Qué cantidad se empleaba para convertir, por ejemplo, una libra de plomo?

¿Qué costaba el experimento? Julius permaneció callado.

-Yo no le pregunto su secreto, profesor. Gomprendo que quiera guardarlo. Sólo deseo saber que la piedra filosofal no resulte más cara que el oro que produzca.

-Treinta años de trabajos -respondió Julius Ram-, y mi pequeña fortuna quemada en mis hornos, me dan derecho a hablar y a callar. Y mi palabra debe ser creída y mi silencio debe ser respetado.

Adalid puso cara de fastidio. ¿Estaba en presencia de un sabio o de un impostor?

-Pero voy a contestar una de sus preguntas: ¿qué cantidad de piedra filosofal se necesita para convertir una libra de plomo en una libra de oro?...

-Eso es lo que me interesa. No me diga de qué se compone su piedra, sino cómo actúa.

-Actúa por catálisis: una mínima cantidad, produce un efecto inmenso.

-¿Cómo puede un efecto ser superior.a la causa?

-Ignoro la explicación. La ciencia conoce otros misterios semejantes. Una parte de cuajo transforma cuatrocientas mil partes de caseína. Con cinco gramos de platino, se puede prooducir una tonelada de ácido sulfurico por día. Este fenómeno se llama catálisis, y contiene un doble enigma, que todavía los sabios no han descifrado: primero, cómo una cantidad tan peequeña, produce un efecto tan grande;

segundo, cémo ese efeccto se produce sin que el cuerpo catalizador pierda sustancia, ni se descomponga. Al final de la operación, el platino se halla intacto.

-Eso parece brujería.

-Cuando la química enmudece, la alquimia responde. Algún día usted penetrará de la mano conmigo en estas vastas concepciones, que son un verdadero templo.

-¡Maravilloso! -exclamó Adalid, participando de la exaltación del sabio-. Yo quiero que usted prosiga sus experiencias sin fijarse en gastos.

-Tendría que ampliar mi laboratorio.

-Amplíe lo. Produzca cien veces más que hasta ahora. Yo seré su capitalista: no le pongo límites.

Se levantó, le estrechó la mano y Julius Ram salió tropezanndo con los muebles y sonriendo a los ordenanzas.

Adalid se quedó solo. A eso de las seis de la tarde mandó cerrar todas las oficinas. El gerente lo estaba aguardando.

-Señor presidente, hay reunión de Directorio.

-No -contestó secamente Adalid-, si viene algún director dígale que no hay ningún asunto importante y que todo está muy bien. Mañana tendremos cincuenta millones más en caja.

El gerente lo miró con angustia. De allí Adalid se fué a la presidencia de la república.

IX

CORRIDA A LOS BANCOS

Como la virazón, que suavemente se levanta desde el mar al atardecer, penetra en la ciudad, envuelve las torres, se mete en los zaguanes y zumba en las casas y en los oídos, así comenzó la tarde aquella a soplar en Buenos Aires, la noticia de que el Banco de Sud América cerraba sus puertas.

Para miles de personas, que habían depositado allí su dinero, sería una catástrofe. Pero a muchos les alegró: enemigo; políticos de Adalid, o deudores que esperaban dar largas al pago.

Lo que autorizaba más la noticia, fué que la había difundido el propio hermano de Fernando Adalid.

Rogelio Adalid pertenecía a ese espcie que los argentinos llaman vivos.

Un vivo no es solamente sagaz y despierto, sino también egoísta y audaz, en suma, un botarate.

Cuando un vivo ha tenido un éxito, de cualquier clase que sea, especialmente en amoríos o negocios, no puede resistlir a la tentación de propalalilo aunque revele una ignominia. Prefiere pasar por trapisondista o desleal con tal de que las gentes admiren su viveza, su desparpajo y su audacia.

Rogelio vivía en Londres, sin ningún cuidado respecto a la solidez de los bancos argentinos donde guardaba su dinero. Aquellos papeles que le envió una mano desconocida, lo decidieron al viaje, para examinar las cosas. Más no pensaba retirar sus depósitos. Esa idea le nació mientras bebía un pocilio de café platicando con su hermano.

La suntuosidad de su biblioteca revela al gran señor, culto y generoso, que gasta mucho con inteligencia. El, Rogelio Adalid, podía gastar el doble o el triple, pero no era capaz ni de reunir, ni de apreciar aquellos cuadros y aquellos libros, ni de impedir que lo estafaran los que le proveyeran.

Eso lo humillaba y le producía la comezón de exhibir su propia fuerza.

Podía, por ejemplo, dar a su hermano un disgusto, anunciándole el retiro de sus fondos. Y se lo animció sin el menor propósito de cumplido, por "gozado" Mas al vedo demudado y suplicante se resolvió a hacerlo, ya no por pinchar su amor propio de banquero, sino por salvarse de la catástrofe que presentía.

El cajero le entregó su millón de pesos en un enome fajo de billetes, de diversos valores, como si hubiese tenido que rebañar las cajas para completar la suma.

Con ese tranquilo impudor de los vivos, manifestó al gerente que iba a depositar aquella suma en el Banco Británico y hasta le pidió un empleado para que le ayudase a transportar el paquete.

Llegó cuando en la torre de la Merced sonaban las campa- ñas de las tres de la tarde y los bancos cerraban sus puertas. Pero a un hombre que lleva un millón de pesos, los empleados le sonríen aunque llegue fuera de tiempo.

Rogelio Adalid se hizo conducir a la gerencia y explicó así:

—Estando yo en Londres con la atención puesta en, los neegocios argentinos, había advertido que los directores de cientos bancos se metían demasiado en política. Y yo, por siste mil, desconfío de los financistas politiqueros.

El gerente comenzó a contar las veces que Adalid decía la palabra yo, pues recordaba un aforismo de su padre: desconfía del hombre que diga tres veces yo en una conversación: es un fatuo.

—Yo no soy de los que después se lamentan de no haber llegado a tiempo. Tenía un millón de pesos en cierto banco. Aquí se los traigo.

-Gracias, doctor.

-Yo no soy doctor; tengo pocos estudios y paso por ser un calaverón. Pero yo heredé diez millones y ahora tengo cincuenta; de los cuales diez en dinero contante si yo huubiera sabido tanto como otros me habría fundido.

-Tendrá el genio de los negocios -apuntó el gerente por decir algo.

-No, señor. El único negocio que yo he hecho en mi vida ha sido no hacer ninguno. Yo jamás he edificado una casa, yo jamás he comprado una yarda de tierra, yo jamás he criado una vaca. Y estoy lleno de casas, y de terrenos y de estancias.

-¿Y cuál es su secreto?

-Hacer todo lo contrario de lo que han hecho los modelos que mi padre me ofrecía como dignos de imitación. Ellos trabajaban; yo no trabajé. Ellos compraban; yo vendía. Ellos invertían su dinero en mejoras, edificios, nuevos campos; eso era progresar. Yo les prestaba, a ellos mismos, y después como no podían pagarme me quedaba con las mejoras y con el dinero. ¿Comprende usted?

-Sí, señor, comprendo -dijo el gerente con asco.

-Pues bien; en Londres yo leí el balance de cierto banco, tomé el primer vapor, y dos horas después de llegar a Buenos Aires retiré mi dinero... No le digo qué banco. Yo no quien perjudicado. ¡Ahora puede quebrar! Pero lo que es a mí no me agarra un centavo. Nadie se puede jactar de haberme agarrado a mí un centavo. Porque cuando los otros van, yo estoy de vuelta. ¡Y pensar que mi padre me proponía de modelos a hombres que ahora piden limosna!

El gerente no tuvo necesidad de preguntar a qué banco se refería. Le bastó saber que un ernlpleado del Banco de Sud América había acompañado a Rogelio Adalid.

Esa tarde en la Bolsa y esa noche en los clubs y a la mañana siguiente en todo Buenos Aires se comentó la repentina llegada del viajero y su precipitada operación.

Y muchos dijeron que su propio hermano le había telegrafiado advirtiéndole la mala situación del banco, y aun añadían que la extracción se había hecho fuera de hora, barrie do hasta los billetes de un peso para reunir el millón.

Algunos de estos detalles los dió ciertamente Rogelio Adalid, para demostrar su previsión y su viveza.

De lo cual resultó que desde las ocho de la mañana del día siguiente, dos horas antes de que se abriera, la muchedumbre se agolpaba a la puerta del Banco de Sud América, con la.angustiooa esperanza de llegar a tiempo.

Detrás de los afligidos clientes, en la otra acerca de la había centenares de curiosos, que atizaban el pánico.

Cruzábanse apuestas. Muchos afirmaban que el banco abriría. Si no tiene dinero para pagar a todos, ¿por qué de pagar a unos cuantos? Lo mejor es que de una vez se presenten a los tribunales, y así no habrá privilegiados, todos recibirán igual, sea mucho o poco.

Alguien afirmó que Fernando Adalid se había suicidado
-Y pensar que sin este traspiés habría sido presídete de la república. ¡Lástima de hombre!

Unas pobres mujeres que veían comprometidos sus ahorros de toda la vida, lloraban arrinconaditas junto a la puerta acechando los rumores de adentro. Si tenían la fortuna de ser las primeras, les pagarían. Por eso estaban allí d seis de la mañana.

Por fin se oyó ruido de llaves y pasadores, y la enorme puerta de hierro se deslizó por la ranura engrasada y se hundió en el suelo, como la hoja de una guillotina. Un ruid invadió la sala, y se aplastó sobre los mostradores de acero.

Los empleados tenían instrucciones claras: atender a todos con una sonrisa; pagar con rapidez, sin la más mínima observación; allanar todas las dificultades.

Y para que nadie aguardase habilitáronse más ventanillas y se dispuso que los empleados de otras secciones se concentraran en las ventanilas de los pagos.

Afuera aumentaban los curiosos, y los vendedores de esos diaruchos que viven del escándalo, pregonaban ediciones especiales con noticias fantásticas: no era solamente el Banco de Sud América el que se hundía; a otros les llegaría el turno, antes de concluir la semana. Y dábanse nombres: el banco tal, el banco cual.

Estas bolas corrían aumentado el pánico y produciendo daños incalculables, más no era posible atajarlas, porque la libertad de imprenta es el intangible privilegio de los perillanes.

Para hacer callar a un pasquín sólo había un recurso: comprar su silencio. Llamar al director y decirle: "Le doy diez mil pesos, si se calla la boca." Operación repugnante y a la vez inútil, porque se callaba uno, y empezaban a gritar cien, que también querían venderse.

A eso de mediodía Rogelio Adalid, bañado, desayunado y fresco, en una sala del Jockey Club comentaba con algunos compatriotas la situación de los negocios argentinos, que había precipitado su viaje a la patria. Pero nadie, ni él, ni los otros se atrevían a hablar del Banco de Fernando Adalid, que a esas horas naufragaba, amenazando sepultar a otros en su remolino. Todos comprendían que Rogelio lo había torpedeado, y él mismo comenzaba a sentir los inconvenientes de su gesto.

Por de pronto ese día no podía almorzar en casa de su hermano. ¡Lástima perder aquel Pape Clement, aquel Chateau Yquem, aquel Cognac Napoleón!

Pero había salvado su millón y todo el mundo se hacía lenguas de su viveza.

A eso de la una de la tarde, tuvo curiosidad de saber lo que pasaba. Se despidió de los contertulios y pausadamente, con la desdeñosa arrogancia de quien se viste en Londres, tiene sus depósitos en libras y posee los secretos financieros de Lombard Street, descendió por la calle Florida. Algunos lo reconocían y a él le pareció que lo admiraban.

No era preciso ya que Fersando Adalid lo presentase presidente de la república. Se presentaría él solo; así!: debería favores a nadie. Y si se producía la renuncia de, ministro de hacienda, era "una fija" que el presidente le ofrecería la cartera.

En la calle Revonquista había cordones de agentes de licía, organizando el desfile de millares de clientes, que se agolpaban a las puertas de todos los bancos, con excepción del británico.

Rogelio respiró orgullosamente. Esa era su obra. Aquéllo caían, porque él había desconfiado de ellos; éste se salvaba, porque él había depositado allí su dinero, precioso talismán, en tan apurados momentos.

Una cuadra antes del Banco de Sud América, lo detuvo el gentío negro y rumoroso.

Imposible avanzar, lo reconocía: y no faltaba quien le soltara una palabrota:

-¡Vividor! ¡Canalla! ¡Mal patriota, mal hermano! Muchos van a arruinarse por tu culpa, pero tendrás tambié su castigo. Ya verás.

-¡Algún accionista que se ve fundido!-pensó.

Dió la vuelta. No le convenía oír sandeces. Además era la una y media y tenía hambre. Se metió en un pequeño restaurante de la calle Rivadavia, y para rociar su bife pidió un tinto ordinario, del país. Porque él era exigente cuando bebía a costa ajena.

Después de almorzar, volvió a contemplar de lejos e gentío, cada vez más denso. ¡Esa era su obra!

A las tres de la tarde clausuráronse las puertas sin penderse las operaciones, hasta que el último cliente encerraado en el local fué atendido.

Ese día el Banco de Sud América devolvió más de cincuenta millones a sus depositantes.

Rogelio Adalid no dejó de sufrir una decepción. Había hecho una apuesta: "si pasa del mediodía sin suspender pagos, yo les daré a ustedes un almuerzo y beberemos cuatro botellas de Chateau Yquem".

Perdió, pero renovó la apuesta para desquitarse: dos almuerzos con ocho botellas de Chateau Margaux a que el Banco de Sud América no abría al día siguiente.

Buenos Aires pasó una de las noches más sombrías de su historia financiera. Nadie se atrevía a calcular las complicaciones que sobrevendrían.

Podía temerse todo, hasta el derrumbe del Banco de la Nación. Sólo se consideraba inconmovibles a dos o tres bancos extranjeros yal de Blumen, que desde muchos años atrás seguían la prudente política de Rogelio Adalid: "el mejor regocio en la Argentina es no hacer ninguno"; que él mismo completaba con un aforismo, fruto de su viveza: "la Argentina es una vaca lechera, pero hay que ordeñarla desde Europa".

Al amanecer del nuevo día, ya las calles estaban repletas de clientes angustiados. Muchos de provincias, habían pasado la noche haciendo guardia, ante las puertas de bronce, para ganar turno. ¡Impresionantes a ellos rostros despavooridos, sobre los que el alba gris, ponía tintas trágicas!

Y al mismo tiempo millares de curiosos venían a contemmplados como a condenados a muerte. Inumerables periodicuuehos, fundados a prisa aquella misma noche, para explotar el escándalo, anunciaban tremendas revelaciones, que pregonaban a voz en cuello muchachos irresponsables de robustos pulmones: "Las estafas del Banco A." "Suicidio del Presidente del Banco B." "Una cueva de ladrones en la calle Reconquista".

El banco mejor administrado del mundo no puede resistir una corrida cuando el pánico se contagia a todos los depositantes. Es absurdo esperar que todos cobren su dinero, si se les ocurre a todos retirarlo. No hay más recurso que dar un plazo y esperar que se calmen los nervios.

El gobierno lo comprendió así, y en un acuerdo de gabinete, celebrado a altas horas de la noche, declaró un feriado de cuatro días, hasta el fin de la semana.

Los diarios matinales difundieron la noticia, y el público al ver que permanecían cerradas las puertas sufrió una inmensa decepción. Muchos dientes se fueron, muchos se quedaron, con la esperanza de algo. Los diarios de la tarde publicaban un elocuente manifiesto del presidente de la Nación, que demostraba la insensantez de aquel pánico sin motivo, y la imperiosa necesidad de recobrar la perdida sangre tría.

En el club, Rogelio Adalid se jactó de haber ganado la apuesta del Chateau Margaux, porque el Banco de Sud Améérica no abrió sus puertas.

Pero nadie lo escuchó. Hasta sus amigotes, vividores y egoístas, lo esquivaban con aversión.

A la semana siguiente se reabrieron los bancos. La feria había calmado los nervios, pero la corrida siguió dos o tres días más.

El Banco de Sud América se defendió bravamente, reintegró todos los depósitos y no dejó de hacer nuevos préstamos. Rogelio Adalid no salía de su asombro. Había perdido innumerables apuestas y quedado en ridículo. En el club, lo consideraban un pajarraco de mal agüero, sin un ápice de olfato. Las catástrofes que con afectado acento cockney anunciaba, no se producían nunca. Sus vaticinios causaban risa. No se le odiaba, simplemente se le despreciaba.

Después de aquella espléndida victoria, su hermano lo encontró en los pasillos del club y lo invitó a almorzar.

Rogelio aceptó. Ardía en deseos de averiguar las cosas. ¿Cómo había obtenido los 200 millones que tuvo que de volver en una semana?

Fernando Adalid le respondió simplemente:

—¿Qué te importa? Si fueras diente del banco te lo diría.

Pero me has hecho una pérfida jugada y te voy a dejar con la curiosidad. En todo caso pregúntale al judío Blumen.

Rogelio fué a interrogar a Blumen. No lo halló. Marta, por burlarse de él, le dió una explicación descabellada:

—¿Cómo ha hecho mi tío para devolver doscientos millones? Muy fácilmente. Tenía cincuenta toneladas de viejos caños de plomo en la huerta, y Julius Ram se los ha converrtido en oro. A cuatro pesos el gramo, son doscientos miillones. ¿Comoce usted a Julius Raro? Es un sabio, y al mismo tiempo un alquimista, y a la vez un loco. Aquí está papá, pregúntele a él y le dirá lo mismo.

No, Zacarías Blumen no decía lo mismo, no decía nada. No salía de su asombro y de su misteriosa preocupación. Haabría podido afirmar que la casa paterna de los Adalid sería suya antes de un mes, con todas las estancias de su cuñado. Pendía sobre ellas como un hacha, una hipoteca vencida de diez millones. Estaba listo el remate y consentida la fechao No habría más postor que un testaferro de Blumen. Por diez millones se quedaría con propiedades que valían cincuenta. Hasta la corrida de los bancos, aumentando el desconcierto y el terror a los negocios, favorecía la maniobra que Blumen había preparado durante treinta años. ¡Por fin!

Pero dos días antes, se le presentó Fernando Adalid a cancerar su deuda, con un cheque de diez millones. Al principio creyó Blumen que Adalid se había trastornado, y daba cheques en descubierto; pero se lo pagaron sin dificultad: diez mil billetes nuevos de mil pesos.

Habló de ello a su hija: no podía contener su asombro; y la muchacha lo zambulló en mayores dudas, al referirle la conversación con su tío:

-¿Crees tú, papá, que sea cierto lo que él dice?

-¿Qué es lo que dice?

-Que ha encontrado la piedra filosofal de los alquimistas. Yo, por mi parte, lo creo, mientras tú no me des otra explicación.

-¡Sandeces! -replicó Blumen, y se puso a leer un diario.

XII

BLUMEN, ROSCH DEL GRAN KAHAL

Efectivamente, como lo sospechaba Fernando Adalid, haabia sido Blumen el que hizo llegar a su hermano Rogelio aquella noticia anónima que determinó su viaje.

Mordido por la ambición de ser presidente de la repúbliica, Blumen quiso comenzar la batalla desjarretando al más poderoso de sus rivales.

Otro adversario era Mauricio Kohen, que podía arrojar en la balanza el peso incontrastable de la Sinagoga.

Pensó primero en sobornarle con las sonrisas de Marta.

Pronto advirtió que la muchacha, enamorada de su enemiigo, daría en contra suya.

En eso ocurrió la venturosa visita al Colegio Militar, de donde ella volvió furiosa de celos.

Ese día no supo el motivo. La vió encerrarse y permanecer horas durmiendo o leyendo o bebiendo cocktails, que ella misma se preparaba en un pequeño bar, contiguo a su dormitorio y no fué poca su sorpresa, cuando a la medianoche, se le presentó en pijama, y lo habló a la manera de quien prosigue una conversación interrumpida.

-Papá: tú eres judío, y yo también.

-Bueno, ¿Y qué?

-Pero tú no has leído el Talmud y yo sí.

-¿Tú has leído el Talmud?

-Ya te voy a demostrar que lo he leído. Lamento que tu padre tampoco le conociera, a pesar de que fue Rosch del Gran Kahal.

-¿Cómo sabes eso?

-Por Mauricio Kohen -respondió ella fríamente, pero en sus ojos ardió el relámpago felino. Su padre sonrió maliciosamente.

-¿Eres amiga de Mauricio Kohen?

-¡No! He podido ser su novia, o su mujer, pero...

-Pero, ¿qué?

-Te vas a asombrar de lo que te voy a decir. Mañana me arrepentiré de haber hablado.

¡Peor para mí! Pues bien, yo, tu hija, me habría enamorado de él, si...

-¿Por qué dices m'e habría..? ¡Confiesa que te enamorastel

-¡Imagínate lo que quieras! La verdad es que él. .. ¿Viste a esa rubia de ojos negros, que llegó con los periodistas al Colegio Militar?

-¿! Sí, la vi la hij a de Julius Ram...

-¿La hija de Julius Ram? ¿La conocías? Está bien. Si a Mauricio Kohen le dan a elegir entre la hija de Zacarías Blumen o la de Julius Ram, eligiría a ésta

-Ya la ha elegido... me parece... -dijo diabólicamente Zacarías-, Los vi hablar a solas, mucho tiempo, cuando te fuiste con Fernando.

-Te agradezco la noticia. ¿Sabes que ya algunos amigos míos lo creían mi novio?

¿Puedo perdonarle esta afrenta? -¡No! ¿Qué vas a hacer?

-¡Voy a hacerte Rosch del Gran Kahal! Lo que ahora es él...

Blumen se levantó y puso la mano sobre la trente de su hija que se echó a reír.

-¿Crees que deliro? ¿Que tengo fiebre? He tenido, toda la tarde, cuarenta grados de fiebre. ¡Ya pasó! Ahora hablemios. ¿Quieres ser Rosch del Gran Kahal, lo que tu padre fué, un día o dos nada más?

-El padre de Mauricio Kohen lo hizo expulsar...

-¡Ya sé! La Sinagoga lo excomulgó, con la terrible maldición del Herem. Ahora, después de treinta años, nos llegá el turno. Tú, mejor que yo, conoces la historia de aquel primer Mauricio Kohen.

-Sí; pero en Buenos Aires nadie más que yo la conoce. Los pocos que la sabían han muerto o la han olvidado. ¿Y tú la sabes?

-Sí -respondió ella desdeñosamente.

-No la sabrás por su hijo...

-No, ciertamente. Me la ha contado un viejo, que fue ¿amigo de tu padre y me ha mostrado un pasaje del Talmud que se relaciona con esa historia, y otro del Levítico.

¡Qué raro que tu padre no esgrimiera esa arma contra su enemigo!

-¿Qué armas? ¡No comprendo!

-Se dejó acorralar en la Sinagoga por el único que no tenía derecho de hablar allí, porque había violado un precepto de la Mischna y de la Ley.

-¿Tú vas a la Sinagoga, Marta?

-Sí; escucha: Sara Zyto, la mujer de Mauricio Kohen era viuda de David Zabulón.

-En efecto... ¿Cómo lo has sabido?

-¡Qué importa cómo lo he sabido! Ustedes, los Blumen: por hacer olvidar aquella vieja historia de la guerra del Paraguay, perdieron el arma que tenían contra Kohen.

-Tal vez.

-Kohen era rabino y sacrificador, descendiente de la familia de Aarón. No podía, pues, casarse sino con mujer virgen: ni repudiada, ni viuda a quien el cuñado hubiese dado Caliza, y tú sabes que Sara Zyto, era viuda, y además tu padre la desdeñó o le dió Caliza...

-Así es. Pero la historia es tan vieja que nadie recuero da nada.

-No importa. El viejo Mauricio Kohen, incurrió en el Herem, y si él no fué expulsado de la Sinagoga, por violar la Ley y la Mschna, debe ser expulsado su hijo, y los hijod de sus hijos, hasta la cuarta generación ¿Sabes? ¡Yo los voy a hacer expulsar!

-¿Cómo?

—Y yo te haré elegir Rosch del Kahal; y después... Papá. ¿Quieres ser presidente de la república? Cuando el Rosch del Gran Kahal de Buenos Aires, tiene trescientos millones de pesos y quiere gastar solamente diez en la elección, es un pobre hombre, si no sale con la suya. Vale más ser dueño del Gran Kahal, que ser dueño del Congreso Nacional Porque el Gran Kahal domina los bancos y los frigoríficos y las casas que compran las cosechas y la mayoría de los diarios y las agencias telegráficas del mundo entero. ¿Quién resistirá semejante poder?

Marta calló, jadeante, pálida, hostil la dura y relampagueante mirada.

—¿Cuál es tu plan, hija? —preguntó Zacarías tomando en serio el negocio.

—Por esta noche basta. Ya te he quitado el sueño. No dormirás ni un minuto. En cambio yo ¡mira!

Sacó del bolsillo de su pijama un frasquito de drogas. —Con una pastilla me dormiré toda la noche. Con dm me dormiré veinte horas. Con tres me dormiría para siem pre.

¡Qué asco es la vida!

Volvió a encerrarse en su dormitorio.

Sentíase irritada y abochornada. Habíase prendado románticamente, como una colegiala, del fogoso Jefe de la Sinagoga, que pretendió hacer de ella, no su mujer, sino un amia judía contra los cristianos.

Sentíase abochornada por haberlo amado; e irritada por que él traicionaba al Kahal, al traicionada a ella, puesto que ella era, en Buenos Aires, la única que podía cumplir el vasto plan que él mismo le describiera.

Se aprovecharía de lo que él le había enseñado, destruiría su prestigio, trastornaría sus negocios y haría de su padre el ejecutor de aquellos propósitos y el hombre más fuerte del mundo.

Tenía que dar gracias a quien la inició en los secretos del judaismo, y le reveló su verdadero temperamento y encendió en su corazón el fanatismo de su raza.

¿Matarse? ¡Bah! Para que luego dijesen que morían deses perada de amor por Mauricio Kohen. Matarse, no; engaañado, como él la había engañado, aguardar la hora y ven- cedo con sus propias armas.

Absorbió una pastilla y se durmió pesadamente, bajo la media luz de una lamparilla. La lámpara en su dormitorio no se apagaba nunca. Un judía talmudista, jamás consiente en dormir a oscuras.

Así recomenzó la lucha entre los Blumen y los Kohen. Y fueron tres mujeres, las que sin verse las caras, tejieron las más hábiles intrigas.

Marta Blumen, Berta Ram y Thamar Kohen.

Vivía Thamar en su casita de Belgrano, a la sombra de las tipas de la calle Olleros, sumergida en el estudio y aleccionando a su hermano, que era como un hijo para ella, y en su esperanza el jefe de la futura revolución social.

Pero el judaismo de Thamar era muy distinto del de los magnates de su raza... Ella era religiosa, y esperaba la realización de aas profecías, por obra de Dios. Mientras que la suprema autoridad del Gran Kahal de Nueva York, creía más en los golpes de Bolsa, que en la Ley y en los Profetas.

Estas dos concepciones no eran sino el reflejo de una vieja ¿iscordia entre dos grupos de banqueros poderosos que habían acabado por dividir a la nación israelita en dos bandos.

Por una parte los Rheingold, que dominaban en Francia y en Inglaterra. Por otra, los Meyerbeer, omnipotentes en las finanzas de Alemania y de los Estados Unidos.

El que conquistase el control del oro subyugaría a los bancos y esclavizaría a los gobiernos.

Las guerras habían sido fecundas en beneficios para los Rheingold, que al terminar la francoprusiana, en 1870, fueeron la casa bancaria más fuerte del universo.

Pero sobrevino un largo período de paz en Europa. De 1870 a 1914, los Meyerbeer, sus rivales, aprovecharon el auge industrial de las dos naciones donde imperaban.

La guerra mundial salvó a los Rheingold y abatió a h Meyerbeer. Vencida y arruinada Alemania y obligada: ¡pagar a los aliados torrentes de oro, se llenaron las arcas de sus banqueros.

Los Meyerbeer comprendieron que en la batalla del oro, los Rheingold eran invencibles. Entonces comenzó a hablarse, tímidamente de nuevas doctrinas financieras, y del abanndono del oro como moneda universal.

Los Rheingold sonrieron: mientras contaran ellos con las, universidades y la ciencia oficial y mientras Alemania siguiera pagando, no había peligro de destronar al oro.

Los Meyerbeer intrigaron con tanta habilidad que los Estados Unidos, impusieron el plan Dawes, un gran alivio para Alemania.

Luego, no más, declararon que el plan Dawes era excesivo, y obligaron a Francia e Inglaterra a aceptar el plan Young, más ligero.

Todavía era mucho y el presidente Hoover impuso una moratoria total, que era una cancelación de deud.as en favor de Alemania.

Entretanto fundábase en Basilea, bajo la inspiración financiera de los Meyerbeer, el famoso Banco Internacional de Reparaciones, con el objeto de compensar los pagos internacionaales, a fin de acostumbrar al mundo a manejarse con papeles.

Los Rheingold se levantaron ardorosamente alegando que el oro, la única riqueza infalible, era también la única moolleda sana.

Y tuvieron el apoyo de las universidades y de los libros y de la prensa.

Y los Meyerbeer fueron quedándose solos con sus peligrosas doctrinas, que repugnaban a los israelitas como un suíícidio. Porque el oro será siempre el arma en cuyo manejo ello.s no tienen rivales.

Elias Silberstein, Rosch recién electo del Gran Kahal de Nueva York, conocía la historia, casi leyenda, de los geniales banqueros originarios de Frankfort.

Sabía que comenzaron su fortuna durante las guerras de Napoleón, y que como un signo de la voluntad divina, las guerras posteriores, acrecentaron su poderío.

La sangre de los campos de batalla abonaba generosamente los millones que sembraban en tierras cristianas, obteniendo de sus gobiernos, en momentos trágico, s, formidables privilegios.

El Rosch Silberstein tenía la convicción de que la grandeza de Israel era solidaria de la grandeza de los Rheingold, sobre cuya familia el Eterno (¡bendito sea su nombre!) había derramado sus complacencias.

Desgraciadamente los quince años de paz posteriores al tratado de Versalles y la crisis pusieron en discusión las doctrinas financieras de los Rheingold y socavaron su poderío, con evidente ganancia de sus rivales.

Sólo una guerra, que envolviera a todos los países, podría: restablecer su hegemonía y adelantar cinco siglos los tiempos que anuncian los Profetas.

Elias Silberstein sabía que en Buenos Aires el Banco Blumen representaba a los Rheingold y Mauricio Kohen a lo; Meyerbeer.

Las preferencias del Rosch estaban por Blumen, cuyas Relaciones sociales y políticas podrían ser de gran valor, cuando estallase la nueva guerra y fuera preciso meter a la Argentina, como un muñeco de cera en el gran incendio.

Así estaban las cosas en los días en que Marta Blumen concibió el plan de utilizar las influencias de que su padre disponía en Nueva York, para que lo readmitieran en la Sinagoga y expulsaran a Kohen.

Se cambiaron unos cables cifrados, entre el vigésimo quinto piso del Banco Blumen, donde Marta situó su cuartel general y el sexagésimo de un edificio de Madison Avenue (N. Y. City) donde Elias Silberstein tenía su despacho.

Cierto mediodía, Eva, la mujer del Rosch de Nueva York le llevó como de costumbre su lunch, una tajada de caro ñero, queso duro, pan negro, un platillo de mermelada y una tetera. Además un diario en el que había marcado con lápiz rojo la noticia trascendental.

El Rosch era un hombre flaco, y su cutistan suave y fino, que parecía a punto de desgarrársele, como la nata de un tazón de leche.

Mientras comía, leyó aquel telegrama de Wáshington:

"El Ministerio de Marina ha dispuesto que todas las unidades de la flota de exploradores, que tienen sus bases en el Atlántico, se trasladen al Pacífico."

El Ministerio agregaba algunas explicaciones para disminuir la importancia de la orden, que, a pesar de su inocente apaariencia, revelaba a los entendidos una situación muy vidriosa.

Si los Estados Unidos concentraban su escuadra en la costa occidental, era porque temían que estallara de pronto un conflicto con el Japón.

De no mantener sus buques en el Pacífico, al declararse una guerra, unos cuantos audaces marinos japoneses, de los que pululan como chauffeurs o planchadores en los Estados Uniidos, podían meter en el canal de

Panamá un barco viejo carrgado de dinamita, y hacer volar las esclusas y cerrar ese derrotero a la escuadra del Atlántico.

Esta, así, no tendría más ruta para el teatro de las operaaciones, que el estrecho de Magallanes, y llegaría cuando los japoneses hubieran bombardeado los puertos norteamericanos.

El Rosch había nacido en Nueva York, pero sentíase dessterrado, como Jeremías a la sombre de los sauces, en las orillas de los ríos de Babilonia.

Su imaginación volaba sobre los mares, hacia la tierra prometida, y el viento de las nubes, amontonaba en sus oídos el glorioso retumbar de las profecías.

Al alcance de la mano entre el platillo de miel y la tajada de carnero, tenía un libro que para los hombres de su raza equivale a la imitación de Cristo: Los Protocolos de los Saabios de Sión.

La página abierta al azar, adaptábase maravillosamente a las circunstancias. Cada frase era una lección de energía o de táctica.

Por ejemplo, esa vez leyó el párrafo 75, que correspondía a la sección 7 a.

"En toda Europa y en todos los continentes con la ayuda de Europa, debemos provocar sediciones, discusiones y hostilidad mutua.

"Debemos estar en condiciones de responder a toda oposición con una declaración de guerra del país vecino al que ose atravesarse en nuestro camino; pero si el vecino a su vez intentara unirse al otro en contra nuestra, sería necesario ressponder desencadenando una guerra mundial."

Esto prescribían los Protocolos muchos años antes de 1914. La guerra mundial había sido calculáda y dispuesta por los

Sabios de Sión, con este resultado: la destrucción del imperio austrohúngaro, la mayor potencia católica de la tierra y la transformación de la Rusia cristiana, en un fomidable arsenal de ateísmo, donde se forjaban armas para cuantos quisieeran, en cualquier país, combatir a Cristo.

Encuadernado en el mismo tomo, guardaba el Rosch un disscurso pronunciado en 1880 por el Gran Rabino, de Francia

"Desde hace dieciocho siglos nuestros sabios luchan con una perseverancia infatigable contra la Cruz.

"Estos dieciocho siglos han pertenecido a nuestros enemigas. Pero el siglo actual y los siglos futuros serán nuestros.

He aquí la décima vez, desde hace mil años de lucha atroz e incesante con nuestros enemigos, que se reúnen en este cementerio, alrededor de la tumba de Simeón Ben Jehuda, los elegidos de cada generación del puehlo de Israel, para concer- tar los medios de aprovechar las grandes culpas que no cesan de cometer los cristianos.

"Cada guerra, cada .revolución, cada sacudimiento político o religioso nos aproxima al momento de lograr el fin supremo que perseguinos..."

La guerra de 1914, que duró más de cuatro años y aniquiló diez millones de soldados resultaría una escaramuza trente a la que podía desencadenar la mano flaca y exangüe de Elias Silberstein.

Aquélla había sido un mezquino pleito de fronteras; ésta sería el choque de dos civilizaciones, la blanca y la amarilla; Buda, ay'udado por Mahoma, contra Cristo.

Aquélla sólo había agrietado los cimientos del mundo cristiano. Esta acabaría con todos los gobiernos y daría segunda y eterna muerte al impostor.

Y la Sinagoga dominaría en Tokio y en Nueva York; y con las piedras humeantes de los templos católicos se levantarían las murallas de la nueva Jerusalén.

La mano del Rosch, menos vigorosa que la de un niño, poodía esa misma mañana pegar fuego al mundo.

¡Cuánta paja, leña y pólvora habían amontonado los palabreros estadistas de Versalles en todos los rincones del gloobo, sabiendo o ignorando que trabajaban para el Kahal!

Un estudiante, un obrero desconocido, obediente a cualquiera de los tres mil Kahales que estaban a sus órdenes, podía hacer el gesto fatal de Princepes en Sarajevo, asesinando un rey o un primer ministro.

Pero, más seguro, sería intrigar a las naciones, por intermedio de las agencias que le obedecían y guisaban noticias para los diarios cristianos.

Bastaba que llamase a la adicta Eva, su mujer, y como complemento de aquel teilegrama por ella marcado, le entregase un despacho concebido así:

"Una escuadrilla de los Estados Unidos se ha apoderado de la isla Yap, situada en el océano Pacífico y perteneciente al Japón."

La pequeña isla Yap, de las Carolinas, es una antigua posesión española, vendida a Alemania, y que el Japón, sordo a las protestas norteamericanas, se anexó durante la guerra mundial.

Por su situación estratégica es el punto de enlace de las coomunicaciones de tres continentes, y una base naval a mitad de camino, para las escuadras.

El Rosch diría a su mujer dándole el telegrama:
-Llévalo tú misma a nuestra agencia.

La ruptura casual del cable submarino entre Yap y Hong Kong, retardaría veinticuaro horas el desmentido.

El Japón se apresuraría a creer, e inmediatamente provocaría el levantamiento de los doscientos mil soldados japoneses que, con vestimentas de colonos, habitan las islas de Haway, bajo el pabellón norteamericano.

Su escuadra volvería a protegedos y no tardarían en chocar contra la escuadra norteamericana del Pacífico

Y el mundo empezaría a arder.

El pálido Rosch, con la hlanda oreja pegada al micrófono, controlaría todas las noticias, para que sus agencias telégraficas no transmitieran sino las que atizaran el fuego.

Después, no hay duda, la historia descubriría que la chispa iniciail del incendio había sido un embuste. Nadie se acordaaría de Eva. Descargarían la culpa sobre algún empleadillo de poco sueldo: Dirían que el telegrama fatal fué un abuso de confianza del telegrafiata Mr. Lyard, que quiso dar una brooma a su familia, residente en la isla Yap...

¡No volvería a ocurrir!

-¡No, no! Todavía no es tiempo -se dijo el Rosch, rechaazando la tentación-o Todavía hay países que no tienen pleitos de fronteras, ni alianzas militares, ni ambicionan territoorios, como la Argentina, y que se resistirían a mezclarse en la hecatombe. Primero habrá que preparar la opinión pública de esos países.

¡Qué falta¡ le hacía al Rosch la ayuda del dúctil y ambicioso Blumen, aunque le costara la amistad del fanático Kohen!

Al día siguiente el Rosch recibió la visita de un represenntante de Blumen. ¿Cómo era que el Kiahal de

Buenos Aires obedecía a la impura familia de los Kohen y había excomulgado a Blumen, el hombre más poderoso de Sud América?

Elias Silberstein conoció entonces la historia secreta de la familia Kohen. Poco después, usando de su autoridad suprema, escribió la siguiente carta:

"Hermanos judíos del Gran Kahal de Buenos Aires.

"No ignoráis que en los libros santos Israel es comparado cien veces al olivo

¿Por qué esa comparación, hermanos judíos?,

"Escuchad la explicación que nos da la Agada en nuestro sagrado talmund.

" 1 ° Israel se parece al olivo porque el aceite que de él se extrae no se mezcla con los otros líquidos; así Israel conserva su individualidad.

"2° Porque el aceite sobrenada, lo cual está escrito en la ley: "Dios te colocará arriba de todas las naciones." (Deuter. 26, 19.)

"3° Porque el olivo nece.sita ser aplastado para producir, y así Israel necesita la desgracia y la persecusión.

"Durante diecinueve siglos fuimos perseguidos por los cristianos y hemos vivido temblando, como liebres acosadas por los perra." Ahora nos toca hacerles temblar a ellos.

"La iglesia católica es nuestro más peligroso enemigo: debilitaremos su influencia, infiltrando en su organismo ideas liberales y provocando disputas religiosas.

"Alentaremos los matrimonios entre judíos y cristianos. La raza de Israel, elegida por Dios, no corre ningún peligro mezclando en su venas cierta cantidad de sangre impura. El parenteseo con familias cristianas no significa una desviación, y, al contrario, con habilidad puede hacemos árbitros de sus destinos.

"Os escribo para exhortaros a la unión. Estanlos en un cammpo de batalla, y la discordia puede sernos fatal. Os invito a que levantéis el Herem decretado contra alguno de vosotros, que por su gran riqueza y su influencia en las ahas clases y en el gobierno, puede aumentar el poder de la Sinagoga.

"Sé de cierto que él desea volver a la Sinagoga."

"No importa que se haya bautizado. Un judío bautizado no deja por eso de ser un judío. Pues es permitido al judío enngañar a los idólatras haciéndoles creer que pertenece a su culto; "lo prescribe nuestro bendito Yore de "ah".

La invitación del Rosch del Gran Kahal de Nueva York fué. para los judíos de Buenos Aires, lo que habría sido para los católicos un mandato del Papa mismo.

Pocos días después en la Sinagoga porteña, se levantaba soolemnemente el Herem lanzado treinta años antes contra los Blumen, y en la próxima Pascua, el nuevo adepto resultó elegiido Rosch.

Terrible afrenta para Mauricio Kohen y. abatimiento seguro de la influencia de los Meyerbeer.

Todo, sin embargo, sucedió en el masónico secreto en que se envuelven esas determinaciones, so pena de ruina o de muerte para quienes las divulguen.

Y nadie supo en Buenos Aires que Zacarías Blumen, el financista orgullo de la banca argentina y probable candidato a la presidencia de la nación, era el Jefe de la Sinagoga, Rosch del Gran Kahal.

Oro

I

EL EXTRAÑO OBRERO DEL LABORATORIO

Marta Blumen había confiado a su padre el secreto de la nueva fortuna de Adalid: convertía el plomo en oro.

El banquero pensó que Adalid se había burlado de ella. Después recordó haber oído a Julius Ram que del principio científico de la unidad de la materia se deducía la posibilidad de transmutar unos en otros ciertos cuerpos que llamamos simples.

Aquel día, en el Colegio Militar, escuchó con desdén tan sorprendente lección, porque los hombres prácticos desprecian a los filósofos.

Pero la explicación de Marta le hizo pensar de nuevo en la posibilidad de un descubrimiento que trastornaría los planes del Gran Kahal.

Si el valor del oro se derrumbaba, por haberse hallado manera de producirlo artificialmente, la Sinagoga no dominaría a los gobiernos ni podía arrastrarlos con cadenas de oro a la guerra universal, de donde iba a salir el superreinado de Israel.

Días después sus espías le hicieron saber que Julius Ram andaba en conciliábulos con Fernando Adalid. Y luego ocurrió la inverosímil resurrección financiera del Banco de Sud América, y del propio Adalid, y hasta el hecho de que el infeliz alquimista pagase sus deudas.

Valía la pena de estudiar el asunto. Por de pronto quiso esstablecer si aquellas doctrinas tenían su fundamento científico y no queriendo confiar a nadie sus inquietudes, allegó libros de química y física, y se puso a leerlos.

Quienes sabían que la investigación silenciosa, a altas hooras de la noche, no había sido nunca su afición, sorprendíanse de su afán y más viendo que su hija le ayudaba.

Todavía Marta no había descubierto ni en su trente luminosa, ni en su hermosísimo brazo la marca del Anticristo. Pero sentía en las mejillas el vaho de la Sinagoga, adonde ahora concurría, y en sus oídos silbaban como flechas las palabras del Talmud, contra los adoradores del Cordero.

Pero más que las cuestiones tedlógicas, que abandonaba a los rabinos, le interesaban los problemas de la raza. La hacía palidecer de ambición la idea de que gentes de su sangre serían reyes del universo. Tal vez el Antieristo, que ya existía en alguna parte del mundo, se fijase en sus ojos color de aceituna y en su cuerpo arrogante.

¡ Ah, si Kohen la hubiese querido, qué lanza terrible para los cristianos habría sido ella en las manos de él!

Pero aquel hombre, que descorrió ante sus ojos asombrados los misterios del Kahal, no pensaba más en ella...

Marta no lo había visto desde el día en que tuvo celos de la joven periodista.

Una noche, el nuevo Rosch y Marta llegaron al final de un famoso tratado de química moderna, que decía así:

"El descubrimiento del radio ha transportado ese problema del terreno de las hipótesis y de las esperanzas, al más positivo de los hechos experimentales. Más allá del átomo según lo consideraban hasta ahora los químicos, existe un mundo maravilloso, que permite demostrar con pruebas rigurosas que el sueño de los alquimistas, el de la transformación de un elemento en otro, no es una quimera."

Quedaron mudos ambos, y de repente, ella, que hojeaba maquinalmente un libro, leyó en alta voz este pasaje:

"Un metaloide y un metal, azufre y mercurio, modificaados y tratados conforme al procedimiento que se indica, dan un cuerpo nuevo, que no es su combinación, y que convierte en oro los metales inferiores."

-Esa, es la piedra filosofal -contestó Blumen consterrnado.

-Confiesa, entonces, Rosch del Gran Kahal -dijo Marta con insultante sarcasmo-, que las teorías de Julius Ram esstán lejos de ser el desatino que tú creías. Por el contrario, son la afirmación audaz de lo que los más grandes sabios exponen tímidamente, como la base de la superquímica.

¡Extravagante final! ¡La química del porvenir coincidía en ios fundamentos de la despreciada, perseguida y hermética ciencia de los alquimistas!

Días después, Marta avisó al banquero:

-Julius Ram ha cambiado de casa. Tiene un laboratorio con gran chimenea, cerca del Parque Lezama.

Blumen se encogió de hombros. El Kahal de Nueva York io acosaba a telegramas cifrados, para que hiciera aceptar por la Argentina un empréstito de mil millones, a emplearse en armamentos.

Al lado de tan grandes manejos palidecían los pequeñoo negocios de Julius Ram. Marta lo espoleó esa tarde con otra novedad:

-Todos los días, al anochecer, llega un auto al laboratorio, que está siempre cerrado.

Adivina quién visita al profesor.

- ¡Fernando Adalid!

-El mismo.

-En otros tiempos, habríamos creído que fuesen manederos falsos. Ahora eso no tiene importancia ¿Por qué me miras así?

-Quiero hacerte una pregunta. Si Julius Ram fabricase oro, ¿podrían acusado de falsificador?

Blumen no supo qué contestar. Marta varió la forma de la cuestión:

-En los, países donde el oro es la moneda legal, ¿se consiidera moneda a un lingote de oro, aunque no esté acuñado?

—Sí, deduciendo algunos centavos que cuesta el hacedo acuñar.

—Entonces, allí el oro en rama o en lingotes ¿es moneda legal?

—Sí; de tal modo que ningún acreedor puede negarse él recibido en pago, como podría negarse a recibir cheques o monedas de plata.

—De donde resulta —concluyó Marta —que el que fabrica oro artificial es un monedero falso.

—¡No creo! Las leyes no han previsto el caso. Si del análisis resulta que el oro que saca de sus crisoles Julius Ram es idéntico al que se extrae de las minas de Alaska o del Transvaal, no puede acusársele de falsificador.

—¿Y los efectos de esa falsificación serían graves? Zacarías Blumen miró los- ojos que acechaban su respuesta. ¡Qué hermosa era aquella muchacha! ¿Por qué perdía tiempo?

¿Por qué no la ponía en contacto con el inventor, para que le averiguase sus secretos? Por sabio que fuese, Marta Blumen era capaz de quitarle el poco seso que le hubiese dejado la piedra filosofal.

—¿Tienes tu coche? Vamos allá. Hace años anduve en negocios con Julius Ram. Puedo volver a tratado. Y tú ensayarías tus flechas de oro.

—¡Vamos!

Subieron a la Voiturette que ella lanzó como una jabalina de plata, en el atardecer.

El Parque Lezama podría ser el más hermoso de Buenos Aires. Ahora es solamente el más abandonado, como si el sur de la ciudad, venido a menos de su antigua aristocracia, no mereciera los honores de calles limpias ni de plazas cuidadas.

Las enjutas palmeras, dormidas en los senderos deslavados por las lluvias. Los plátanos pulidos y frescos y armoniosos como jaulas. Los gomeros de ramaje desmesurado. Las ea- soarinas airosas y elegantes. Las m.agnolias lustrosas y aristocráticas. Un laguito apretado entre rosales floridos, y, sobre el agua, quebrada por el oro de un crepúsculo porteño, un patito solitario y audaz, traído por la casualidad extra- vagante, que suele ser madre de la belleza.

A la orilla de las platabandas, en las rinconadas de los macizos, escaños pintados de verde. Allgún tinterillo que deja su oficina y va a leer su diario. Algún marinero, desertor de la taberna, donde sus cantaradas beben y juegan al dominó; muchas niñeras, muchos niños, muchos colegiales, todavía con sus carteras y sus delantales, y no pocas parejas de enaamorados de quienes no apartan el ojo los guardianes.

Exóticos silbatos de vapores; impacientes campanas de transvías; irritantes cláxones de automóviles; espesa voz de la ronca ciudad, cortada por el diamante de un pájaro, que canta la frescura de la noche, desde la fosca ramazón de un álamo.

En las vecindades del Parque Lezama, en un caserón que permaneciera años sin inquilinos, con reja a la calle, como un colegio o una prisión, y persianas eternamente cerradas, había instalado Julius Ram su laboratorio. El inmueble ocupaba un gran sitio, y además del jardincillo al f.rente, que nadie cuidaba, tenía una huerta de frutales, abandonada a los gatos y a las estrellas.

Eran las vacaciones y el profesor no salía, ni recibía visitas.

Una sirvienta o su hija hacían el mercado, pero tan de ma- drugada que nadie las veía.

Solamente al atardecer deteníase el auto de un señor, que bajaba presuroso y abría la puerta con su propio llavín. Tode volvía a su misteriosa quietud, hastá que una o dos horas después, la puerta crujía en sus bisagras, para dar paso ad disscreto visitante, que desaparecía en el tráfago del Paseo Colón.

Las casas del lado eran fábricas, de altos paredones y sin ventanas, sobre el predio contiguo, de modo que nadie podía espiar la huerta de Julius Ram. Y como por allí .son numerosas las chimeneas, no sorprendía al ver humear la de aquella casa, que en otro tiempo fuera herrería y fundición de metales.

Algún curioso podría, empero, preguntarse por qué el humo de las otras casas era oscuro y liviano y se deshacía en el aire, mientras que el de Julius Ram se remontaba denso como una barra, y tenía en la noche fulgores de púrpura.

Marta Blumen, que había sabido por Fernando Adalid, la nueva dirección de Julius Ram, detuvo su Voiturette sobre el lado opuesto del Parque Lezama.

Bajaron los dos y se internaron en las callejuelas. El vaho de la noche ascendía de la cierra húmech y envolvía la arboleda .silenciosa. Los pocos transeúntes no paraban mientes en ellos.

-Papá, no has contestado mi pregunta: si este hombre hubiese descubierto la manera de producir oro artificial, ¿qué ocurriría?

-¿En qué? ¿En dónde?

-En los negocios del mundo, en tus negocios, en...el Kahal.

Zacarías Blumen no creyó que debiera disimular ante su hija, que era su aliada.

-Los negocios del mundo .se trastornarían. Imagínate el mundo como un inmenso tablero de ajedrez. De pronto, Dios o el diablo, revuelven las piezas. ¡A comenzar de nuevo, con otras ideas y otros recursos!

-¿Y tus negocios?

-Se desmoronarían como un merengue bajo la pata de un defante.

-¿Y la política del Kahal?

-Ya sabes que el instrumento por excelencia del Kahal es el oro. Si el oro pierde su valor, se nos rompe en la mano la única arma que sabemos manejar.

Llegaban adonde había un grupo de personas conversando a la luz de un farol. .Sus sombras se pintaban fuertemente sobre el suelo arenoso. Marta bajó la voz:

-¿Tú no conocías los proyectos de Julius Ram:?

-Sí; pero lo tenía por un loco.

- ¿Y ahora crees en él?

-No se; te lo diré cuando haya visto su laboratorio.

-Y si fuera verdad, ¿qué harías?

El banquero miró a Marta con malicia.

-Te lo entregaría. ¿No dicen que tu sonrisa es invencible?

Sin sentir la pendiente habían llegado a una especie de terraza, a buena altura sobre el nivel de la calle. Desde allí se dominaba la casa del sabio, sus hornos y su huerta. Por ios vidrios de una ventana interior se divisaba lo que parecía el laboratorio, iluminado por resplandores de tonos cambiantes, como los de una fragua.

-¡Mira, papá!

Por primera vez vieron a Julius Ram sin sobretodo, con un blusón de obrero.

-¿Sabes qué parece la cabezota enorme sobre el cuerpc raquítico? Una albóndiga en la punta de un tenedor.

Zacarías Blumen guardaba silencio.

-¿Bajamos, papá? Hoy no ha venido Fernando Adalid.

Tú llamarás a la puerta y te harás conocer. Yo llegaré al rato. A los dos juntos quizá nos desconfíe. Pero una vez que tú hayas entrado me harás pasar a mí.

Bruscamente Zacarías sujetó a su hija por el brazo.

-¡Mira! ¿Quién es ése que lo acompaña?

Otra sombra se pintaba en los vidrios. El corazón de Marta latió con violencia. No era Adalid. Tampoco parecía un obrero.

Marta, maquinalmente, dijo su nombre y se arrepintió:

-¡Mauricio Kohen!... ¡Pero no, no puede ser!

-Sí, efectivamente, se le parece... Ahora no vale la pena ir. No nos abrirán.

Precisamente ahora Marta quería ir.

-Probemos -dijo con resolución.

Descendieron por una escalinata de ladrillos hasta la acera.

Desde allí nada se veía: la casa ge Julius Ram quedaba en la sombra, detrás de una cortina de árboles.

Blurnen se adelantó y fué a llamar a la puerta del laboratorio y dejó transcurrir algunos minutos.

La puerta no se abrió.

La joven, cansada de aguardar, cruzó la calle y se reunió con él.

-He llamado tres veces -le dijo Zacarías- y no responden. Se ve que no quieren abrir.

¿Llamaré de nuevo?

Marta quería saber qué negocios tenía Mauricio Kohen con Julius Ram. Pero si no había abierto al tercer llamado, era inútil insistir.

-Vámonos. Hoy no abrirán; y ése que está adentro no saldrá hasta que esté seguro de que nos hemos ido. -¿Te pareció, de veras, Mauricio Kohen?

-¡Sí! ¿Por qué te extraña?

-No me extraña más a mí que a ti. No sé qué puede intentar aquí ese hombre. Como no sea enamorar a la hija... ¿conoces a la hija de Julius Raro? María fingió no acordarse de ella, y respondió fluiosa:

-Hoy no nos abrirán; peor para ellos. Antes de tres días volveremos y sabremos a fondo el secreto de Julius Ram. ¡Deja el asunto por mi cuenta!

II

LA VIRGEN SONRÍE A BERTA

¡Qué Poco sabía Marta del impetuoso personaje que penetró en su vida y la envolvió en una ardiente ilusión, y la abandonó por una cristiana sin fortuna!
Pero, ¿era cierto que él la hubiese abandonado? ¿Su conducta no tenía alguna otra explicación?
Puesto que lo descubrió en el laboratorio de Ram, ¿por qué no sospechar más bien que aquel hombre de negocios festajaba a la hija, no por amor, sino para obtener los secretos del padre?
Al pensar esto sintió rahia y alegría juntamente. Había utiilizado contra Mauricio los inmensos recursos de la banca de Blumen. Lo había hecho arrojar del Kahal y casi de la Sinagoga, sin que él adivinara la mano que lo hería.
Pero no había sido capaz de arrojado de su corazón. Tenía que confesárselo en voz
-baja, abochornándose de su debilidad como de una gran caída.
Lo amaba. Y ahora empezaba a temedo. Sentíase mitad judía, mitad cristiana. Sufría el sentimiento cristiano de los celos, que la mujer judía no conoce; y al propio tiempo la angustia de haber suscitado un enemigo, que si llegaba a adueñarse del secreto de Ram., podría pulverizar la fortuna de los Rheingold y de su padre.
Lo habían desplazado del Kahal, pero no lo habían excomulgado de la Sinagoga.
Zacarías Blumen prefería no remover asuntos viejos. Algún anciano de buena memoria podría recordar las circunstancias en que Matías Zabulón entregó el zapato a

Sarah Zyto, que más tarde casó en Varsovia con el futuro Rosch del Kahal porteño. Aquella historia de la guerra del Paraguay prestábase a las intrigas de los pasquines: que si llegaban a deocubrir tan rico filón, exprimirían la bolsa del banquero a trueque de no escudriñar por qué su padre cambió de nombre.

Marta se alegró de que Mauricio Kohen quedase en la Sinagoga. Ahora que ella pertenecía al judaismo temblaba que él pudiera hacerse católico. Necesitaba hablarle de nuevo y averiguar los motivos de su visita al laboratorio.

¿Por qué la puerta inaccesible para ella y su padre, se abría para él?

La mordía la duda. A ratos creía en lo que le dijo Femado Adalid. A ratos se sublevaba contra su propia creduli- dad. ¡Convertir el plomo en oro! ¡Patraña! Pero si fuese vtrdad, el poderío de Kohen no tendría límite.

Esto lo había comprendido la hermana de Mauricio, Thamar Kohen, antes que Marta, y había inducido a su hermano a penetrar en el laboratorio de Ram. Veamos de qué manera.

Thamar Kohen vivía con el pensamiento en los destinos de Israel y atento el oído a los rumores de la última, definitiva revolución, que fundaría el trono inmortal del Anticristo.

En la soledad y la m.editación, espiaba las maniobras del Kahal. Veía sobre el mapa del mundo avanzar la serpiente que apretaba en sus crudos anillos a las naciones. Y veía cómo, en el fondo de la crisis, iba cuajando la enorme guerra que acabaría con la civilización cristiana. Antes de veinte años la humanidad dejaría de contar las fechas, a partir de Cristo, y las contaría conforme al calendario judío.

Buenos Aires era un buen observatorio, por ser uno de los tres o cuatro grandes centros israelitas del globo.

Más la política de Israel complicábase por la discordia de la banca, dividida en los dos grupos de que hemos hablado: los Meyerheer contra los Rheingold.

Mientras la Sinagoga de Buenos Aires estuvo dirigida por Kohen, la influencia de los primeros fué incontrarrestable

Las doctrinas financieras de este grupo estaban de acuerdo con la idiosincrasia del país, el cual nunca había conocido el oro moneda, habiendo vivido siempre bajo el régimen dei curso forzoso.

Por el contrario, el grupo de los Rheingold, que guardaba en sus cofres la mayor parte del oro del mundo, preconizaba la vuelta de todas las naciones al régimen del patrón oro.

A raíz de la elección de Elias Silberstein, hechura de los Rheingold, para Rosch del Gran Kahal de Nueva York, no tardó en sentirse una nueva dirección en los negocios argentinos.

Por ese tiempo Mauricio refirió a Thamar su aventura con Marta Blumen, y ella se alegró.

Apenas conocía a la hija del banquero, mas había adivinaado su temperamento contradictorio: nervioso y calculador, rebelde y místico, fogoso y displicente, mezquino y romántico.

Por su belleza, su audacia y su fortuna podía ser un vigoroso fermento israelita dentro del campo católico, y el mejor aliado de los Kohen en su larga batalla contra los Blumen.

¡Cómo exultarían en la tumba los huesos del viejo rabino, su padre, y los de Zara Zyto, la de los cabellos de fuego!

Pronto, empero, comenzaron sus inquietudes. Su hermano, que jugaba con la más tentadora muchacha de Buenos Aires, como un gato con un ratón, se había dejado cautivar por los ojos profundos de Berta Ram.

¡Inexplorado mundo de las almas! ¿Qué gota de sangre cristiana se había filtrado en el milenario corazón de Kohen, para que apareciera un amor romántico, en la trigésima geneeración de los sacrificadores?

Y cuando él le refirió la escena del Colegio Militar, y la mitación de Marta Blumen, Thamar quedó cavilosa.

-Yo conozco mejor que tú a esa mujer, sin haberla traatado -le respondió-. La has enamorado, le has contagiado tu espíritu, mejor diré el mío; has hecho de ella una amia -terrible, y la abandonas en -nos de nuestro adversario. Y ella, que no tiene costumbre de sufrir semj antes derrotas, se vengará.

-No temas. Me quiere y me obedecerá...

-¡No es a tí al que quiere! Es al super hombre que creyó descubrir en tí, encarnación de su raza, hermoso e inaccesible y dominador, a tal punto, que una vez te preguntó si eras tú el que 'Vendría en su propio nombre, el Anticristo....

-Es verdad.

-Ahora, viéndote prendado de esa otra muchacha, ha descubierto los pies de barro de su ídolo. Ahora te desprecia y no te necesita. Le has enseñado nuestros secretos, y los utilizará contra tí.

Bajo el hechizo de su fresca pasión, Mauricio no comprendió aquellas razones.

Al poco tiempo sintió en la carne el hachazo de la Sinagoga. El Kahal de Nueva York dispuso la readmisión del excomulgado en 1900, tras de lo cual vino su elección de Rosch.

Thamar estaba sola en su habitación, una calurosa mañana de estío, cuando su hermano le comunicó por teléfono su derrota, y el resurgimiento de Zacarías Blumen, lo que no era más que un episodio en la fiera batalla de los Rheingold contra los Meyerbeer.

Cuestión financiera más que religiosa. Blumen era uno de los hombres ricos del globo.

Tal vez el más rico, si sólo se computaba el metal contante y sonante, conforme al genuino criterio israelita. Sabíase que aparte de inmunerables valores y propiedades, podía disponer de las reservas de su propio banco, no menos de diez millones de libras esterlinas en oro.

La fortuna de los sultanes, en las más acaloradas fantasías de Oriente, eran puñados de tierra en comparación del tesore de Blumen.

Muchas veces los periódicos extranjeros habían comentado con pasmo y envidia, el que un hombre solo, pudiese manejar a su arbitrio, retener o lanzar al mercado o arrojar al fonodo del mar, aquello que valía más que un gran ejéreito y más que una gran escuadra con la carbonera y el polvorín llenos.

Y ese judío renegado, el homibre que la despreció a ella, Thamar Kohen, por casarse con una cristiana, se apoderaba ahora del Kahal, obteniendo una victoria que era una nueva afrenta.

La estirpe sacerdotal de los Kohen, herida en la raíz, no reverdecería nunca más; y sus enemigos entonarían cánticos de victoria.

Este pensamiento enfureció a Thamar. Desde su ventana miraba su jardín interior, donde el sol hacía estallar ramilletes de jazmines y de rosas, las mejores rosas de Buenos Aires.

En una jaula de tiernos rbamibúes silbaba un zorzal; y entre los abigarrados malvones revoloteaban maripositas amarillas y blancas, nacidas allí, para quienes aquel breve y tranquilo espacio, era un mundo vasto y vibrante.

Una abeja de oro, embriagada en el cáliz de una rosa, cayó sobre el desnudo brazo de Thamar.

-¡Señor! -pensaba ésta, indiferente a la hermosura del día y a la gracia de las flores.- Mis años de juventud, por la culpa de ese hombre, fueron arrollados y escondidos como la tienda de un pastor.

Gruesas lágrimas mojaron sus mejillas y sus labios murmuraron la maldición de Jeremías:

-Acuérdate que yo hablé en su favor para desviar de ellos tu ira. Y me han devuelto mla'l por bien. Entrega, pues, sus hijos al hambre y al filo de la espada. Y que sus mujeres queden viudas.- Y que sus hombres mueran de peste. Y que sus jóvenes perezcan en la guerra. Y que se escuchen los alaridos que salen de sus casas. Porque han cavado una fosa para hacerme caer...

Advirtió la abeja dormida en su brazo y delicadamente la colocó sobre el aféizar. Eso le recordó que llevaba como segundo nombre el de Débora, que en hebreo significa: "la abeja".

Mauricio, a veces, la llamaba así, complaciéndose en la extraordinaria figura de aquella Juana de Arco judía, libertadora, juez y profetista, que dió a Israel su mayor victoria y el más entusiasta cántico de guerra que haya compuesto ningún bardo hasta hoy.

Amaba su primer nombre raro y elegante, como ella, porque Thamar significa "la palmera". Además le suscitaba el trágico recuerdo de la dulce hermana de Absalón, cuya deshonra fué semillero de venganzas horrendas y encendió la guerra fratricida en casa del rey David.

Sólo que su alma no era la de la oprimida Thamar, por más que ella también fué traicionada. Más se parecía, en verrdad, a la impetuosa Débora, y gustábale repetir en su idioma aquella prodigiosa canción, que hizo entrar en el combate y pelear en favor de los hebreos y en contra de Sisara, general de los cananeos, hasta a las estrellas indiferentes.

"Los montes se derritieron delante de Jehovah.

"Despierta, despierta, Débora... Las estrellas, desde sus órbitas, pelearon contra Sisara.

"El torrente de Sisón arrolló sus cadáveres.

"Despalmáronse los cascos de los caballos por las arremetidas de sus valientes

"Bendita sea, entre las mujeres, Jahel, mujer de Haber Cineo; sobre las mujeres, bendita sea en la tienda.

"Sisara pidió agua y dióle ella leche; en tazón de nobles le presentó la más pura crema. "La madre de Sí.sara se asoma a la ventana y por entre las celosías dice a voces: ¿Por qué su carro tarda tanto en llegar?"

La bendición de Jahel, dos veces en el texto sagrado, metía plomo derretido en las arterias de Thamar.

Porque Jahel acogió a Sisara, general de los cananeos, venncido y sediento y lo escondió en su tienda, y le dió a beber leche, y cuando lo vió dormido, a martillazos le clavó en las sienes una estaca.

"Y la tierra reposó cuarenta años" —dice el cántico de Débora. (Jueces, 5.) Esa noche Maurico comió en casa de Thamar.

-¿Me contaste una vez que el padre de esa Berta Ram esun sabio?
-Sí.
-¿Un alquimista?
-Sí.
-Explícame: ¿qué entiendes por alquimista?
-Un hombre que produce oro artificialmente.
-¿Y tú lo crees posible?
-Sí, creo. Julius Ram produce oro en sus laboratorios.
-¿Te lo ha dicho... ella?
-¡No! Se lo he oído a él.
-Si eso fuera verdad, ese hombre podría damos la victoria sobre nuestros enemigos: hundir a Blumen y a los Rheingold y afianzar el poderío de los verdaderos israelitas.
-Ya veo lo que quieres: que me entienda con él y aprenda sus secretos. ¿No sabes que en su casa encontraré a su hija, Eena Ram?

Thamar hizo un gesto impaciente.
-Por ella, cometiste la mayor imprudencia de tu vida. Que ella ahora te salve.
-¿Y si el tal secreto de Julius Ram fuera una impostura?

Thamar respondió con otra pregunta:
-¿Has oído lo que se dice de Fernando Adalid?
-Sí: que Ram trabaja con dinero suyo. Que sus nuevos laboratorios los ha construido el Banco de Sud America.
-Yo he oído más que eso...
-Ya sé lo que vas a decirme; pero no creo una palabra. Son fábulas de Marta Blumen. Ahora ella daría cualquier cosa, por no haber desparramado en toda la ciudad que Fer-

nando Adalid ha salvado su banco y su fortuna gracias a Julius Ram que ha descubierto la piedra filosofal...

-Efectivamente -respondió Thamar-; Marta Blumen daría cualquier cosa por no haber propalado ella misma las historias de Julius Ram. La gente comienza a creer... La situación de Adalid confirma esa explicación. Aunque mañana se dijera que Julius Ram es un impostor, la gente, que se ha apoderado de la fábula...

-Pero, ¿crees tú que sea una fábula?

-Ahora no soy yo la que duda, sino tú. No importa. Si esa muchacha es tu novia...

-No, no es mi novia...

-¡Bueno, lo que sea! Pídele que te introduzca en el laboratorio de su padre, y ayuda a éste en sus trabajos, y que todos sepan que crees en él, y has invertido dinero en su empresa... -Ya es tarde para eso; Adalid se ha adelantado y figura como el capitalista de Ram.

- Julius Ram es judío y se entenderá mejor con hombres de su raza.

-¡Qué equivocada estás! Yo también creía eso, pero Ram es del Líbano, de estirpe árabe y católico de religión. Lo sé por su hija...

Thamar miró severamente a Mauricio.

-¡Estás enamorado de ella! ¿Has pensado que un Kohen, de la familia de Aarón, no puede casarse con una católica?

-Sí, he pensado.

-¿Por qué la festejas, entonces? El respondió con humildad:

-Al principio, esto fué un agradable pasatiempo. Cuando descubrí que ella me quería, pensé que nunca podría ser mi mujer, y quise no verla más. Mil circunstancias hicieron immposible mi propósito. Tú misma ahora me pides que me valga de ella para entrar en casa de su padre. Ya vez cómo, por una u otra razón, no puedo alejarme.

-Sí -replicó Thamar-, Esa es tu mejor amia para destruir al hombre que funda su poder en el oro. Si Julius Ram necesita dinero, dispon de mi fortuna. Con la ayuda de su hija, llegarás antes que Adalid a saber las fórmulas del alquimista. Ella puede ser tu amiga, pero nunca tu mujer.

Aquel consejo, al estilo de los Protocolos de Sión, que Thamar nunca hubiera dado tratándose de una joven de su religión, irritó a Mauricio.

-¿Piensas, Thamar, que ella escucharía una sola palabra de amor de un hombre que no pudiera ser su marido?

-¿Cambiará ella de religión? ¿Te casarás con ella conforrme a nuestra ley? ¿Se sentará ella bajo el palio, entre dos madrinas, y se dejará cubrir la cabeza con el Taled, a la ma- ñera de Ruth, sobre la que Booz extendió su manto? ¿Querrá beber el vino de la Sinagoga, en el vaso que tú luego romperás a sus pies, en memoria de la destrucción de Jerusalén? ¿Acepptará tu anillo y dará tres vueltas a tu alrededor, bendiciendo al Señor que ha creado al hombre y a la mujer y ordenado que vivan juntos? ¿Consentirá que arrojen sobre ella granos de trigo, diciéndo las palabras santas: "creced y multiplicaos", y que por cena le ofrezcan un huevo y un trozo de gallina como presagio de docilidad y de fecundidad? ¿O cambiarás tú, yos casará un obispo en una iglesia?

Thamar tenía los ojos llenos de lágrimas, al recordar las sutiles ceremonias del casamiento talmudista, que nunca vió realizarse en ella, oprobio inolvidable e imperdonable.

-No sé lo que será; pero yo no cambiaré.

Mauricio escribió pidiendo a Berta una entrevista, y ella lo citó a la puerta de una antigua iglesia, de la Virgen Inmaculada, adonde solía ir a confesarse.

-Yo estaré allí al atardecer. Saldré cuando lo vea y conversaremos en la plaza. Kohen le respondió zumbonamente:

- Yo deseo verla y usted me cita en la iglesia. Cuando ussted quiera verme, yo la citaré en la Sinagoga.

También para Berta, aquel amor no buscado y resistido cuanto se puede resistir, era una fuente de ilusión y de inquietudes. ¿A dónde iba por esos caminos? ¿A la apostasía o a la aventura?

Se encaminó temprano hacia la iglesia para estar sola con sus pensamientos, delante de esa Inmaculada que amaba desde niña.

En un rosetón de vidrios de colores, chispeaban las últimas luces del día. La sed osa y transparente penumbra se apelotoonaba en los rincones de la nave.

El aire tibio olía a cera quemada. Pero cerca de su altar favorito sentíase sólo el perfume de los jazmines que morían, sin ajarse, a los pies de la Virgen.

Amorosa y envidiable agonía, más parecida a la resurrección que a la muerte.

Desde hacía varios meses, la Virgen conocía las penas de Berta Ram, y le sonrió cuando la vió venir.

Pero ella, Berta Ram, no advirtió la sonrisa. Rezó atropeelladamente un avemaria, a manera de saludo, y su imaginación voló a otra cosa. Involuntariamente sus labios, purificados por las palabras del ángel Gabriel, repitieron, como una oración, mejor dicho, como una queja, una frase de Mauricio Kohen: "hay algo sin remedio que nos separa, y es la religión. Yo no podría cambiar ni usted tampoco."

No, seguramente, ella no podía cambiar; ¿pero él? Ella había leído en su libro de misa un pasaje de la epístola del apóstol Santiago, que constantemente llenaba su memoria: "Si aíguno de vosotros anduviere errado, lejos de la verdad, y otro lo trajera a ella, sé pase que aquel que convence a un pecador del error de su camino, salvará esa alma de la muerte y cubrirá la multitud de sus propios pecados." (Santiago 5, 19.)

-¡Madre mía! -exclamó con angustia y con fé-, ¡Toca su corazón y dame la gracia de convertirlo!

En el silencio de la iglesia, sonora como la caja de un violín, oyó aproximarse un blando arrastrar de pies. Reconoció al lego sacristán, envejecido en el servicio de Dios. No le veía dessde hacía algún tiempo, y le pareció veinte años más viejo.

Seguramente ese hombre, pobrísimo y enfermo, era perrfectamente feliz, con su conciencia en paz, y próximo a la muerte.

Lo vió coger una caña, para apagar las útlimas velas y se le aproximó
-Hermano: ¿no habrá un padre para confesarme?
El viejo sacristán la miró de lado, como diciendo para su coleto: ¡A buena hora se le ocurre a ésta confesarse! Y lentamente se metió en la sacristía.
Salió un sacerdote, que se dirigió a un confesionario. Berta se acercó a la ventanilla.
Se confesó para que él conociera un poco su alma, y luego le preguntó ruborizada y ansiosa:
-Padre. ¿Es posible la conversión de un judío?
-Sí, todos los días lo vemos. ¿Alguien le ha dicho que no?
-Le explicaré, padre. Yo estoy enamorada de un judío, obstinado en su religión. Tiene el orgullo de su raza y odia a Jesucristo. En esta situación, comprendo que sólo un milagro podría cambiar su corazón. Y llego a creer algo desesperante.
-¿Qué es lo que cree?
-Que la conversión de un judío es el más difícil de los milagros.
-No, eso no puede creerlo un católico; se lo habrá dicho él...
-Tal vez. Pero, ¿no es así?
-No, hija; no es así. Todos los milagros son iguales para la omnipotencia de Dios; lo mismo el llenar de aceite el cántaro de la viuda, que alimentó a Elíseo, que el resucitar a Lázaro...
-Yo creía -respondió Berta ingenuamente- que conver- tir a un judío era más difícil que resucitar a un muerto.
-Porque usted, en su trato con ese hombre, ha sentido el orgullo de una raza a la que Dios mismo llamó de dura cerviz. Populus dura cervicis es.... Duro, obstinado, voluntarioso, Dios, que nos ha creado libres, parece vacilar

cuando tropieza con la voluntad humana que hace del hombre en su pequeñez, la imagen y semejanza suya.

-Entonces, ¿no debo tener esperanza?

-Escúcheme. Hablando el lenguaje familiar, podemos decir que el milagro que usted desea, es de los más difíciles para Dios....

-¡Mi pobre judío! -exclamó Berta con tristeza y ternura...

-La gracia divina -prosiguió el confesor-resbala como el rayo del sol en un espejo, sobre la piedra blanca del orgullo, y parece condenado a no penetrarlo nunca. Y, sin embargo... ¿Me oye?

-Sí, padre; con ansiedad le oigo.

-No hay piedra que .no tenga poros por donde pueda filotrarse y ablandarla, esa gracia, que es la sangre de Nuestro Señor Jesucristo.

El acongojado corazón de la joven saltó de alegría. El sacerdote continuó:

-El hombre, a quien usted ama, seguramente no es más judío que Saulo, descendiente de la familia de Abraham, y déla secta de los soberbios fariseos; enconado perseguidor de los primeros cristianos. Un día, en el camino de

Damasco, lo de arriba y lo ciega la primera luz de la gracia. Y oye la voz del Señor: "Saulo, Saulo: ¿por qué me persigues? ¡Inútil empeño el tuyo, dar coces contra el aguijón!" (Hechos, 26, 14.)

-¿Qué quiso decirle el Señor?

-Esas palabras significan: Yo soy el que te llama y no tú el que me llamas a mí. De manera que es inútil que quieras auir de mí, si yo te he elegido. Mi gracia no la doy a los hombres en consecuencia de sus méritos, sino de mi propia elección. Y ellos, por un camino o por otro, llegan a mí... Porque eso no depende del que quiere, ni del que corre, sino de Dios que hace misericordia...

-¡Padre, apenas entiendo!

-Ya lo sé; estas cosas son extensas y profundas. Por ahora, pídale a Dios 'la conversión de ese hombre, y no le preocupen sus palabras...

—El dice que el judaismo es una marca indeleble, y no la borra ni el martirio.

—¡Presunción, vanidad! Las marcas que hacen los hombres, las borra Dios con la misma facilidad con que el mar borra los dibujos trazados en la arena por la mano de un niño. Ese hombre no es más judío que Saulo; y Saulo, convertido, fué San Pablo. Rece y espere. No olvide que este pueblo de dura cerviz, fué el pueblo elegido. Cristo mismo es de la estiro o de David. Y el propio San Pablo ha dicho: "¿Pensáis que Dios ha desechado a su pueblo? No, puesto que yo soy del linaje de Abraham, de la tribu de Benjamín. Y si los judíos son enemigos vuestros, a causa del Evangelio, no olvidéis que son muy amados del Señor, a causa de sus padres y de las promesas que les ha hecho (Rom. 11.)

—Me consuela saber esto, saber.

—Rece y confíe, porque está escrito en Lsaías y lo repite el mismo San Pablo: que de Sión saldrá el libertador que dessterrará la impiedad de Jacob, y todo Israel se salvará. (Id.) In nomine Patris, et Filii, et Spiritus Sancti...

Berta apenas pudo contestar: Amén. Tenía los ojos llenos de lágrimas y el pecho palpitante.

Ya en los vidrios de colores se habían apagado los últimos rayos del sol. Aun había un poco de luz hacia la puerta, y allí junto a la pila del agua bendita, esperaba un hombre.

Parecía triste. Berta pasó, sin hablado, saludándolo apenas con los ojos, y aguardó en la plaza, que antaño fué el campoosanto de la iglesia.

Más que triste, él estaba resentido contra ella, que se había tardado una hora, en el hueco del confesonario. ¡Extravagante costumbre católica!

—¿Se puede saber de qué hablaron tanto tiempo?

—Hablábamos de usted —contestó Berta apretándole la mano con amorosa confianza.

—¿Está alegre?

—Sí.

—¿Por causa de lo que habló con ese... cura?

-¡Sí!
-¿Quiere decirme de qué hablaron?
- Yía le he dicho: hablábamos de usted Los detalles se los contaré otro día. Ahora dígame para qué me ha citado...
-Yo, en cambio, estoy triste.

Ella lo contempló largamente. Un rayo del Kahal había aniquilado su grandeza entre las gentes de su nación. Y ella tenía la culpa, pues provocó le venganza de una mujer.

¡Oh, si aquel rayo del Kahal produjese el efecto del que derribó a Saulo en el camino de Damasco, apagó sus ojos y alumbró su alma!

Esto pensaba Berta, mirándolo, y él adivinaba sus pensaamientos, como si fueran escribiéndose en la trente pura, que el rubor teñía de rosa.

-¿Usted adivina lo que yo pienso?
-¡Sí!
-Dígamelo y le diré si es verdad.
-No; voy a decirle para qué la he llamado.

Apartáronse del camino y sentáronse en un banco, al pie de un negro eucalipto, que se pintaba sobre el pálido cielo.

-¿Es verdad que su padre ha encontrado el secreto de fabricar oro?
-Sí es verdad.
- ¿y cómo siguiendo siendo...?
-¿Siendo pobres? -dijo ella, completando la frase de él.
-¡Eso mismo!
-Mi padre se lo explicará mejor que yo.
-¿No guarda su secreto?
-Sí; pero si viene usted conmigo, para usted no habrá secreto. ¿Conoce usted a don Fernando Aidalid? ¡Sí! Bueno, mi padre trabaja actualmente para él.
-Yo había oído decir eso pero no quería creerlo. Quien propaló esa especie fué Marta Blumen.
-Sí; a raíz de la corrida al Banco de Sud América, que se ha salvado gracias a mi padre.
-¡Berta!

Mauricio Kohen miró receloso a su joven amiga.

-¿Pero eso no es una impostura?

-No, puesto que yo se lo he oído decir a Adalid en persona. Mauricio meneó -la cabeza:

-No le creo a Adalid ni una palabra. A su padre le creería... ¿Le ha oído usted a él que haya producido doscientos millones de pesos en oro?

-No, mi padre nunca da cifras. Para él lo mismo es un gramo de oro, que una tonelada. Fijaron para el día siguiente, al anochecer, la visita, y se separaron.

Mauricio Kohen hallaba oscuras las respuestas de la joven y ésta se burlaba de su escepticismo. ¿Por ventura no es igual, para un sabio, producir un gramo que una tonelada? ¡M padre no es un fabricante; mi padre es un sabio!

III

Mitad Judía, Mitad Cristiana

En ninguna parte halló a Mauricio Kohen, ni pudo averiguar sus planes. Pero como estaba enjuego su amor propio, se resolvió a buscado en su ofióna.

Llegó en su Voiturette nueva, color platino, que su padre le había regalado, y dijo su nombre.

La ordenanza volvió con esta irritante respuesta:

-El señor presidente está en reunión de Directorio. Si es urgente el asunto de la señorita, puede atenderla el gerente.

Marta maldijo la impaciencia que la llevó a la oficina de Mauricio Kohen, y su coche emprendió una fuga loca, a riesgos de estrellarse.

-¡Has merecido, por estúpida, que ese hombre te diera con la puerta en las narices!;-iba deciéndose-. Has ido a búscalo y ahora se estará riendo de ti. Y si alguna vez lo encuentras, te mirará de arriba a abajo, como un rey... Si él supiera que has sido tú la que lo ha hecho vencer en el Kahal, te odiaría. Pero no te odia; te desprecia, y está enamoorado de una dristiana. ¡Tú, por él, te has vuelto judía y él, por ella, se volverá católico!

Esa noche bailó hasta el alba en el Roxy y bebió ocho whiskies. Estaba chispeante y sus amigos la hallaron encantadora. A uno de ellos lo besó, delante de todo el mundo; a otro le regaló un anillo, que llevaba de mascota hacía años;

-¿Estás estudiando boxeo? -le preguntaron.

-¡No, estoy estudiando química! -replicó ella, que no dominaba ya su lengua-. Quiero saber si es verdad que el plomo se puede convertir en oro.

-¡Estás borracha! -le dijo brutalmente uno de los como pañeros-o Vamos a tu casa.

-¡Vamos! -respondió, dejándose conducir-. No estoy borracha; estoy aburrida de todos ustedes. En Buenos Aires no hay más que un hombre.

-Ya lo sabemos, Marta. Para ti no hay más que un hombre. Mauricio Kohen. Pero ése no te quiere.

-¡Tú sí que estás borracho! -repuso Marta, con ganas de abofeteado también. Mas era su mejor amigo, y le pero mitió que subiera con ella y ocupat"a el volante.

La Voiturette, como un rayo de luna, quedó el resto de la noche a la puerta de su casa, donde su dueña la abandonó.

Marta halló a tientas el camino de su dormitorio, y se arrojó vestida sobre la cama, bajo la mortecina claridad de su lamparilla.

Para rematar un torrente de visiones confusas, soñó que Mauricio Kohen la llamaba por aquel teléfono del cual naadie más sabía el número.

Se sentó alucinada y embrutecida y descolgó el receptor, y escuchó estas palabras:

-Buenos días, Marta. Ayer no me anunciaron su visita. Estaba, es cierto, en reunión de Directorio; pero habría planntado todos mis negocios y los ajenos por conversar con usted... ¡Qué gratitud, qué serenidad penetró el corazón torturado de la infeliz!

Pero flotando aún su espíritu en la penumbra del sueño, buscó la explicación. Nunca había hablado a Maurieio de tú, y esa vez se atrevió.

-¿Es tu voz, Mauricio? ¿Es realmente tu voz o estoy soñando?

Oyó entonces la risa que le había cautivado, la risa en que su oreja descubría como una maravillosa aleación, el timbre de varios metales: la piedad y la ironía; la fuerza y la condescendencia; la amistad y tal vez el amor...

Nadie en el mundo, para ella, tenía la risa de Mauricio Kohen.

-Si es tu voz, háblame. ¡Qué bien has hecho en llamarmel y él, que sabía de memoria pasajes enteros de los Libros Santos, le respondió con las palabras de David, que pudiendo matar a Saúl con su propia lanza, le perdonó y le dijo:

-Sí, es mi voz, mi rey y señor ¿Por qué mi señor pero sigue a su siervo? ¿Qué crímenes ha cometido mi mano? que el rey, mi señor, se digne ahora escuchar mis palabras..."(I. Samuel, 27. 18.)

La somnolencia de Marta se disipó completamente. Había 'tomado todas las precauciones para que él no adivinase nun- ca sus intrigas en el Kahal. Ahora la hablaba de tú por primera vez, y de sus palabras se desprendía una acusación: "¿por qué me persigues?"

Tuvo vergüenza, quiso cerciorarse y le preguntó:

-¿Qué quieres decirme con esas palabras: "mi rey, mi señor"? Volvió a oír la simpática risa de Mauricio.

-¡Nada! Cuando usted me ha preguntado si era mi voz he recordado un texto que se lee en el primer libro de Samuel, y le he respondido como David a su mortal ene- migo Saúl. Pero le declaro que no significa nada...

Marta conservó la duda: ¿qué sabía él de sus intrigas? Sintió un agudo alfilerazo en las sienes y exhaló un quejido.

-¿Qué le pasa?

Puesto que él no la tuteaba, ella dejó de haberlo.

-He dormido mal: me duele la cabeza. La culpa la tiene usted. Me dió mucha rahia el que no me recibiera ayer. Le habría pegado un tiro con mucho gusto.

-Y con toda justicia -agregó él-o Explíqueme ahora lo que ayer fué a decirme, si no prefiere que vaya a buscarla, para que salgamos juntos, como antes, ¿se acuerda? -

¡Venga a buscarme! -respodió ella brevemente."

Thamar quedará contenta -pensó Mauricio- He reeconquistado la mejor fortaleza de mis enemigos".

Pasearon juntos, por los caminos de La Plata; y Mauricio negó alegremente que tuviera nada que hacer- con Berta. Iba a su casa, no por ella, sino por su padre...

-¿Es verdad lo que se dice, que fabrica oro? Mauricio tardó un poco en la respuesta.
-¿Quiere comprobado usted misma?
-¿Cómo?.
-Yendo al laboratorio.
-No me abrirán la puerta, aunque llame cien veces.
Entonces refirió Marta lo que Mauricio ya sabía, que cierta noche habían ido juntos, Zacarías Blumen y ella.
-¡Es claro! Su padre no es persona grata.
-Mi padre tiene más interés que yo en presenciar los experimentos... ¿No puede usted hacerlo entrar?
-Sí, puedo. A usted y a él... ¿Quiere ir esta noche? Yo no podré acompañada; pero voy a prevenir a Berta.
-¿Tiene madre? ¿Tiene hermanos? ¿Ya conoce usted a todos en la casa?
-No; viven casi solos: ella, su padre y una sirvienta, a más de un viejo obrero.
-¿Le gusta el nombre de Berta?
-Sí, porque suena como el suyo, Marta.
-¡El mío se parece más al de Thamar! Yo preferiría llamarme Thamar. ¿Por qué no me presenta un día a su hermana? Dicen que es muy hermosa ¿Verdad?
-No divaguemos -interrumpió él con ligera impaciencia-. Fijemos hora.
-¡Las ocho de la noche!-"espondió la hija de Blumen.
-¡Bien! A esa hora Julius Ram tiene toda la cuerda. El olor de sus hornillos lo excita, y lo dispone a las confidencias. Su padre escuchará con gusto los detalles de la fabricación del oro. Para usted será cosa aburrida, Marta.
Volvieron a la ciudad y fueron a casa de él, a beber un refresco. Ella sentía una felicidad desconocida. El permanecía tranquilo y sonriente.
-¿Por qué no me trata de tú como al principio de la connversación?
-Porque no debe ser. Comencé mal, lo confieso, y usted hizo bien en no imitarme. ¿No le han contado que anoche abofeteé a un amigo?

—¡No! ¿Quién podría contarme?
—¡SUS espías! ¿No me hace espiar usted a mí como lo hago espiar yo?
—¡Cuántos embustes le habrán vendido sus espías, Marta? ¿Por qué me hacía espiar?
—Tiene razón, Mauricio, debo tratarte de tú... ¿Sabes por qué abofeteé a mi amigo?
Quiso besarme la mano.
—¿La mano, como a una reina? ¡Fuiste demasiado cruel! ¿Y si yo hiciera lo mismo?
Estaba él sentado en un escaño de su jardín, a la sombra de la glorieta perfumada, y ella de pie, en su traje matinal, calzada con ligeras sandalias, extendió los brazos de admirable escultura, que él alejó suavemente con una sonrisa en que había algo de amor y algo de ironía. La boca muda se mostró decepcionada. Y después le arrojó este insulto:
—Tú no serás nunca "el que ha de venir en su propio nombre."
El replicó sonriendo, bajo el desafío mortal de sus ojos: —"Aparta de mí tus ojos, porque ellos me vencieron..." (Cant. 6, 5.)
—¿No quieres, pues, que te mire?
—¡Sí! Repetía un versículo de! Cantar de los Cantares...
—¡Es verdad! ¡Cuántas veces me has leído ese libro! ¡Las tiendas de Cedar! ¡Los labios de púrpura! Fueron tus primeros elegido... ¿te has olvidado?
Mauricio inspirado por la belleza oriental de aquella figura, que parecía el símbolo de su raza, evocó otras imágenes del eterno cántico:
—"¡Cuán hemosos son tus pies en tus sandalias, oh, hija de príncipe! La curva de tu cintura, como joya de mane maestra..." (Cant. 7, 1.)
—¿Tú me enseñaste a leer en tus libros y después te olvidaste de mi ¿Estás seguro de que yo soy judía? ¿Por qué entonces tengo celos, si las judías no saben celar?

Mauricio la contempló en silencio, admirado del resplandor de aquellos ojos felino.s, que lo habían traicionado. Ella exclamó con ligera burla:

—Tu cabeza es más firme que la mía... El sol me ha emborrachado como a las abejas de tu jardín... Cualquier otro moriría de amor. Y tú te contentas con desgranar la Thora ante mí.

—El Cantar de los Cantares no está en la Thora —replicó él, con aquella tría sonrisa que lo mostraba superior e inacceesible a .sus arranques-. Siéntate y escúchame... ¿Debe anunciar o no tu visita para esta noche a casa de Ram?

Marta cayó de las nubes.

El oro, el Kahal, los negocios de los Rheingld, los destinos de la Sinagoga, palabras sin sentido, para un corazón apasionado.

Una lágrima se desprendió de sus ojos, y él la enjugó suavemente con la yema del dedo.

—¡Lágrima de orgullo o de amor? —interrogó con dulzura.

—¡De orgullo! —respondió ella duramente.

Se ahuecó los cabellos sobre las orejas y suspiró aliviada.

—¡ Ya pasó!

—¿Qué es lo que pasó?

—¡La racha!

—Ailgún día volverá

—¡No, nunca más! Si ahora pretendieras besarme la punta de un dedo, te pegaría también a: ti... Y es una suerte. Necesito aprender algunas cosas. ¿Quieres ser mi maestro?

Se quitó el sombrerito que le marcaba una lista en la trente sudorosa; acercó una silla de paja, y como una discípula propúsole esta cuestión:

—¿Qué va a. producir en el mundo el invento de Julius Ram? Mauricio la escuchó con sorpresa ligeramente zumbona.

—¡Y tú dudabas de tu sangre judía! Tú, que desciendes en un segudo del Cantar de los Cantares a los crudos negocios del Kahal.

-¿Qué tiene que ver el Kahal con mi pregunta?

-¡Oh, sí tiene que ver! Todo lo que afecta los privilegios del oro, afecta al Kahal y especialmente a los amigos de tu padre, los Rheingold.

-¿Tus enemigos?

-Los enemigos de los Meyerbeer. Ellos poseen o controlan el 90 por ciento del oro del mundo.

Se calló con recelo y dijo:

-¿Qué te importan estas cosas? Además ya las sabes.

-Algo sé, pero ahora que estás fuera del Kahal me contarás algunos secretos que ignoro.

-¡Ay de mí, si lo hiciera! ¡Pero no, qué he de temer al Kahal! Ellos deben temerme a mí, que soy de su raza y conozco sus intrigas.

Hizo una larga pausa. La hija de Blumen lo miraba con remordimiento: la furia de Mauricio contra el Kahal era úbra suya.

-¡Qué insensatos han sido los goyim (cristianos) poniendo en manos de los Rheingold un poder inmensamente mayor que el de los peores tiranos que haya habido en la historia!

-¿Qué poder es ése?

-Sabe, pues, que todas las mañanas, a eso de las diez, en una casa de cierta calleja de Londres, Swan Lañe, a poca dis tancia del Banco de Inglaterra, se reúnen cinco amigotes, presididos por uno de los Rheingold, y en quince minutos dictan una ley, que antes de mediodía se cumple en el mundo entero.

-¿Cada mañana una ley?

-Una ley ante la cual humillan la cabeza todas las naciones.

-¿Y qué ordena esa ley?

-Fija el precio de todo lo que se compra r se vende, mero caderías y trabajo; y manda que este obrero gane la mitad de lo que ganaba ayer; y que el trigo de este agricultor no valga io que le cuesta producirlo; y que esta fábrica se cierre, y que esta nación vaya a la bancarrota; y que este banquero se pegue un tiro. ¿Qué monstruo de la historia tuvo el poder que ahora tienen los Rheingold?

Marta respondió secamente:

—No creo que exista un poder semejante. Ya sé que, en nuestro país, por ejemplo, dos o tres señores dictan a un secretario el valor de toda la cosecha argentina. Una firma fuerte, conjugadas de Bolsa, puede hacer subir o bajar el precio de un producto: trigo, maíz, lana. Pero no hay poder humano capaz de alterar el valor de todas las mercaderías a la vez.

—Sí, los Rheingold lo pueden, gracias a la estupidez de los cristianos. Cada mañana en sus oficinas, en esa calleja de Londres, se reúnen y decretan lo que valdrá ese día la onza de oro fino. Antes dijeron: 70 chelines. Ahora dicen: 140 chelines. Al duplicar el valor del oro desvalorizan todas las mercaderías a la vez.

—¿Por qué dices que esto sucede gracias a la estupidez de los goyim?

—Porque ellos han consentido que el oro, que está en manos de sus seculares enemigos, sea la base de sus monedas, que son la sangre de su comercio.

—¡Eso no lo han consentido los goyim! —replicó Marta vivamente—. Eso es una realidad: no puede existir moneda sana, sin garantía de oro, única materia que tiene un vaior intrínseco invariable y universal.

—¡Pérfida y falsa doctrina de los Rheingold! —exclamé Mauricio—, Cuando se difunda el invento de Julius Ram, desaparecerá el oro, pero no los billetes. Estos quedarán sin más garantía que la de los gobiernos, los que atestiguarán con su firma, no que este billete equivale a tantos gramos de oro, sino que de esa emisión no se han impreso más de tantos millones.

—Y eso, ¿qué importancia tiene?

—Eso vale más que el cien por ciento de oro. Cuando la masa de billetes que circula en un país está en proporción de sus necesidades comerciales, esos billetes conservan intacto su valor habitual, aunque no tengan ni un gramo de oro como garantía.

-Primera vez que escucho esta doctrina.

-¡No me extraña! Es una herejía para las gentes del Kahal. Pero es una realidad que el mundo acabará por comprender. El que afirma que el oro tiene un valor invariable o ignora la verdad o miente. Es la única mercancía cuyo valor está exclusivamente en la voluntad de los hombres. Y estos hotnibres son cinco que se reúnt~n diariamente en cierta calleja de Londres, y lo hacen variar todos los días.

-Estás hablando como un goy.

-En todo caso, estoy diciendo una verdad fuerte e ignorada. El invento de Julius Ram va destruir el inicuo poder de los Rheingold. Pero Israel no debe sucumbir, aunque ellos caigan.

Marta .se levantó.

-No te muevas, Mauricio.

-¿Qué vas a hacer?

-No tengo espejo... ¿Por qué no hay un espejo en tu glorieta? Voy a ponerme el sombrero mirándome en tus ojos. En los ojos oscuros de Mauricio, la pequeñísima imagen de, Marta Blumen, con los brazos en alto, aparecía tan llena de gracia y de fuerza, que ella se sintió ofendida por la irritante serenidad de él. Y lo amenazó:

-¡Imbécil! Yo, que enloquecería al Amicristo, a ti note gusto!

Mauricio, levantándose, aprisionó sus dos muñecas. -Tienes los brazos valientes y hermosos de Judith; y la cara inocente de Rebeca en el famoso cuadro. Pero tu mirada es traidora como la de Jahel, y tu corazón inseguro como el de Salomé. Un día serías capaz de entregarle mi cabeza al rey.

Marta palideció, temiendo que aludiese a sus maniobras en el Kahal. -¿Quién es el rey?

¿Acaso los judíos tienen un rey? Mauricio, que se complacía en el juego con que la desorientaba, repuso melancólicamente:

—Te siento mitad judía y mitad cristiana. ¿Cuándo estaré seguro de ti, si nunca sé si me amas como judía o como cristiana?

—¡De todos modos! -respondió e a, empinándose sobre la punta de sus sandalias y besándolo-, ¿Tus judías serían capaces de hacer esto?

—Tampoco mis cristianas -replicó sonriendo Mauricio-, Sólo tú, valiente como Judith; resuelta como Jahel

—Insegura como Salomé -agregó ella. -Tú ¡lo has dicho! -exclamó él.

IV

LA MARAVILLOSA INVENCIÓN DE JULIUS RAM

Los diarios porteños que respondían al Kahal, denunciaban indignados, con grandes letras, un discurso de Mussolini, que prevenía a su pueblo sobre el peligro de la guerra inminente.

En su despacho del 25° piso, leía Zacarías Blumen aquellas noticias guisadas por sus agentes: "Italia moviliza" "Hitler amenaza la independencia austríaca." Italia y Alemania contra la paz", y no podía contener sus nervios.

-Si la guerra no estalla antes que se difunda el descubrimiento de Julius Ram, no estallará nunca más. El nervio de la guerra es el oro... ¿Por qué no se mueve Elias Silberstein?

Esa mañana había telegrafiado a Nueva York: "Informaciones precisas, anuncian que el profesor Julius Ram ha descubierto la transmutación de los metales. Hay banqueros que se preparan a explotar el invento en gran escala. Seria la destrucción de los Rheingold y 200 años de paz."

Dos horas después recibió esta contestación: "Nuestros técnicos afirman que el nuevo invento no puede ser sino una nueva impostura. Kahal y Rheingold tranquilos.

Excelente! perspectivas negocios asiáticos. Japón denunciará tratado de Wáshington que le impide aumentar su escuadra. La guerra está en el aire. Bendito sea el Eterno."

-¡Una nueva impostura! -exclamó Zacarías Blumen arrugando el telegrama-, ¡Ahora vamos a ver si se trata de eso!

Iban a ser las diez de la noche y esperaba a su hija para ir al laboratorio del alquimista. Se acordaba de que los mayores descubrimientos habían sido acogidos con desprecio por aquellos a quienes afectaban más de cerca.

La pólvora, la imprenta, el nuevo mundo, los buques a va- por, provocaron el desdén de los príncipes, que después lloraron su descreimiento.

¡Kahal y Rheingold tranquilos! ¡La guerra en el aire! Pero si la "nueva impostura" resultaba una verdad.

-¡Ya es hora! -dijo Marta, apareciendo sin ruido en el hueco de la puerta. Su padre la besó en la trente, y le enntregó el telegrama de Silberstein, que ella desarrugó para leer.

-¡Yo creo en la impostura! -afirmó luego plegando d papel-o Toma, guárdalo, porque algún día nos servirá para acusar a Silberstein de no haber creído... ¡Vamos allá!

La noche era fresca. El banquero se puso un largo sobretodo, que le le daba aspecto de rabino. Su hija llevaba un ta- pado de castor, ceñido a la cintura por un broche de acero, que la hacía parecer más alta y delgada. Flotante corbata de fina lana granate, y boina del mismo color, caída sobre la oreja derecha.

Blumen la contempló con interés.

-¿A quién le he oído decir que Mauricio Kohen festeja a la hija de ese hombre?

-A mí no -respondió Marta.

-Estás muy elegante -añadió Blumen por disipar el mal humor que advirtió en ella.

En diez minutos un taxi los condujo hasta el parque Lezama, donde bajaron, para acercarse a pie a la casa de Julis Ram. Ni una casa abierta en toda la cuadra. El barrio entero dormía a la sombra de los árboles.

No bien Marta apretó el botón de la campanilla, y la puerta se abrió. Una mujer pálida y canosa, que los estaba esperando, los invitó a pasar. Una bombita eléctrica alumbraba el largo zaguán. Cuatro puertas que daban a él, dos de un lado y dos del otro, permanecieron cerradas.

Cruzaron el primer patio y penetraron en una espaciosa habitación, que debía ser la biblioteca de Julius Ram, porque dos de sus muros estaban cubiertos de anaqueles cargados de libros en desorden. Sobre otros dos había algunos grabados antiguos, en su mayoría retratos con nombres al pie.

Zacarías comenzó a explicarse para justificar su visita; pero la mujer desapareció sin atenderle. Marta y Zacarías se miraron.

-¿Nos van a dejar solos? Creía que él mismo saldría a recibimos...

-¡Buenas noches, señores! -dijo una voz juvenil-o Dis culpen a mi sirvienta: es un poco sorda... Mi padre vendrá en seguida...

Los ojos de Marta brillaron como un puñal.

-¿Usted es Berta Ram? -le dijo tendiéndole la mano con superioridad fácil y graciosa-,

¿Se acuerda de que un día nos vimos...

-Sí, en el Colegio Militar -respondió la otra sin dat importancia al hecho- Después ya lo he visto en muchas partes, señorita Blumen.

-y aunque yo no la haya visto -respondió Marta-, he oído hablar de usted a un amigo suyo y mío...

-¿Quién es?

-El que ha anunciado nuestra visita.

-¡Ah! es claro!... Aquí está mi padre.

El sabio llegó con su blusón de obrero, y para no dar la mano, mostró sus dedos con manchas de ácidos.

-¿Quiénes son estos señores? -preguntó Zacarías Blumen, mostrando los cuadros del muro.

Si hubiera cavilado cien años sobre la mejor manera de iniciar una conversación grata al alquimista, no habría hallado otra mejor.

Julius Ram era cauteloso y mezquino para hablar de sus propios trabajos, pero no se cansaba de relatar los de aquellos hombres que habían hecho de la alquimia una fe, y sa- ctificádole su tiempo, su fortuna y muchos su vida.

—Vestimenta de fraile; ojos de mi.stico -dijo Marta contemplando una de las figuras.
Su letrero decía: Nicolás Hane!.
—Es el más famoso de los alquimistas franceses -explicó Julius Ram-, Nacido hacia 1330, se casó con una viuda, y vivió de lo que ganaba como pendolista, escribiendo cartas y documentos para gente que no sabía escribir. Hasta que un día, en 1357, Abraham el Judío, sacerdote, levita y astrólogo, le vendió por dos florines un libro, que en otras manos habría sido fatal a los judíos
Marta tocó en el brazo a Zacarías, el cual preguntó:
—¿Qué contenía ese libro?
—El secreto de la fabricación de una .substancia llamada "polvo de proyección", un granito del cual, arrojado sobre un metal impuro fundido, plomo, por ejemplo, produce su maduración hasta convertirlo en metal perfecto, plata u oro...
—¡Precioso libro! -exclamó con ironía Blumen.- ¡Lástima que se haya perdido! Ram le echó una desdeñosa mirada.
—¿.Quién dice que se ha perdido? La cuestión no es poseer el libro; sino saber leerlo. Nicolás Flanel tardó veinticinco años en comprenderlo, y aplicar sus recetas. Sólo en 1382 logró transformar en plata media libra de mercurio; y poco después, empleando cierta piedra roja, hizo la transmutación del plomo en oro.
Blumen meneó la cabeza.
—¿En los tiempos modernos -dijo- se emplea también el polvo de proyección?
—¡En todos los tiempos! -respondió Ram con energía.
—¿Usted mismo... lo emplea?
—Sí.
—¿Podríamos?...
El profesor volvió las espaldas y señalando otro cuadro, expuso:
—Este, es el emperador Rodolfo II de Alemania, alquimista, que al morir en 1612 dejó en el laboratorio de Su palacio en Praga 80 quintales de oro y 60 de plata, y una

bolsita de polvo gris, suficiente para transmutar una montaña, pero que sus criados robaron y no supieron emplear.

Berta deslizó en los oídos de la hija de Blumen estas palabras:

-Deje que les hable de sus antepasados los alquimistas; eso lo dispondrá bien para luego.

Marta halló manera de transmitir a su padre, aquella prevención. Zacarías se dispuso a hacerle el juego, y le preguntó: -¿Y este fraile dominico?

Julius Ram, con las manos en la espalda, alzando arrogantemente la cabeza, respondió así:

-Este, es el prodigioso Alberto Magno, el sabio entre los sabios, que formuló las seis reglas de los alquimistas. ¿Usted creía, señor Blumen, que los que se dedican a este arte no están sujetos más que a su codicia o su capricho?

-¡No! -exclamó Blumen-, Estoy seguro de que la vida de un alquimista es de mucho empeño y sacrificio.

-Sí, señor. Oigan ustedes los seis principios de Alberto Magno, maestro de filósofos, maestro de santos y gran adepto: 1o. El alquimista será discreto y silencioso. 2° Habitará lejos de los hombres. 3° Elegirá el tiempo de sus operaciones. 4° Será paciente, asiduo, perseverante. 5° Será bastan- te rico para costear sus propios experimentos. *6°*. Evitará relaciones con los príncipes.

-¡Hombre! -exclamó el banquero-, ¿Por qué ese mié- do a los príncipes?

Porque los monarcas, no bien sabían que un alquimista había logrado fabricar oro, se apoderaban de él; trataban de sobornarlo con presentes o lo torturaban, para arrancarle su secreto. Pero el secreto es la primera obligación del verdadero adepto de la ciencia hermética.

Blumen hizo una mueca decepcionada. Ram prosiguió:

-Un verdadero adepto o alquimista, prefiere morir, antes de revelar, a los no iniciados, las maravillas que conoce. Y esa fué la triste historia del hombre que ustedes ven en esta otra lámina. Alejandro Sheton, escocés del siglo XVII. Viaja por todas partes. Lo hallamos en Holanda, pagando la hospitaliidad que le brindan con pedazos de plomo, que en presencia de sus huéspedes convierte en lingotes de oro. Lo vemos en Suiza y en Alemania. Los sabios de todas las ciudades por donde pasa, acuden a presenciar sus experimentos, y los aescribe con una precisión que no deja lugar a dudas. El doctor Dienheim, midico, que lo encontró en Zurich, ha escrito un libro.

-Aquí está! -dijo 'Berta, que conocía la biblioteca de su padre, y le presentó un viejo tomo en pergamino, que el proofesor abrió donde había dejado una señal: De Minerali Medicina.

-Escuchen en mi mal castellano lo que dice el doctor Dien heim en no mejor latín: "Fuimos con Sheton yel doctor Zwinger a casa de un minero, llevando varias placas de plomo y un crisol, y azufre que compramos por el camino. Sheton no tocó nada. Mandó hacer fuego, y poner el pldmio y el azufre en el crisol. Al cabo de un, cuarto de hora nos dijo: Echad en el plomo fundido lo que contiene este papel. Era un polvillo apenas perceptible, color limón. ¡Cuidado que no caiga en el fuego! Otro cuarto de hora, agitando el metal fundido, con una cuchara de barro cocido. Entonces crisol del fuego y enfriado en el agua. ¡No quedaba el más innsignifcante vestigio de plomo! Oro del más puro, que sobrepasaba aún el mejor de Hungría. Quedamos estupefactos. Sheton dió un pedazo a Zwinger y otro a mí, y yo lo guardo como un recuerdo. Pesa cuatro ducados."

-¡Bien fácil parece la operación! -observó Marta-, ¿Naada más que media hora de fusión?

Julius Ram explicó:

-La operación larga y difícil no siempre es- la trasmutación del metal, mediante el polvo de proyección, sino la preparación de este polvo, o sea de la piedra filosofal.

-¿Cuál fué, pues, la triste aventura de Sheton?

-De Zurich va a Basilea, de allí a Estrasburgo, a Francfort, a Colonia. En todas partes realiza sus experimentos, y jamás conserva ni una partícula del oro que fabrica. Lo reegala y a veces regala también pequeñas cantidadeo de su polvo de proyección, con el que otros imitan sus experiencias. Así llega a la Corte de Christian II, joven y cruel soberano de Sajonia. Sheton le ofrece un poco de su piedra filosofal, pero Chirstian quiere, más que la piedra ya preparada, el secreto para preparada. Sheton rehusa revelado, y el príncipe lo somete a las torturas más ingeniosas, que lo conserven vivo en medio de crueles dolores. Otro alquimista, Sendivogius, logra hacedo escapar y lo lleva a Cracovia. Allí intenta obtener por gratitud la revelación que los tormentos no han logrado; pero Sheton, quebrantado por los sufrimientos, se niega y muere, llevándose a la tumba su secreto...

-¡Extraño carácter! ¡Incomprensible silencio! -dijo Zacarías Blumen-, No entiendo cómo un hombre, que puede crear tantas riquezas para sí y para los otros, viva en la miseria y sufra el martirio por no hablar.

Julius Ram explicó sarcásticamente:

-¡Ya me imagino que un financista no comprenda a un filosofal Porque ignora que la piedra filosofal tiene tres proopiedades: La primera es la producción del oro, y ésa, para un verdadero adepto es la menos importante.

-¿Cuáles son las otras dos? -interrogó Marta.

-La piedra filosofal, en el primer estado de pureza, realiza la trasmutación de los metales. Cuando el alquimista logra sublimizarla más, la piedra filisofal cura todás las enfermedades y prolonga la vida por siglos y siglos.

-¿Y puede ser más pura todavía?

- ¡ Sí! Puede llegar a la pureza exaltada y ser lo que llamamos spiritus mundi alma del mundo. En este grado, la piedra filosofal conduce a los hombres a la penetración de misteerios sobrenaturales, y al comercio con los espíritus. Un adepto ferviente y sincero, cuando se pone en camino del segundo y el tercer estado, desprecia las riquezas del primero, y no hay promesas ni torturas que puedan arrancarle su secreto. ¿Comprende ahora, señor Blunren?

Julius Ram hablaba con desdén al poderoso banquero. Este: en cambio, le escuchaba con la mejor de sus sonrisa.s. Mas ya empezaba a sentirse cargado de filosofía e impaciente por ver los hornos.

-En suma- dijo dulzonamente-, usted fabrica oro por proyección, vale decir, si no he entendido mal, echando sobre el metal en fusión, unos cuantos gramos de piedra filosofal.

El alquimista le volvió la espalda, y señalando otro cuadro explicó:

-Este, es Van Helmont, uno de los fundadores de la química, que en 1618, en su laboratorio transfomó ocho onzas de mercurio, gracias a una pulgarada de piedra filosofal que le entregó un desconocido. Agotada su provisión, no pudo efecctuar más trasmutaciones, pero su testimonio escrito en sus libros es irrecusable.

-Papá -interrumpió nuevamente Berta-; estos señores querrían ver tu laboratorio...

¿Puedes mostrárselo?

Julius Ram hizo una mueca.

-Condúcelos tú; yo tengo una lectura que hacer.

Los visitantes, guiados por Berta Ram, cruzaron un antiguo jardín, cuyas plantas habían sucumbido bajo las acres escorias de aquellos hornos que no se apagaban nunca.

Era una vieja construcción, de ladrillos descubiertos y anochas mamparas de vidrio. Sobre la entrada había un arco en donde con gruesas letras, sobre un fondo de alquitrán, Julius Ram había escrito esta orgullosa regla de los investigadoores herméticos: Querer, Osar, Saber, Callar.

Al abrirse la puerta, sintióse vaho de fragua, y mordiente olor a azufre.

-¿Se puede vivir adentro? -preguntó Marta titubeando.

-Yo paso cada día algunas horas aHí -contestó la hija de Ram.

-¿Es usted alquimista?

—Soy lo que se llama un adepto. Creo en las potencias ocultas e ignoradas de la materia. Creo en lo que dicen las letras que tienen ante sus ojos en esa pared.

Marta leyó esta sentmcia en latín: "Nihil enim est opertum quod nonre revelabitur; et occultum quod non scietur." (Math. 10, 26.)

—¿Qué explicación tiene eso?

—Que nada hay escondido que no se revele; nada secreto que no se sepa...

Zacarías y su hija se hallaron entre complicados alambiques que destilaban substancias misteriosas; hornos de diversos tamaño, s, que rugían caldeados por fuegos infernales; cal. deras hirvientes; tubos ¿numerables, forrados de amianto, pifias de carbón, paredes de ladrillos refractarios, tanques de petróleo, planchas de diversos metale, s despedazadas con poderosas cizallas; y en un rincón, como cosa de poco valor, una es- puerta llena de polvo rojizo, que parecía sembrada de chispas.

—¿Qué es eso? —preguntó Blumen, atraído por aquel raro fulgor.

—Oro— respondió sencillamente Berta.

El banquero hundió sus dos manos en el sucio polvo y sin- tió aquel estremecimiento de las arterias, aquel calor delicioso en la sangre, aquel-deleite que su raza sentía desde cinco mil .años atrás, al contacto del oro.

—¡Sí, es oro¡ ¡Marta, es oro!

Estaba lívido, pero no podía defenderse de la fruición de revolver aquellas escorias.

—¿Oro fabricado por su padre? —interrogó Marta, cogiendo un puñado y arrojándolo al suelo.

—.Ha tirado usted, por lo menos, mil pesos de oro —le observó la hija del alquimista sonriendo.

—¡No creo que eso sea oro! —replicó Marta.

—¿Quiere persuadirse? Espere un instante.

Berta hundió una palita en el polvo de la espuerta, llenó un crisol y llamó.

Del fondo del laboratorio surgió una extravagante figura, que parecía el duende o el genio de aquellos fuegos, un obrero flaco, pálido, de manos calcinadas, de mirar afiebrado y triste.

-Roberto; fúndeme eso... depúralo y traélo...

Roberto, a la manera de un autómata, levantó el crisol, abrió la puerta de un horno y lo hundió con una pala en aquel in- fiemo.

-El oro se funde a los 1.100 grados -dijo Berta mirando su reloj de m'uñeca-. Tenemos que aguardar unos minutos. Nuestros crisoles cumplen en pocos minutos la obra que la naturaleza ha tardado siglos en realizar.

Blumen se había aproxilmado al obrero y le dirigió la palabra, sin obtener respuesta.

Marta contemplaba el perfil de su bonita rival, a contraluz del horno.

Ella parecía no advertir la curiosidad de que era objeto, y explicaba tranquilamente:

-La materia es una con muchos aspectos. Hay tres prinncipios generadores de todas las cosas: el azufre, el mercurio, la sal. Pero son algo distinto de lo que así designamos en lenguaje vulgar. El azufre es un fuego sutil, inaccesible; el mercurio es un humor blanco; la sal un ácido. El azufre es también una grasa aglutinante... Todos los metales están formados de azufre y de mercurio en proporción diversa. Por ejemplo el cobre, según Rogelio Bacon, es imperfecto, porque su mercurio es impuro y sin brillo y comlbustible. Su azufre es también imperfecto. El cobre no tiene estabilidad, ni pureza, ni peso. La plata es un cuerpo puro y casi perfecto; su mercurio es puro, brillante; su azufre es casi fijo; pero no tiene color ni bastante peso. El oro es un cuerpo perfecto; su mercurio es puro, fijo, brillante, rojo; su azufre fijo e incom- bustible... ¡Aquí lo pueden ver!

Roberto abrió el horno y retiró el crisol, y con la ayuda de una tenaza, vertió el metal, libre de escorias, en una probeta.

-¡Oro! -gimió Zacarías acercándose al pequeño recipiente, en el cual temJblaba un grueso coágulo de oro brillante y purísimo.

-¿Quiere llevarlo como recuerdo de su visita? ¡Encantado y muy agradecido!

-Y usted, señorita Blumen, ¿quiere llevar este frasco di pajuelas?

Y Berta ofreció a la hija del banquero una botella de vicirio llena de unas escamitas doradas.

-¡Cómo pesa!-exclamó Marta, aceptando el obsequio.

-¡Es oro!-respondió Berta indiferente.

-¿Cuánto vale?

-Aquí nada. En una joyería o en la Bolsa, tal vez diez mil pesos.

-¿No más?

-Tal vez más no sé Yo soy como mi padre: sé fabricar oro, pero no sé lo que vale...

-¿Y cómo puedo retribuirle yo, señorita? -interrogó Blumen guardando la pastilla de oro, que el obrero había enfriado para que pudiera llevársela.

-Los amigos de mis amigos -respondió con alguna malicia la joven- no tienen que pensar en eso. ¡Vamos!, si quieren devolverme en otra forma lo que les he dado, mándenme unos diez kilos de plomo y veinte de carbón, lo que nos ha costado eso

Daban las doce de la noche en la torre del Concejo Deliberante, cuando Zacarías y Marta cruzaron la plaza de Mayo, volviendo a su casa.

Ambos callados; pero ella somibría y con despecho, y él trémulo como quien ha visto el desgraciado final de sus empresas.

V

CONSTERNACIÓN EN EL KAHAL

Quince años de paz para un mundo financiero que ha saaboreado los suculentos negocios de la guerra mundial (19141918) es demasiado.

A fines de 1933 los fabricantes de armas, los constructores de buques de guerra, los productores de estaño, cobre, antimonio; los acaparadores de materias alim.enticias (municiones de boca) y especialmente los banqueros, que comanditan estos negocios, andaban desesperados.

Es verdad que la prolongada crisis había, en parte, compennsado las pérdidas de la paz; pues pudieron, por precios viles, adquirir las más valiosas propiedades y los mejores títulos; pero esos bienes quemaban aquellos pálidos dedos semíticos, sólo aficionados a acariciar el oro.

Repugnábales el dirigir una fábrica, administrar una estancia, organizar un ferrocarril, tratar con peones y obreros.

Aparecían entonces en su vergonzante inferioridad de presstamistas. Aindaban, pues, impacientes por liquidar tales empresas y volver a su especialidad.

Mas a fin de que esa liquidación les rindiera una discreta ganancia (el doble o el triple de lo invertido), era necesario valorizar los productos: cereales, carbón, meteles, con lo cual valorizarían las tierras y las minas, que habían acaparado.

Existía, además, otra razón par no prolongar la crisis: se estaban poniendo en discusión las bases de la economía, que hiciera la grandeza de los prestamistas. El mundo, como el enfermo de Dante, quería cambiar de postura.

Ya se oían protestas en las Universidades contra los principios clásicos. Ya algún economista denunciaba la doctrina de la moneda, como la verdadera causa de la angustia mundial.

La banca judía se alarmó.

Trastornar las reglas financieras del mundo liberal, consstruído por ella y para ella, era robustecer a los productores e independizar a los gobiernos.

Decididamente, quince años de paz eran demasiado. Una buena guerra levantaría los precios, sofocaría la voz subversiva de aquellos profesores y pellmitiría que el Kahal siguiera conduciendo al mundo por las vías del Anticristo.

¡Pero una buena guerra!

La de Bolivia y Paraguay, había fracasado. Las chispas que arrojaba por arriba de las fronteras, no lograban incendiar ningún país vecino. Tenían que forzar la máquina.

Por fortuna el nuevo año se presentó magníficamente. Precios inicuos; pueblos hambrientos; treinta millones de dessocupados; naciones envenenadas hasta la raíz por el ateísmo; odio y miedo; alianzas militares; asesinatos de reyes y esta- distas...

Una tea bien manejada, un poco de petróleo aquí y allá y Europa y Asia y hn'érica ardían como una pira.

¡Ay!; todavía la tittra sentía el asco de la sangre, y los gobiernos titubeaban ante la nueva carnicería.

El Kahal tenía que forzar la máquina. Decir a Francia: "Alemania se está armando"; a Estados Unidos: "Japón se está armando"; a Italia: "Yugoeslavia se está armando"; para que hicieran lo mismo y se activara la carrera de armamentos y se iniciaran los grandes negocios.

Si vis pacem, para bellum. Si quieres la paz, prepara la guerra, aconsejaban los antiguos. Eso era verdad en los tiempos en que el mundo hablaba latín. Ahora habla inglés y franncés y alemán y ruso y japonés; y la algarabía de los estadistas y las intrigas de los vendedores de pólvora, no afianzan la paz, sino que precipitan la guerra.

Y mejor cuando hay mil diarios sobornados para esparcir noticias y atizar focos de incendio en los más apartados sitios del globo, ya en el Saar, ya en Viena, ya en Manchuria, ya en Etiopía.

La guerra estaba en el aire; un ministro borracho, con la menor indiscreción, podía desencadenada, como un niño jugando con una pistola, puede hacer sailtar la santa: bárbara de un buque.

Los financistas se aprestaban a devorar al mundo a grandes bocados.

De pronto se atravesó en el camino uno de esos héroes civiles que saben afrontar la impopularidad y la ruina, y embarco al Senado de los Estados Unidos en una sensacional pesqmsa:

¿Quiénes son los que realizan el infame negocio de enemistar a una nación con otra, para venderles armas a las dos? ¿Quiénes son los que ya están acuñando la sangre de los Súldados que morirán sin saber por qué?

Descubrióse que los fabricantes de armas y de municiones, entaban la mano a personajes de todos los países, a fin de que suscitaran la fiebre armamentista.

Y se pronunció el nombre de algunas grandes empresas, entre ellas la Zabulón Steel And Co

Este nombre judío obró como talismán. La ruidosa invesstigación fué amortiguándose. Las agencias telegráficas no transmitieron más noticias; los diarios se callaron y se echó tierra al asunto como a un muerto.

Más, por algún tiempo, se desacreditó la voz de los Comisionistas y se afianzó la paz intolerable.

Había que cambiar de cartas, pero seguir jugando.

De tiempo atrás existía entre el Japón, Inglaterra y los Estados Unidos, un tratado que les impedía construir buques más allá de cierta proporción. Inglaterra, y Estados Unidos untratado que les impedía construir buques más alia de cierta proporción. Inglaterra, 5; Estados Unidos, 5 Japón, 3.

Situación hulmillante para un gran pueblo; que tiene sus intereses en el mar. Japón reclamó el derecho de armarse hasta cinco. Se lo negaron, invocando el pacto de Wáshington.

Se entabló entre América, Europa y Asia una áspera polémica. Conferencias, notas, convenciones, telegramas; discursos, intrigas.

Los diarios, obedientes al Kahal, calentaban al rojo las calderas. O marcha el buque, o estalla. La guerra o la revolución.

En Julio, el canciller de Austria, Dollfuss, cayó asesinado.

La sensación de la guerra fué tal, que en agosto, al final de las maniobras del ejército italiano, Mussolini pronunció un gran discurso anunciándola como inminente.

Los Estados Unidos transportaron 2.000 millones de dólares en oro que tenían en los bancos ¿el Pacífico, al interior del país, por temor a un ataque japonés.

En septiembre, al cumplirse tres años de la invasión de la Manchuria por el Japón, ciem mil soldados rusos aparecieron: a lo largo de la frontera siberiana, en previsión de otro con- flicto.

En octubre asesinaron al rey de Yugoeslavia y al ministro Barthou, y la guerra estuvo a punto de estallar entre Yugoes lavia y Hungría. Pero Italia apoyó a ésta, y el nublado pasó.

En noviembre un estadista inglés llenó el país con el anuncio de que Alemania se armaba secretamente, y que si se dennoraban en impedírselo, cuando quisieran hacerlo sería ya tarde.

En diciembre la atención del mundo saltó al Africa. Estalló un conflicto entre Italia y la Etiopía. El emperador abisinio acusó de provocación a Mussolini, ante la Sociedad de las Naciones.

Pero el Duce arrojó el sable romano sobre aquella mesa cargada de papeles y los conversadores de Ginebra enmudecieron.

Pocos días después el Japón denunció el tratado de Wáshington, y declaró que construiría todos los acornados que necesitara.

Los Estados Unidos se conmovieron.

El Gran Kahal se regocijó: Asia contra el mundo; era Buda contra Cristo.

- Ese mismo día el precio del antimonio subió en Londres siete libras esterlinas por tonelada.

Hábil maniobra de los banqueros.

En vez de la palabra desacreditada de los comisionistas de armamentos, hablaba la Bolsa.

Es sabido que todos los gobiernos vigilan los preparativos militares de las otras naciones.

Sus expertos no se limitan a leer las estadísticas, muchas veces adulteradas.

Hay indicios más elocuentes: y tales son el precio de cierrtas materias primas indispensables para la fabricación de municiones.

Un alza brusca del algodón, del wolfrang, del plomo: los preocupa más que un discurso de Mr. Chamberlain o de M. Tardieu.

Ese día, pues, corrió por el vasto mundo aquella pequeña noticia: el altimonio, que valía 37 libras esterlinas la tonelada a principios del año, subió a 74, y de ellas 7 en un día.

Al mismo tiempo desparramábase la interpretación del hcho:

"El Stock Exchange de Londres se muestra sobremanera alarmado.

"El antim'onio, que se emplea para fabricar tipos de imprenta, se usa, aliado - con el plomo, para fabricar granadas.

"Actualmente la fabricación de tipos de imlprenta no ha aumentado. ¿Por qué, pues, el alza del antimonio?

"Los especialistas creen que esto se debe a ingentes compras de alguna nación que está fabricando granadas en gran cantidad."

En una hora la noticia y el hábil commtario, que parecía extraído de los Protocolos de Sión, dieron la vuelta al mundo.

Los franceses pensaron en Alemania; los polacos en Rusia; los norteamericanos en el Japón...

Ese mismo día el Rosch del Gran Kahal de Buenos Aires, convocaba a los cinco magnates de la judería porteña, que gozaban de toda su .confianza, porque estaban sólidamente encadenados a sus negocios secretos.

La reunión no se realizó en la Sinagoga, frente al Hescha! bajo la sagrada lámpara que ilumina la Thora, sino en el 25° piso del Banco Blumen, adonde no penetraban sino los escogidos y donde ningún ojo, ningún oído humano podía sorrprender sus deliberaciones.

Allí sí que podían hablar a calzón quitado, con el cinismo indispensable en tan complicados negocios.

Era el despacho del Rosch una sala espaciosa, con alto zócalo de nogal, sobria de muebles, sin colgaduras ni artefactos.

Grandes vidrieras, sobre tres rumbos, la iluminaban copiosamente. En muriendo la tarde, su techo, liso como el alabastro, irradiaba una claridad sin sombras.

Una mesa oval, cubierta de cuero verde, y suntuosos sillones alrededor. En la pared del sur, única sin aberturas, un juego Chesterfield arrinconado, y una chimenea, magnífica, decorada por el retrato de cuerpo entero del fundador de la dinastía: Zacarías Blumen 1, a la edad de sesenta años.

Su hijo aguardaba a los visitantes que iban llegando, los saludaba con un recio apretón de maos y les indicaba un sitio junto a la mesa.

Antes que ninguno apareció Moisés Halevy, francés, antiguo joyero, y dueño de todos los sitios alegres de Buenos Aires. Vestía con rebuscamiento: jaquet gris del color de sus tupidos cabellos bien peinados, y un grandioso plastrón adornado por una Perla maravillosa.

Negra venda le cubría la mitad de la cara, disimulando una fístula supurante, reliquia de cierto balazo que su amigo y socio, León Coca, le descerrajó en uno de aquellos lugares de esparcimiento. El balazo no se curó nunca bien, pero ya hacía tiempo, que Coca se había olvidado de respirar.

—Mis felicitaciones, don Zacarías —exclamó cortésmente. Asociado en muchos negocios a Blumen, era, sin embargo, de los pocos en la sinagoga que no lo tuteaban.

Aunque muy rico, siempre necesitaba de Blumen, que lo había embarcado en el negocio alegre, y. ahora quería comprar por su intermedio doscientas farmacias en Buenos Aires, para instaladas a la moderna, como en Nueva York. Las farmacias podrían hacer buenos negocios de acuerdo con los cabarets...

—¿Por qué felicitaciones? —preguntó Zacarías, cejijunto y triste.

—Homlbre! ¿No ha leído en los diarios de hoy el disscurso de Hitler?

—Me lo leyó mi hija. Ella le atribuye mucha importancia. Yo no.

—¿Le parece que Francia puede tolerar tanta insolencia? ¡Es la guerra, créame! ¡Lo que van a valer sus minas de estaño en Bolivia, si estalla una guerra!

—¡Felicitémonos los dos, entonces, amigo Moisés! ¡Lo que se va a divertir Buenos Aires con el dinero que nos entrará, y lo que valdrán las botellas de Champagne en sus boites!

Zacarías dijo esto con tono sarcástico y añadió:

—Cuando usted me haya escuchado, no creerá más en esa famosa guerra, que todos los días anuncian nuestros diarios y no estalla nunca.

Entró un hombrán obeso y resoplante, de cara jovial:

Aarón Gutgold, holandés de Amsterdam, pero más bien judío alemán, por su ascendencia. El rey de la cerveza argentina y el más valiente de sus consumidores.

—¡Istoy contento, Zacaritas! Déjame qui ti apraza: la Aguencia Hafas mi telegrafía qui in Londra la onza de oro ha supido siede beniques. M barece qui ti ganas unos cinco miliones di besos. Noticia, vale un paril cerveza. Ti infito a peper tos, a la terdecita in "Munchener Hoff"...

Zacarías no respondió ni media palabra, por atender a otro recién llegado, que también lo acosó a felicitaciones:

—¿No te lo dije, Zacarías? ¡Musóolini es nuestro hombre!

Ha declarado que la paz es muy hermosa, pero que la gueerra es mejor. Aintes de un mes le habrá pegado fuego a Europa. ¡Lo que van a valorizarse tus vacas, hermano mío, y tu dinero fresco y al alcance de la mano!

-Tú no piensas ni en mis vacas, ni en mi dinero -replicó Blumen, desdeñoso- sino en el millón de toneladas de trigo y los dos millones de maíz que tienes acaparados. ¿Cuánto más valdrían si estallase la guerra? ¡Pero no estallará!

-¡Si estuviera en tus manos no estallaría! Afortunadamente hay otros hombres que tú, al trente de los pueblos y de los Kahales.

Zacarías le volvió la espalda. Aquel era León Zytinsky: nacido en Cracovia, pero llegado al país de dos años apenas. Ahora tenía cincuenta. Labio grueso y húmedo, de buen vividor, cara de zorro, ojos verdes, y una barbita rubia, que le servía para entretener las manos en los momentos de perplejidad.

Había sacado carta de ciudadanía y más de una vez pensó meterse en política, con la secreta esperanza de alcanzar altos destinos en un país de leyes tan liberales.

Por de pronto, era más poderoso que la lluvia y que el sol. El bienestar de los agricultores no dependía tanto de los fenomenos meteorológicos como del funcionamiento de su hígado. Si amanecía de mal humor y pesimista, los precios de las cosechas caían vertiginosamente. Si el vino de la ceena le había sentado bien, los precios repuntaban.

¡Claro está! El hombre que manejaba la Bolsa de cereales y el clima también manejaba su hígado. Y así ocurrió que un día, en que apareció con la cara verde y mirándose la lengua blanca en un espejito de bolsillo, los especuladores olfatearon el derrumbe y se apresuraron a vender, especulando con la baja, y perdieron sumas enormes, porque León Zytinsky, ordenó a sus quinientos agentes que compraran, y los granos subieron... después que él hubo llenado sus depósitos.

Agreguemos, para mayor precisión, que cuando los cereales bajaban, a punto de no compensar los gastos del agricultor, podía calcularse que el 90 por ciento de la cosecha se hallaba sin vender en las chacras y en los trojes. Y cuando subían, los agricultores ya no tenían nada, habiéndolo velnndido todo a precios viles, semanas antes, a los aleccionados agentes del hábil León.

El cuarto en llegar fué Lázaro Wolko, checo, rey de las lanas sucias y de los cueros sin curtir.

Y el quinto Y último, aquel polaco extravagante, Jehuda Migdal, que conservaba la barba talmúdica y entraba con el sombrero puesto, haciendo gala de rigorismo ritual.

Por su parte era el rey de las hipotecas argentinas. Tenía hipotecadas a su favor más de quinientas leguas flor en la provincia de Buenos Aires y más de doscientas manzanas en la Capital.

Se jactaba de haber descubierto un medio de ganar el 14 por ciento, prestando al 8 por ciento.

-Todo consiste-explicaba-en hacer un buen contrato, con intereses punitorios. El cliente siempre firma, creyendo que podrá cumpilir. De cinco, tres no cumplen y caen dentro de mis cláusulas penales que los estrujan bien.

La índole de sus negocios le permitía ser desaliñado en su vestimenta y grosero en sus modales. Sus clientes, medio ahorcados aguantaban cualquier estilo. Y era un deleite vengar el hambre y los progroms que sufrió de niño en su tierra, sobre las humilladas espaldas de los goyim argentinos.

Jehuda Migdal hablaba correctamente todos los idiomas conocidos y había estado a punto de ser electo Rosch, en vez de Blumen, porque en la casa Rheingold era muy estimado.

Zacarías cerró la puerta con llave y ocupó su sillón de la cabecera.

-¡Tienes el ojo drisde, Zacaritas!-exclamó jovialmente el cervecero Gutgold.

Blumen paseó su mirada por aquellos cinco rostros, tres de ellos afeitados a la inglesa como el suyo; pero todos marcados por el indeleble sello del pueblo escogido. Todos, ese día, hasta el rudo y ensombreado Jehuda Migdal, parecían alegres, como si esperasen buenas noticias.

-En suma: ustedes están hoy satisfechos de la vida... Lo siento, porque voy a agualdes la fiesta. Tengo cosas graves que comunicarles.

-¿Qué ocurre?

-¿Qué está sucediendo?

-¿Quí mi cointas?

En las cinco caras tan distintas se pintó la misma angustia.

-Tú, Aarón Gutgold, que me has felicitado por el alza del oro, en Londres, ¿no tienes algunos ahorritos que se te valorizan? ¿No es verdad que posees unos dos millones de libras, en oro? Eso te hace ganar un millón de pesos.

-Sí, ciertamente; bero si mi alegro bar mí una fez, y pepo un paril de certeza, me alegro tiez feces bor ti, que dienes tiez feces más, y peperé en tu nombre tiez pariles ..

-Te lo agradezco, pero dice ¿qué nos pasaría a tí y a mí, y a todos ustedes, que también tienen su media de lana oculta, y a les Rehingold y al Kahal, si hoy se descubriese la fabricación artificial del oro, a tal punto que un puñado de oro resultase más barato que un puñado de sal?

Aarón Gutgold palideció, quedó sin castellano, y sólo atiinó a exclamar en idisch, el idioma de su juventud:

-¿Qué istás ticiento, Zacaritas?

-¡Esto tenía que suceder un día u otro! -exclamó Blumen, siguiendo el hilo de sus cavilaciones-Hemos sido demasiado hábiles y hemos ido demasiado lejos.

-¿Qué quieres decir con ese lenguaje sibilino? gó Jehuda Migdal, impaciente y alarmado.

-Algún día -prosiguió Blumen-, la humanidad se asombrará de que haya habido una época en que ella misma se dejó encerrar en esta prisión israelita del prejuicio del oro. Hallará inconcebible una crisis, como la actual, en que el mundo, conservando y hasta aumentando sus fuerzas prooductoras, ha vivido pereciendo de miseria, por carecer de meedios de pago, a causa de que el oro, del que nuestros sabios han hecho la base de las monedas universales, ha sido retirado de la circulación en grandes masas, por nosotros mismos...

Aarón Gutgold, que sufría de reuma, llevaba siempre una papa en el bolsillo: le habían dicho que era bueno. Sacó la papa, y la colocó sobre la mesa. Ya sus amigos conocían aquella costumbre. Y exclamó:

-Está pien lo qui dices, Zacaritas; bero no ti combrendemos... ¿Quí quieres decir, hompre santo?

Blumen prosiguió, como habíando consigo mismo.

-Hemos llevado el mundo de crisis en crisis, para aumentar el poder del oro, porque nuestros sabios habían demosstrado que la prosperidad lo disminuye...

-¡Naturalmente! -saltó fastidiado Jehuda Migdal-, Porque en la prosperidad hay crédito, y el ctédito descubre mil formas de moneda: billetes, cheques, pagarés, que reemmplazan al oro .. Pero ¿sabes lo que eso prueba? No que el Kaha'l haya ido demasiado lejos, sino la extrema abyección de los pueblos cristianos.

-¡Tampoco a tí, Jehuda, ti combrendo! -gimió Gutgold. El polaco no se preocupó de él y prosiguió:

-Los cristianos tienen cerebros de bestias. No han sido capaces de inventar una mooeda que los liberte de nosotros. Y han aceptado hasta en sus libros de economía política, que ell metro de todas las mercaderías que ellas producen sea otra mercadería que ellos no tienen, euyo valor fija diariamente nuestra casa en Londres.

-¡Exactatmente! -exclamó Blumen; y Migdal, embalaado y respirando fuego, prosiguió:

-El que tú, Bytinsky, un día hagas bajar el trigo, no obliga a Gutgold a bajar su cerveza, ni a Wolko a bajar sus lanas. Pero cuando Rheingold levanta el precio del oro, de un solo golpe deprime el de todas las mercaderías, que se pagan con oro.

Se encaró con Blumen y le dijo:

—Y tú, Rosch, has dicho una tontería. El cerebro de los goyim no es capaz de inventar un oro artificial. Sólo un israelita puede hacerla, y se guardará bien de ello.

León Zytinlsky comenzó a tirarse la barba suavemente. Hailevy, por su antiguo oficio, tenía algunas naciones químicas.

—No es nueva —dijo—, la ocurrencia de fabricar oro y hasta hay quien lo ha logrado. Pero un gramo de ese oro artifical cuesta cinco o seis del oro natural, en carbón y drogas y trabajo...

—Y si el oro fabricado costase menas que el plomo, ¿qué sucedería? —preguntó Blumen otra vez.

Todos quedaron pensativos. Zytinsky continuaba tironeándose los pelos. Cuando arrancaba alguno, lo examinaba a contraluz, como si esperase hallarlo de

Gutgold recobró su castellano, y quiso plantear bien la cuestión:

—Ese inventor ¿quiere mantener secreta su invención, para explotarla camercialmente?

—¡No! Supongamos que sea un sabio a quien no le interesa más que la gloria. Lanzará su fórmula a todos los vientos y antes de tres meses no habrá laboratorio, que no fabrique oro por toneladas.

—Si ese hombre existiera —dijo Jehuda Migdal—, habría que obligado a callar.

—¿De qué manera?

—¿y tú, Rosch, lo preguntas? ¡De cualquier manera!... Pero...e hombre no existe.

Blumen se aferró a su primera cuestión.

—Yo necesito que me digan lo que sucedería, si hoy se supiera que el oro se puede fabricar por toneladas, al precio del plomo.

Halevy respondió:

—Si el inventor fuese judío.

—No es judío, es cristiano y odia a los judíos.

-Pero hay muchos cristianos que odian a los judíos, y sin embargo los imitan, cuando se trata de negocios. Si ese inventor quiere proceder comercialmente...

-Ya he dicho, cómo procederá; publicará su fónmwa en los diarios, y antes de tres meses los dos millones de libras de Gutgold, equivaldrán a veinte o treinta toneladas de plomo, que valen unos quince mil pesos papel.

-¡Poco a poco! -replicó Halevy-, Si el oro pierde su valor, nuestros billetes, garalntidos por el oro de la Caja de Conversión, no valdrá nada; y Gutgold no querrá dar su plomo ni por doscientos millones de ese miserable papel...

Es decir, no habrá perdido, habrá ganado. Y se echó a reír estrepitosamente.

-Pero es que esos 200 mlillones no servirán ni pata comoprar un pan, como los billones de marcos alemanes en 1923.

-¿Quieres decir que todo papel garantido por oro, valdrá cero? -preguntó Jehuda Migdal-, Pero el papel argentino, tiene por garantía, además del oro de la Caja de Conversión, la firma del gobierno; y éste hará siempre honor a su firma...

-¡Hum! -exclamó Blumen, que había pensado toda la noche el asunto-,el gobierno hará honor a su firma, pero como en definitiva sólo ha prometido pagar tantos gramos de oro por cada peso papel, nada le costará hacerlo, estando el oro más desvalorizado que la sal.

-Será la desaparición de las monedas actuales -dijo Halevy.

-Sí.

-Habrá que inventar otras monedas, garantidas por cereales, como los warrants, o por tierras y casas, como las cédulas hipotecarias.

-Probablemente.

-Y será el descrédito y la quiebra de los gobiernos.

-¡No! -contradijo Blumen-,Será todo lo contrario; será la liberación de los gobiernos, que con puñados de sal pagarán sus deudas. Será la salvación de todos los deudores particulares, que en la misma forma pagarán a sus acreedores. Será la quiebra de los prestamistas, y especialmente de la banca judía, y la ruina del Kahal, que habrá perdido su instrumento de dominación.

Reflexionaron en silencio un rato. Lázaro Wolko apuntó una observación:

—El nervio de la guerra es el oro y aniquilado el oro, se volverán imposibles las guerras.

—¡Siempre habrá guerras! -contestó Blumen-, Guerras nacionales, guerras de independencia, guerras religiosas. Se harán con otras armas y con otras monedas. Pero esas monedas no estarán ya en nuestras manos, y los negocios de las guerras no serán nuestros.

—¡Estamos en el reino de la fantasía! -exclamó Gut. gold-. Ni el oro, ni la cerveza dejarán de valer mientras exista el mundo.

—¡Estamos en el reino de la blasfemia!-dijo con furia Jehuda Migdal-, Y tú, Rosch, que hablas de la ruina del Kahal, como si dependiera de la voluntad de los hombres, has blasfemado.

—Explícate, Jehuda, pero no me insultes, porque te haré arrojar con mis criados por el balcón: veinticinco pisos hasta la, calle

Migdal se encasquetó bien el sombrero, miró con desdén la papa, que Gutgold usaba contra el reumatismo, porque él la había usado inútilmente, y se dirigió a Blumen.

—Hemos sido electos para gobernar el mundo, y están a punto de cumplirse las profecías. ¿Y tú nos vienes a anunciar la ruina del Kahal?

—Déjame explicar por qué.

—¡Aguarda, Rosch! Mira lo que pasa a tu alrededor. Ya la mayoría de los puelos cristianos celebran nuestra fiesta. Hemos sabido infiltrar en las' leyes el descanso del sábado judío, además, del domingo cristiano.

Y no tardaremos en hacer desaparecer el domingo sinuó Lábaro Wolko.

—¡Sí! El triunfo es seguro y está cercano. No tenemos ejércitos, pero dominamos la mayoría de los grandes diarios y de las agencias de publicidad, y gobernamos los nervios de la huimanidad. Asesinad cristianos en México, en España, en Rusia, eso no tiene importancia, no lo transmiten nuestras agencias, ni lo publican nuestros diarios. Atrepellad un judío en Alemania o en Polonia y escucharéis la grita del mundo: intolerancia, progrom, antisemitismo. Y el mundo que no ha llorado el martirio de un millón de cristianos en Rusia, rasgará sus vestidos, porque a un profesor israelita le han quitado en Berlín una, cátedra, o porque en Buenos Aires a un rufián judío lo han echado del país.

-Eso es verdad... ¡Somos el pueblo elegido! -exclan.ó Gutgold, acariciando la papa-o Continúa Jehuda; ahora te entiendo.

-Nuestros escritores han descompuesto la sangre del mundo cristiano inyectándole el veneno del liberalismo. Liberalismo en finanzas, que es la doctrina del oro y del olibre cambio; liberalismo en política, el sufragio universal; liberalismo en religión, es decir, enseñanza obligatoria y atea, para que los niños aprendan lo que a nosotros nos conviene...

-¿Has acabado Jehuda?

-¡No! Escucha: a ello les imponemos la libertad, pero sujetamos con el Beth Din, el Kahal y el Herem, a nuestra propia nación. Ellos con sus constituciones, van como buques desmantelados al azar de los vientos y de las corrientes. Nuestro barco es más pequeño; pero la mano del timonel es firme y sabe adonde nos lleva.

-¡Yo soy el timonel! ¡Escúchame!

-El Gran Kahal de New York está a.mil codos arriba del de Buenos Aires- replicó Jehuda-, si tú, Rosch, no crees que las profecías se están cumpliendo, despójate del Taled, no toques más la sagrada Thora, aléjate del Heschal, huye de la Sinagoga y refugíate en la catedral, donde te bautizó un obispo.

Zacarías aguantó el chubasco: ya tendría ocasión de cobrarle su falta de respeto a aquel energúmeno que lo odiaba porque le había derrotado en la elección.

-No estamos en la Sinagoga, Jehuda Migdal, sino en mi casa. Y no lo olvides, como has olvidado mis palabras del principio. He hablado sobre la hipótesis de la fabricación artificial del oro. Yo también creo que e! Kahal es el rey de la tierra; pero díganme ustedes, ¿en qué se funda su poderío?

-En que es el elegido de Dios.

-¡Déjate de frases! No mezcles el santo nombre de Dios en nuestros negocios. El Kahal domina la tierra, porque nosotros hemos sabido concentrar en nuestras manos la mayor fuerza del mundo moderno: el oro. En dos días podemos retirar o arrojar a la circulación cualquier suma: cien millones, quinientos millones, mil millones de dólares en oro sellado.

-¡Así es! -respondieron los cinco con íntimo orgullo.

-Esta maniobra produciría más ruinas que un terremoto, que destruyera las grandes ciudades.

-También es verdad.

-Pero yo les anuncio que está a punto de romperse en nuestras manos el instrumento que nos da tanta fuerza. Yo, Rosch del Gran Kahal de Buenos Aires, yo el hombre que posee más oro contante en el mundo les afirmo a ustedes la existencia de una invención que destruirá nuestro poderío, coimo una torre edificada en fa arena.

León Zytinsky era el único que no había hablado, y sonreía como si estuviera por contar una historia graciosa.

Zacarías Blumen acabó por increparlo.

-Y tú, que callas, ¿no tienes nada que decir?

-¡Sí, tengo! ¿De dónde sacas esa peregrina ocurrencia de que el oro, nuestro ídolo, dejará de ser el más precioso y codiciable de los bienes de este mundo?

Se atusó la barba, y apoyando las manos en la mesa miró a Blumen. Este preguntó:

-¿Ninguno de ustedes conoce a Julius Ram? ¡Sí! ¡Todos le conocían!

-¿Y ninguno de ustedes sabe cómo se ha salvado de .la quiebra el Banco de Sud América y su presidente Fernando Adalid?

León Zytinsky volvió a tironearse la barba y a sonreír.
-A ver, explícanos lo que tú sabes —dijo con cierta ironía.
-Gracias a ese Ram, que ha descubierto la fabricación artificial de oro. Adalid es un capitalista. Se trabaja en su laboratorio día y noche.
Los cinco magnates se miraron las caras.
-¿Por qué sonríes, Zytinsky?
-¿Y tú, Zacarías, has creído esa fábula? ¿Sabes quien primero la echó a rodar, si es que no la inventó? Tu hija, la incomparable Marta. Pero ella, reconoce la impostura, en cambio tú. Blumen lo interrurmpió:
-Mi hija no reconoce que sea una impostura. Esa es la explicación de por qué el Banco de Sud América no ha quebrado. Zytinsky soltó una carcajada.
-Yo sé otra, y es la verdadera.
-¡A ver! -exclamaron los otros cuatro.
-¡Escúchenme! Adalid ha dicho al presidente del Banco de la Nación: La ruina del Banco de Sud América será la ruina de otros, quizá de todos los bancos, y sin duda la ruina del país. Por patriotismo hay que salvarlo de cualquier modo. El presidente:
-Dígame usted ¿qué modos hay? Adalid:
-¡Fabriquemos oro! El presidente de nuevo: -¿Cómo es eso? Y Adalid le habrá referido los trabajos de Julius Ram, y tertminado así: No es necesario que fabriquemos oro realmennte; basta que la gente crea que lo fabricamos. El crédito o el descrédito de un banco, no depende del dinero que tiene, sino del que el público cree que tiene.
Préstame secretamente dos- cientos millones; mi banco hará frente a ia corrida y daré como explicación que Julius Ram fabrica oro que yo trueco en billetes en la Caja de Conversión. La noticia contagiará al mundo; el oro saldrá de sus escondrijos y volverá a ani- mar elcomercio; pasará la crisis, y la huimanidad le agradecerá a usted y a mí, la patraña con que lo hemos salvado...
Esto dijo Zytinsky por cuenta de Adalid, pero sus cinco oyentes, acogieron con muecas su historia o su apólogo.

—¡Usted oyó eso o lo ha soñado?

—Lo he deducido de los hechos; había que sostener al banco y al candidato oficial a la futura -presidencia.

Blumen se encabritó.

—¡Falso! No existe candidatura oficial. Si hay aquí alguna patraña, es tu explicación.

En cambio, yo les voy a mostrar la prueba de que Ram está fabricando oro en gran escala; y no sólo para Adalid, sino también para la casa Me. Yerbeer... Anoche lo he visto.

—¿Qué has visto? -preguntaron los cinco, precipitándose a examinar el irasco que volcó sobre la mesa, formando un montón de pajuelas doradas y gránulos amarillos.

—He visto el labatario donde Julius Ram del plomo y del mercurio, extrae un oro más fino que el de las minas del Transvaal. He visto paletadas de escorias que vallan millones, desparramadas como residuos de coke en las calles de un jardín. Y las he visto fundirse en el crisol y convertirse en lingotes de oro. La hija de Ram ha llenado un frasco de esas escorias, y me, lo ha dado, para recuerdo de mi visita. ¿Qué creen ustedes que sea esto?

Havely hundió sus manos expertas en .aquello que parecía un montón de ladrillo machacado y exclamó demudado:

—¡Oro de veinticuatro quilates! ¡Si tuviera un crisol!

Blumen abrió una puertecita disimulada por el alto zoca!o, y mostró a Halevy un pequeño laboratorio, donde el banquero y su hija habían realizado experimentos de alquimia.

Los seis se agolparon detrás del antiguo traficante de joyas. Hailevy cogió dos gruesos puñados de aquella arena opaca y rojiza y los depositó en un vaso de tierra refractaria, .sobre la que proyectó la llama azul y potente de un pico de gas.

A los pocos minutos los gránulos empezaron a licuarse, y un rato después la arena opaca se había transformado en un coágulo trémulo y brillante, bajo el ígneo chorro del soplete.

Halevy volcó en un molde crisol, y con unas tenazas levantó el lingote formado y lo metió en un cubo de agua tría. -¡Aquí lo tienen!

Uno por uno, los cinco judíos, palparon, examinaron, acariciaron el lingote, que, sin duda alguna, era de oro sin mezcla, amarillo, pálido y brillante.

De igual modo fundieron el resto de, la arena, y formaron seis lingotes y cada uno guardó el suyo.

-Corno recuerdo de la experiencia -dijeron todos. Blumen se encogió de hombros.

-Si van a casa de Ram, podrán llenarse los bolsillos con esta clase de arena, que hallarán tirada por los suelos.

-¿Y cuánto cuesta produciria?-preguntó Halevy.

-Tanto como cuesta el plomo o el cobre que se usa...

-¿Tú lo has visto?

-Sí, yo lo he visto.

- Jehuda Migdal apoyó el mentón sobre el pecho, para ocultar .sus ligrimas de rabia y de dolor.

Recordó el pasaje del Exodo, que describe la apostasía de Aarón, cuando presentó' a los israelitas su nuevo Dios, el becerro de oro: "Israel, he aquí tu Dios."

Treinta y cinco siglos había durado ese culto; y ahora la mano de un alquimista loco iba a derrumbar al ídolo.

-¡Ah! ¡Eso no debía ser! Porque con él caería la Sinagoga y el propio Israel.

-Si las riendas de Kahal porteño estuvieran en mis maanos —exclamó de pronto—, no le daría tiempo a Julius Raro para divulgar su invención. Pero tú, Rosch, eres un inepto.

Blumen se estremeció: no quería que le adivinasen lo que estaba pensando.

-Anteayer telegrafié a Nueva York, anunciando a Elias Silberstein el descubrimiento.

Me contestó que era una impostura; que todo marchaba bien y que la guerra entre el Japón y los Estados Unidos estallaría de un momento a otro.

Agrupados todavía en el hueco del laboratorio, ninguno había visto abrirse la puerta que daba a un pasadizo. Enntró Marta, con traje de aviadora, chaqueta de gamuza azul y gorra de cuero. Como alcanzara a oír las palabras de su padre, mostró el diario que traía:

-Elias Silberstein pudo decir ayer que la guerra estaba en el aire. Hoy todo ha calmbiado. Lean estos telegramas. Italia se ha dejado atar las manos por Francia. Mussolini no intervendrá en Europa, con tal que le dejen devorar su tajada en Africa. Francia y Rusia apoyan a los Estados Unidos, y en esas condiciones Inglaterra no apoyará al Japón. El incendio se apaga.

Cual más, cual menos, los cinco amigos de Blumen estaban enamorados de su hija que los despreciaba. La escucharon sumisos y embelesados; y Gutgold dijo a manera de elogio:

-Si a esta muchacha la pusiéramos en el crisol, sacaríaamos el mejor lingote... ¡Qué joya has hecho Zacaritas!

Ella le pagó con una sonrisa falsa y atendió la observación de Lázaro Wolko.

-¡Yo tengo confianza en Hitler! Barthou ha muerto; Mussolini nos ha defraudado; Hitler nos compensará. El también querrá su tajada en Africa. La Etiopía es un bocado demasiado grande para uno sollo. Hay que ayudar a Etiopía; irritar a Londres y estimular el apetito de Hitler.

-Tienes razón Lázaro Wolko-dijo Marta poniéndole las manos sobre los hombros-. Me voy en mi avión a Montevideo. ¿Quieres venirte conmigo? Volveremos mañana

-¡Llévame a mí! dijo Aarón Gutgold.

Mi avión no transporta elefantes -contestó Marta... -. ¿Vamos, Lázaro? ¡Ah; me olvidada de lo mejor! Les dejo el diario: lean el artículo de Julius Ram sobre la fabricación del oro.

Y salió seguida de Lázaro Wolko y de las envidiosas miradas de los cuatro. Gutgold habría dado un millón de libras por ser el único dueño de aquella muchacha, especialmente ahora que el precioso metal estaba a punto de valer menos que la arena.

Se aproximó resoplando a escuchar la lectura que hacía Blumen.

-¡Palabras, palabras, palabras! -exclamó Jehuda Migdal. Con un suspiro de alivio.

-En efecto -añadió Halevy-, No hay ninguna fórmula concreta. No dice nada de cómo se produce d polvo de proyección, con que se maduran los metales innobles.

-¡El hombre es menos zonzo de lo que creíamos!-apuntó Gutgold-, Seguramente querrá explotar su secreto.

Zyrinsky meneó la cabeza y pensó para sus adentros:

-Ese artículo no' es de Julius Ram... Yo conozco su estilo... Se despidió, pero en la puerta dijo:

-Telegrafía a Elias Silberstein que hemos visto de oro de Julius Ram, y es como si hubiéramos visto los pies de barro de la casa Rheingold y los tuyos Blumen...

Detrás de él salieron Aarón Gutgold y Jehuda Migdal. Gutgold dijo al oído de Blumen, estas palabras que Jehuda escuchó:

-No dejes que las fórmulas de Julius Ram anden rodando por las calles.

- Tu consejo es bueno. Pero ¿qué medios tengo yo para hacerlo que me aconsejas?

Jehuda replicó:

-El Kahal lo puede todo, cuando está bien dirigido. Se quedaron solos Halevy y Blumen y se comprendieron. Blumen susurró al oído del otro:

-El hombre... que te sirvió en aquella ocasión ¿está... preso?

-¿Que nos sirvió, querrás decir?

-Es lo mismo -replicó el banquero fastidiado-o ¿Está preso?

-¡No! Está libre, como que tú pagaste su fuga.

-¿Quieres encargarle este asunto?

-¿Por qué no se lo encargas tú mismo? Así recordarás mis fácilmente a quién fué hecho el servicio. -Bueno, mándamelo...

-¡Qué esperanza! Nuestro colaborador no hace visitas.

Tendrás que ir a verlo tú en Avellaneda; yo le avisaré para que no te reciba a tiro.

VI

Cierto pájaro de cuenta

Una fresca mañana del invierno anterior, a eso de las nueve, el guardián de la puerta lateral de la Cárcel de Encausados, que se distraía escuchando el único rumor de su calle silenciosa y fría, el repique del martillo con que golpean uno por uno los barrotes de las rejas, para cerciorarse de que ninnguno ha sido secretamente limado durante la noche, vió aproximar unos bigotes rojizos y' arrogantes, un amplio sobretodo azul, con resplandores de grasa én las solapas y un sombrero melón, pasado de moda y tirando ya a verde...
-¡Alto! ¿Qué quiere?
Musical tonada provinciana fluyó de entre los hirsutos bigotes:
-¡Cómo se ve que usted es nuevo aquí, mi sargento!
El centinela, soldado raso, .se- enterneció por el inesperado ascenso.
-Sí, efectivamente, es la primera vez que hago esta guardia. -Lo digo porque no conoce al doctor Agesilao Mendieta, abogado defensor de multitud de presos, que están aquí, por funestos errores jurídicos y de otros que se hallan libres, gracias a mi acertada defensa, encuadrada indefectiblemente en los más puros y avanzados principios antropológicos...
-¡Este sí que es doctor! ¡Se le conoce! ¡Sírvase pasar, doctor!
-Gracias, mi sargento.
Los concurrentes comunes, a quienes sólo en horas reglamentarias se les permite visitar a los presos, entran por la puerta central de la calle Caseros, y son sometidos a

minuciosos registros e indagaciones, por si llevan armas u objetos prohibidos, que:pudieran: pasar de contrabando.

Pero, los abogados defensore.s tienen libre entrada, a cualquier hora del día por la puerta de la tranquila calle lateral, y los centinelas se abstienen de registrados.

Gracias a este privilegio, el doctor Agesilao Mendieta, caada domingo penetraba en el arriuralllado recinto con sus altaneros bigotes, su dulce tonada y su luido sobretodo, en cuyos amplios bolsillos llevaba, entre rollos de ese característico paapel Romaní que usan en los tribunales, media docena de empanadas y algunas ruedas de salchichón.

De papel se proveía gratis en las oficinas públicas por donde merodeaba, y de vivires, al fiado, en el almacén de la esquina.

Franqueada la primera puerta, el visitante se hallaba ante la reja de gruesos barrotes, que custodiaba un centinela, máuser al homibro, y un portero, llave en mano.

Cuando el que llega es un abogado famoso, o un personaje político, ell portero y centinela saludan cortésmente.

¡ Cuán feliz habría sido el doctor Mendieta si aquel par de cancerberos alguna vez ¡le hubiera sadudado con cerenimonia! Lejos de eso, el portero hada girar la Flave con displicencia, y el soldado ni se dignaba mirado.

Más descomedido era el recibiniento dell alcaide, que, sin levantarse de su asiento, gritaba a una ordenanza:

—Vaya, tráigale sus presos al dotor...

Pronunciar mal adrede la palabra dotor, era señal de desdén.

El doctor Mendieta no se daba por aludido. Si ailgún día llegaba a tener mando sobre aquellos ruines em.ipleadillos, les cobraría caro sus desaires. Entretanto se limitaba a advertir, con voz recia:

—Además de los presos —Tal, y Tal, y Tal, hoy quiero ver a fulano y Zutano y Mengano.

Seis en total.

—¿Y los quiere ver a los seis juntos, dotar?

-Sí, señor alcalde; así mato seis pájaros de un tiro.
-¿No quiere matar tres hoy y dejar vivos hasta mañana a ¿los otros tres? El doctor Mendieta se infló:
-¡Diga! ¿Me quiere cachar?
-¡No piense en eso, dotor!
-¡Entonces déjese de metáforas y traiga mis seis preso! Estoy en mi derecho, pues soy su defensor como lo puedo atestiguar con documentos...-y al decirlo golpeaba el paquete de empanadas, enyueltas en papel Romaní-, Además, mi amigo el excelentísimo señor ministro de Justicia e Insstrucción Pública me ha autorizado por nota que tengo aquí...
Y metió la mano al bolsollo interno del sobretodo, y palpó las rodajas de salchichón.
-Está bien, dotor-respondió el alcaide, haciéndose el humilde-. Vaya, tráigaleios seis pájaros a ldotor, para que los mate de un tiro.
Al rato llegaban los seis presos en fila, vestidos de burda tela azul, con gorra de fagina y custodiados por dos centinelas.
En la sala limpia y glacial de los abogados los esperaba el doctor Mendieta, con el sombrero puesto, de miedo a los aires de un ancho tragaluz, enrejado, que había a cuatro metros de altura.
Sobre el piso de baldosas, brillante como un espejo, resonaron .los gruesos botines.
-¡Buenos días, mis amigos!
Ni siquiera aquellos humildes clientes, que eran, las más de las veces, auténticos pobres diablos, inhabilitados por su pobreza para pagarse defensores de más fuste, trataban al doctor Mendieta con el respeto que él deseara.
¡Dime lo que cobras y te diré lo que vales! ¿Cuánto podía
Valer aquel abogado, que por un peso redactaba un escrito piidiendo el indulto, y por cincuenta centavos recusaba un juez y por veinte solicitaba pronto despacho?
Y demás de eso estaba siempre dispuesto a prestarles pequeños servicios, que ellos pagaban con figuritas de

cigarrillos o sellos de correo, canjeables por dinero en el almacén de la esquina, puesto que en la cárcel está prohibido tener otra suerte de moneda.

-¡Vamos a ver con qué nos sale hoy, doctor! ... -exclamó uno.

-Porque la mortadela del domingo pasado, tenía gusto a cuero -explicó otro.

-¡Si nos trajera un medio litro de caña, como antes!

-¡Ah! ¡Eso era antes! Ahora reina aquí una intolerable disciplina.

-Pero al menos que las empanadas no parezcan alpargatas viejas.

-¡Bah, bah! ¡Qué exigentes se están poniendo estos angelitos! Primeramente, ni la mortadela, ni las empanadas las produzco yo. Las compro y a buen precio. En segundo lugar, ustedes no pagan mucho, que digamos.

-Se las pagamos el triple de, lo que valen.

-¡Sí, pero en qué moneda!...

-Le pagamos en la única moneda que nos permiten.

-Está bien. No perdamos tiempo. El que quiera empanadas que se ponga a, la derecha; el que quiera salchichón que se ponga a la izquierda.

Uno de los presos, cuya fisonomía, torva.y triste, contrastaba con la chispeante, maliciosa y hasta simpática de los otros, se apartó del grupo, hasta el fondo de la habitación.

-Vos ¿qué querés?

-¡Nada!

El doctor Mendieta -recordó haber recibido una carta de un preso, que le pedía lo visitase por asuntos de importancia. Tal vez fuera ése el nirevo cliente.' Tenía .raya de pagar mejor.

-¿Usted me escribió' esta carta?

-Sí-respondió secamente el interrogado.

-¿Usted es Juan Fugito? Inclinación de cabeza afirmativa,

-¿No quiete empanadas ni salchichón?

-¡No!

-¿Qué quiere, pues? -Hablar con usted, a solas.
-Muy bien. Voy a despachar a estos dientes. Usted, en tretanto, vigile. El doctor Mendieta en pezó a desenvolver su mercadería.
-A ver, primero, con qué van a pagar.
Cada cual exhibió unas cuantas figuritas de cigarrillos. Satisfecho el doctor Mendieta negoció sus víveres, que allí mismo devoraron sus muchachos; y entró en la segunda parte de sus funciones.
Desenrolló sus papeles y mostró los escritos que llevaba sabiamente preparados y a cada cual leyó el suyo.
Pedidos de justicia o de gracia a los jueces, al ministro, al presidente de la República, que los desventurados firmaban con, la invencible ilusión del prisionero.
Así que' hubieron discutido y firmado y pagado el estipenndio en la averiada moneda del presidio, el doctor Mendieta les dijo adiós, para dedicarse al híspido y torvo Juan Fugito.
Lo primero que éste hizo fué extraer de la suela de sus zapatos un billete de cincuenta pesos.
-lo no pago con figuritas-dijo hoscamente.
-¡Ya me percato de ello!-exclamó el doctor Mendieta, quitándose el verdoso melón y limpiándose la trente sudorosa. En veinte años, ni una sola vez había cobrado de golpe semejante suma.
-Y esto no es más que- a cuenta. Lo he mandado llamar seguro de que usted no se me va -dormir, y va a ocuparse hoy mismo de mi asunto, porque como tiene pocos pleitos...
-¡Hombre, no por eso, sino por mi reconocida actividad!
-¡Pocos pleitos! -insistió Fugito, y Mendieta saco de su garganta una tosecilla complaciente.
-No sé si vale la pena advertirle, doctor, que lo que yo le diga debe quedar secreto.
-¡Soy un Sepulcro! -afirmo el doctor Mendieta, llevándose una mano al pecho-,Sé guardar, como nadie, el sagrado secreto profesional. ¡Hable sin miedo!

-Yo nunca tengo miedo -replico Fugito, sonriéndose con la mitad de la boca- .

Además, desde la cárcel, o desde el infierno, sabría castigar al que me vendiese, aunque fuera un personaje. Yo también soy Personaje a mi manera y en mis negocios...

-¿y por qué se halla en la cárcel, amigo mío? ¿Algún funesto error judicial? Sonrisa amarga de la mitad de aquella boca.

-¡Puah! Estoy preso porque se me revento una goma del auto, cuando huía a 120 kil ometroo, después que lo freí de un balazo al judío indecente León Coca...

Mendieta hizo.un gesto que significaha: "Ya me acuerdo", y el otro sonrio con Cierta complacencia.

-¿Se acuerda? Me alegro. El asunto fué ruidoso, y todo el mundo hablo de mí. La cosa, pues, ocurrió en una timba, o como quiera llamarla, de la Boca, a la medianoche olavada. Cinco minutos después, en mi Ghrysler, habría pasado el puente de .Avellaneda. Usted sabrá, quizá, que en la provinncia de Buenos Aires, Juan Fugito no es un gato. Mis amigos son "muñecas" y me habrían escondido hasta que pasara "la bronca". Pero los "canas" me "persiguieron a balazos, y un tiro me revento- una goma y me puso en llanta. Cayeron sobre mí; pude dejar panza arriba tres o cuatro. No quise complicar el negocio y me entregué...

-Ya entiendo.

-Lo he llamado, pues, para proponerle una diligencia.

Necesito hacer llegar a don Zacarías Blumen, noticias mias. El no debió dejarme en la estacada. El viaje de León Coca al otro mundo le interesaba a él más que a mí. Usted no comprende, pero yo sí, y cuando usted se lo diga, él tamibién comprenderá. Estoy aquí, por intereses comunes y es justo que él se empeñe en sacarme antes que me manden a la Tierra. ¿Usted no ha estado en la Tierra?

Sabía el doctor que los maleantes llaman ia Tierra al temiible presidio de Ushuaia, en los fríos mares del Sur.

-¡Dios me libre! -exclamó.

—Bueno, yo sí; yo conozco el paisaje de la Tierra de Fuego, y no quiero volver allá.

Hay que apurar los trámites. Hoy mismo me lo visita a don Zacarías y le dice redondamente, que a mí no me falta plata, sino libertad; y que él e.stá en condiciones de conseguírmela, por muchos caminos...

—¿Un indulto, por ejemplo?

—Cualquier cosa. Ya en primera instancia me han condenado a veinte años...

—Pero si todavía no lo han condenado en segunda instancia, no procede el indulto, según la jurisprudencia y la sana doctrina

—¡Vea, viejo! —exclamó impaciente Fugito, palmeándolo en la espalda—. No me venga con doctrinas, ni con .jurisprudencias. Vaya hoy mismo, y dígaie a don Zacarías Blumen que yo no aguanto más. Necesito salir, y si él me saca

—¿Qué?

—Lo haré gobernador de la provincia de Buenos Aires; más todavía, presidente de la República.

—¿Usted? —preguntó alelado el doctor Mendieta.

—¡Yo! —afirmó tranquilamente el preso.

—¿Como?

—No es hora de explicar; pero en Guanto se lo diga, don Zacarías, que es muy rana, va a entenderie

—Sí, pero, ¿me creerá?

—Vaya hoy mismo, y repítale esta conversación, y venga mañana.

Con esto el preso dió media vueha y plantó a su abogado; pero en el momento en que iba a salir, se le aproximó y le dejó caer esta advertencia en el oído:

—Naturalmente, .si usted habla de esto con alguien más, vaya arreglando cuentas, porque no tardará en juntarse en la Chacarita con León Coca y con el mlismo don Zacarías si éste "la trabaja de ortiba" (chismea).

El doctor Mendieta era viudo, o cosa equivalente, pues no tenía noticias de cierta dama con la cual se casó vein.te años atrás. Vivía solo en una de esas casonas señoriales, que abundan en las cercanías de Santo Domingo, al sur de la plaza de mayo.

Mansiones que antaño fueron espléndidas, en donde nacie- ron y murieron proceres y se dieron fiestas que hicieron épooca en la crónica social; casa de ilustre y larga historia, que solo algún viejo recuerda, señalándolas con el bastón: "Esta, era la casa del brigadier Tal." "Aquí vivieron los Fulánez, cuando eran ricos, hasta que se fundieron." "¡Qué bailes se daban aquí!"

En las grandes ciudades europeas, edificios de esta alcurnia tienen siempre alguna placa de mármol que refiere el rasgo saliente de su historia: "Aquí nació don Fulano de Tal", "Aquí murió en tal día y año el General X."

Pero los argentinos no tienen, si no es por moda, el culto de las antigüedades, ni de las tradiciones.

Entre la venerable casona paterna, de un solo piso y enormes patios, barridos por todos los vientos del sur, y un deparo tamento en calle norteña, del décimo al vigésimo piso de un rascacielo, con ascensores que marchan como trenes, buena calefacción y cocinas eléctricas, no vacilan un momento. Boto es más confortable, más moderno y sobre todo más barato.

Hay que tener buenos riñones para sostener una casa de tres patios, veinte habitaciones y una huerta.

Cuando las familias eran numerosas.y vivían reunidas vaadas generaciones y se disponían dos o tres salas de recibo, y algunas piezas para amigos o parientes que llegaban de las provincias sin decir ¡agua va! y se instalaban por meses y meeses, la gente de abolengo y de fortuna necesitaba .casas así, y el no tenerlas significaba decaer del rango.

Mas ahora no hay con qué llenarlas, ni mantenerlas; y sus dueños empiezan hallándolas demasiado grandes, y terminan abandonándolas por propia voluntad u obligados por un acreedor hipotecario, que de la noche a la mañana y por cuatro reales se queda con ellas.

Y un día sobre la ancha puerta de dos hojas, con hocicos de leones esculpidos y llamador de bronce, para alcanzar e. cual hay que subir tres escalones de mármol, aparece clavadc un cartel: Se alquila.

Durante años permanece la casona cerrada; no hay quien se .anime a ocupar los cuartos donde vaga el espíritu de viejos ii ustres, ni a tur.bar la solemnidad de aquellas salas de dorados artesones, donde bajo refulgentes arañas de caireles, se bailaron minués, mazurcas y lanceros, y nunca jamás un tango- ni un fox trot.

El barrio también ha decaído. Empresas de mudanzas, talleres de planchado, negocios de mala muerte y no mejor vida, ocupan la cuadra entera...

Un día las anchas puertas, con sus, leones descoloridos y; su mudo llamaron, vuelven a abrirse, y la casa austre secambia en infame conventillo, y se alquila pieza por pieza, última etapa de su decadehcia.Nunca más volverá a su essplendor antiguo, y cuando pase la crisis y vengan tiempos meejores, su propietario la venderá a quien la echará por tierra y construirá en sus 1,500 varas de solar, que antes a una sola familia se le antojaba estrecho, un asfixiante rascacielo, para cincuenta familias modernas.

En una de estas casas, llegada al extremo de su decrepiitud, alquilaba una habitación el doctor Mendieta. Y aunque el jurisconsulto era uno de los veinte inquilinos allí acorralados por la pobreza, y ocupaba una pieza en el fondo del tercer patio, entre una planchadora y un esterillador de sillas, obtuvo permiso para poner en la puerta de calle, su relumbrosa chapa de abogado.

Por la pieza cobrábanle veinte pesos mensuales, y la encargada del conventillo, doña Manuela Freytas, brasileña, le daba un plato de sopa él mediodía y alguna carne a la nooche, por lo cual le llevaba un peso diario.

Quiere decir que el doctor Mendieta, con los cincuenta peesos que le entregó Fugito, pagó ese día uno de los varios meses de pensión que tenía a la zaga.

Y pudo pedir a doña Manuela que le desengrasara con bencina el sobretodo, mientras él les pasaba migas de pan a sus puños de papel.

-¿Le ha caído la lotería, doctor?

-¡Secreto profesional! -respondió el leguleyo, que ardía en deseos de referir su aventura, mas no quería acompañar a León Coca en su última boite.

Era en verdad una aventura que iba a transformar su exisstencia.

Hoy ocupa una piecita en el fondo del conventillo, y antes de un mes lo veremos alquilando las dos próximas a la enntrada para instalar un bufete.

Porque desde ese día el pobre diablo comenzó a pelechar. Juan Fugito había tenido una magna idea al pensar en él para .embajador ante Zacarías Blumen.

No fué fácil la primera entrevista con el banquero.

El mísero jurisconsulto, aquella tarde fuése a verlo y aguardó un par de horas, en una de las innumerables antesalas del Banco, y no logró ser recibido. Pero al día siguiente se le ocurrió poner a lápiz en su tarjeta, al pie de su nombre ignoto, el más afamado de su mandante: Juan Fugito.

Por discreción metió la tarjeta en un sobre y consiguió que llegase a mano.s del banquero.

-Doctor Agesilao Mendieta, abogado criminalista-leyó Blumen con displicencia, y estuvo a punto de arrojar al canasto la resobada cartulina, cuando advirtió el agregado:

"De parte de Juan Fugito."

Se quedó perplejo, y empezó a dar vueltas por su despachocon las manos atrás. Su secretario lo miraba sorprendido. -¿Qué está haciendo aquí? ¡Váyase!

-señor, ese hombre de la tarjeta

-¡Ah! ¡Que pase!

Y entró Mendieta al despacho del gran financista, conducido por el despavorido secretario y marchando casi a tientas para no resbalar en el bruñido parquet.

La semioscuridad reinante allí, donde no había más luz que la que daba sobre a carpeta del escritorio, le impidió ver al banquero que lo aguardaba de pie, como para despachado más pronto, cerca de la entrada.

El jurisconsulto avanzó hasta el centro de la pieza y se detuvo.

Le parecía estar soñando. Se hallaba en el despacho del hombre más opulento de la República Argentina, para tratar mano a mano y a solas, asuntos profesionales.

¡Qué calor! Una magnífica chimenea consumía sin cesar gruesas rodajas de quebracho, para mantener los 20° que requería la sangre liviana de los Blumen, friolentos desde los tiempos de Lahán.

Mendieta empezó a abanicarse con el sombrero. No se le ocurría despojarse del sobre todo. Mejor que el secreto profesional, guardaba el secreto de sus raídos pantalones.

-¿Qué se le ofrece?

Un hombre, no más alto que él, de cara lampiña como la de una dama, de ojos azules tan salidos de las órbitas que parecían pegados al cristal de los lentes, de nariz fina y larga, nariz de buen mercader, cargado de hombros, inofensivo, al parecer, no obstante el ceño encapotado, se le plantó delante.

Mendieta acababa de ver ese mismo hombrecillo en un cuadro al óleo sobre la chimenea, y maquinalmente se volvió a mirado.

El hombrecillo del cuadro seguía allí. Por lo tanto, el que estaba a un paso de él, era el modelo, y no podía ser sino el dueño de casa. Lo saludó, pues, con toda reverencia, nombrándolo.

Zacarías repitió su desabrida pregunta:

-¿Qué se le ofrece? -y con aire de quien para un golpe, añadió-No conozco a Juan Fugito.

-¿No conoce a Juan Fugito? exclamó el papelista con sorpresa-. Voy a darle datos, si me lo permite.

-No tengo tiempo que perder.

—Le diré, señor don Zacarías Blumen. Dada la complejidad de sus ingentes negocios, no me extraña que se haya olvidado de Juan Fugito...

—No lo conozco-insistió el banquero, invitando al abogado a dar media vuelta y salir.

—Juan Fugito es una excelente persona -replicó Mendieta, sin amilanarse- .Talvez lo recuerde; sí le digo que es el que mató al indecente tratante non sancto León Coca.

Al oír ese nombre Blumen se inmutó visiblemente. - Tampoco sé quién es...

Hasta ese momento el doctor Mendieta no había imaginado, ni de lejos, qué podía haber de común entre el famoso financista y aquella excelente persona que estaba en la cárcel y le había dado cincuenta pesos. Pero un tardío rayo de luz le entró en el cerebro, cuando advirtió qa emoción de Blumen.

Y a todo evento, como quien tira al vuelo, con los ojos cerrados soltó esta frase, en tono confidencial.

—Sin embargo, Juan Fugito me ha confiado, bajo riguroso secreto profesional, que mató a León Coca por mandato de...

—¿De quién? -interrogó vivamente- el banquero deteniénndose al lado de la puerta.

—De don Zacarías Blumen...-.completó Mendieta, con la sensación de acertar en el blanco.

¡Qué triunfo! Aquel señor todopoderoso, cuya mano iba ese mismo instante a asir el picaporte, para invitarlo a salir, se quedó más inmóvil que el hombrecillo pintado al óleo.

La reacción no tardó.

—Siéntese y explíqueme -dijo el banquero conduciendo al visitante hasta el sofá y sentándose él en un sillón que venía a quedar en la espesa penumbra.

Así era fácil conversar: él vería al otro, y el otro apenas lo vería a él.

—Ahora me acuerdo: Juan Fugito, un personaje de Avellaneda... Sí, sí... No creo haberlo visto nunca.. Pudiera ser... Es seguramente un hombre de mucha fantasía...

Cuénteme lo que él le ha dicho.

El doctor Mendieta temió haberse aventurado mucho, pues no sabía media palabra de aquellas historias. Pero comprendió que el terreno _ en que estaba era firme, y que podía conservarse en él, sin entrar en detalles. Se envolvió, pues, en el secreto profesional y transmitió sólo su mensaje.

Zacarías Blumen había recobrado su impavidez y escuchó meneando la cabeza: ¡Sí, sí!

-¡Ya sé que tú no sabes ni jota, pobre diablo! -decía aquel gesto que el papelista no advirtió.

Cuando hubo terminado, se levantó sin ceremonia y lo conndujo hasta la puerta.

-¡Excelente persona! -exclamó Mendieta enternecido, pero desorientado. Inverosímil que aquel magnate, se mezclara en trapisondas. ¡Jactancias de Juan Fugito!

-Lo haremos poner en libertad, usted con sus argumentos jurídicos y yo con mi influencia. Vaya tranquilo y vuelva mañana a esta hora. Y hablaremos dé política.

Mendieta se halló de nuevo en la antesala y sintió cfirarse detrás de él la puerta acolchada de encarnado tafilete, para que ni una palabra de lo que se decía en aquel despacho, pudiese llegar a oídos de los que esperaban turno afuera.

-¡Hasta mañana! -dijo el secretario, que lo saludó con inusitada reverencia, y salió inflado y satisfecho.

Ni por un instante pensó Blumen en pedir al presidente de la república el indulto de aquel tipo. Prefirió abrirlle la jaula de otro modo, con la ayuda del doctor Mendieta, pero entregando el asunto a su alter ego Moisés Halevy, más experto que él en cosas del bajo fondo.

Desde ese día el pintoresco abogado se incorporó al ejército de personajes de toda calaña de que se servía Blumen.

No por ello salió de la indigencia. Es el destino de esos pequeños instrumentos que se valen los poderosos. Por un estipendio mezquino les sirven con abnegación. Realizan, a menudo, hazañas que se anotan como triunfos en la biografía de los amos, y ellos pernlanecen en la obscuridad, contentos si logran de veras matar el hambre.

Se pegan como costras de barro a la brillante rueda de aquellas fortunas y nunca dejan de ser barro. Y felices de ellos, si logran morir en sus camas, de mueroe natural, y no de tiro o de puñalada, en el hospital o en la cárcel, por haber serrvido demasiado bien a tan magníficos señores.

Un abogado que, como defensor de presos tiene facultades para entrar a todas horas, puede adquirir muchos conocimien- tos de la vida interna del presidio.

Mendieta logró saber que unos obreros estaban pintando las murallas, por la parte de adentro. Averiguó quiénes eran: trabó relación con uno de sus capataces; administró con arte los dineros de Halevy y una vez, cuando se comenzó la pintura de la muralla por la parte de afuera, resuho que los obreros se olvidaron de retirar las cuerdas con que sostenían ei andaamio volante. Eso ocurrió en la tarde del sábado. Juan Fugito lo supo en la mañana del domingo, y a la noche logro subirse a la azotea del presidio, y aprovechando las cuerdas y perramus olvidado con ellas, se vistió y se descolgó a la calle Caseros.

Hay, a lo largo de la muralla, una frondosa hilera de árboles que dan sombra a la acera. Los entindas, que vigilan día y noche desde los gatos que cruzan la calle; hasta las estrellas que se duermen ahurridas en lo alto de los cielos, ni siquiera soñaron quién fuese el trasnochador de perramus que a eso de las tres de 1 a mañana se dirigió hacia el hospital Muñiz, rumbo a la ciudad de Avellaneda, que por estar, pegada a Buenos Aires, pero fuera de su jurisdicción policiai, era un precioso refugio para tales emergencias.

Además, Juan Fugito, como él decia con modestia, una vez en territorio provincial, ya no era un gato.

VII

DESAPARICIÓN DE JULIUS RAM

En los Protocolos de los Sabios de Sión, en el párrafo 145, de la sesión XV, se leen estas palabras:
"Todo hombre debe terminar por la muerte. Conviene, pues, apresurar el fin de aquellos que estorban el progreso de nuestra causa."

Desde que se descubrieron los famosos Protocolos, no han cesado los judíos de alegar que se trata de una falsificación, fraguada para hacerlos odiosos ante el mundo.

De todas maneras, esa tría condenación a muerte, puede también fundarse en el Talmud y en la doctrina de sus grandes teólogos.

"Los herejes, los traidores y los apóstatas deben ser precipitados en el pozo y no retirados", prescribe el Talmud, en el tratado Abada Zarah que se refiere a cultos extranjeros.

-Y el Schoschen Hammischpat, que es su Código Givil y Criminal, redactado en 1320 por Jacoh ben Ascher, delltro de la más pura doctrina talmlúdica, trae esta cautelosa prescripción:

"Si está probado que alguien ha traicionado tres veces a Israel hay que buscar un modo y un procedimiento prudente para que este hombre desaparezca de la tierra."

No quedaba más que un escrúpulo: establecer si Julius Ram había traicionado tres veces a Israel.

No fué necesario consultar con los rabinos. Marta encontró leyendo la Biblia, que existía en los tiempos de Job, una familia Ram. Por consiguiente Julius Ram, de origen judío, merecía las penas que sus leyes prescriben contra los apóstatas, aunnque no hayan traicionado tres veces a Israel.

-"Es justo -proclama el Aboda Zarah-, dar muerte al hereje... "

Al día siguiente de la conversación de los banqueros, el oro subió tres peniques en Londres, señal de que la casa Rheingold no había tomado en cuenta la noticia sobre Julius Ram.

Un día más, otros tres peniques... Cada veinticuatro horas Zacarías Blumen ganaba de cinco a diez millones, con sólo guardar sus libras.

Pero sus libras comenzaban a quemado.

Aquella alza del oro se debía a que el horizonte de Europa y de Asia, nublábase más y más.

Bajo el signo de la guerra se realizó un gran baile en casa de Adalid.

Acudieron a él políticos inquietos, sabedores de que también iría el presidente, y financista, s ávidos, para quienes el conocer un cuarto de hora antes que un rival una declaración de guerra, podía valer millones.

Allí se encontró Marta con Mauricio Kóhen.

El le salió al encuentro y la condujo a un patio interior florido y, artesonado de estrellas. La brisa del río endulzaba la noche cálida.

-¡Qué hermosos son los jardines de estas casas antiguas!

-Sí, verdaderamente; pero más hermosa eres tú... Y qué aiegre te veo...

-Y sin embargo -le contestó ella-, mi alma está triste hasta la muerte...

-Usque ad morten? -dijo él-. Cómo se conoce que ahora lees la Biblia. Pero ése es un texto cristiano, que habrás aprendido en- el Nuevo Testamento... Yo también estoy rele, yendo esas cosas.

-Cuando cierro, los ojos -contestó ella-, siento una tristeza mortal; y no necesito leer ningún libro para encontrar una imagen.

-¡Vanidosa! No quieres aparecer imitando ni a la Biblia.

Pero no. es la imagen para pintar tu tristeza lo que debes buscar, sino la causa y el remedio.

-Conozco hace tiempo la causa, y eres tú... ¡Me has quiitado la fe!
-¡No es verdad! Te he devuelto a la fe de tu verdadera raza.
-La envidia y el odio me han hecho judía. Tu religión de fariseo es vengativa y sórdida. Si pudiera amar volvería a ser cristiana. Y si fuera cristiana, tú, Mauricio, me amarías. En cambio.
-¡Di lo que ibas a decir!
-¿Has estado en el laboratorio de Julius Ram? ¿Has visto un letrero que dice: "Nada hay oculto que no se descubra...?
-Sí, lo he visto.
-Tu corazón me ha traicionado y yo he descubierto la traición... Te has enamorado de una goy, Mauricio. ¡Mereces la muerte!
A él lo divertían los ímpetus de ella. Y lo halagaban, porque eran signos de amor.
-¡Celosa! Las mujeres judías no conocen los celos; tú, por lo tanto, continúas siendo cristiana...
En ese momento Zacarías Blumen había logrado bloquear en un rincón al presidente, y le soplaba al oído graves noticias.
-Mi corresponsal de Río de Janeiro, señor, me envía un telegrama cifrado: el Brasil acaba de contratar armamentos por cien millones de dólares...
-¿Sí?..Tendrá exceso de dinero, y es una manera de gastado.
-Ha suspendido el servicio de su deuda exterior, para destinar todos sus recursos a preparar la guerra, que se aproxima...
-Realmente en Europa hay temores, dicen. Pero América tiene un cielo sin nubes. .
-¡Los cielos más limpios de pronto se nublan. Yo puedo ofrecer al gobierno argentino un crédito de veinte millones de libras
-¿Para construir obras públicas, escuelas, caminos, puertos? Lo aceptaría...

—Un consorcio de banqueros, ofrece esos veinte millones no en dinero, sino en armas, de las fábricas y de los astilleros más acreditados del mundo.

—Gracias, amigo Blumen Si nos añilásemos nosotros se armarían ellos y entonces sí, vendría la guena.

—Ellos se están armado ya.

—Lo siento por ellos. Trataremos de no imitarlos.

Estaban ambos en el fresco rincón de una glorieta, junto a. una mesita. Un sirviente les escanció champaña. Vieron pasar a Marta y a Kohen.

Ella había pedido a su compañero que la condujese al fondo del jardín, cerca del macizo de hortensias.

—¿Huyes de la luz? ¡Caprichosa!

—¿Su hija y Kohen? -preguntó asombrado el presidente, que sospechaba una vieja rivalidad entre .las dos familias-. ¿La paz reina, pues, en Varsovia?

—Sí, señor respondió Blumen, poniéndose encarnado. ¿Por ventura tendría noticias de que él era Rosch del Gran Kahal de Buenos Aires? Probablemente no. Bien guardado estaba el secreto de la Sinagoga.

—¿Ha oído una extravagante historia de alquimistas, señor presidente...? Detrás de esas hortensias, mi cuñado escondía un montón de viejos caños de plomo... Seguramente mi hija ha ido a ver si están todavía

—Cuentamela.

La música de la orquesta apenas, llegaba hasta ellos; se podía conversar en voz baja, y Blumen refirió al presidente cómo Adalid explicaba el resurgimiento de su fortuna. Y al contárselo espiaba sus impresiones.

Inteligente curiosidad en los ojos, y un pliegue zumbón en los labios. Nada más.

—¿No cree. V. E. que puede ser verdad?

¿Por qué no? La química moderna ha comprobado los fundamentos Científicos de la alquimia. Del campo misterioso de la superquímica debemos esperar toda suerte de maravillosas invenciones.

Un rato después, el presidente y Blumen, se aproximaban a las hortensias.

Casi al mismo tiempo y por otros caminos como si se huubieran dado cita, llegaron los amigos de Blumen que estaban en el secreto, y todos con la misma ansiedad contemplaron el lugar vacío, que Kohen y Marta acababan de visitar, y que aun conservaba señales de haber sido depóúto de escombros. Pero ni una partícula de las toneladas de plomo que un día Adalid mostró a su sobrina.

-Parece que no nos ha mentido-dijo el presidente, dirigiéndose a uno de ellos-, ¿Qué debemos pensar, Zytinsky? El interrogado recordó que en el vigésimoquinto piso del Banco Blumen él había dado una explicación, que implicaba una connivencia del Banco de la Nación en los asuntos de Adalid.

-Pienso, señor, que estamos en un siglo maravilloso.

-Sobre la tiena y debajo de los cielos, amigo Zytinsky, hay todavía muchos misterios, que ignora nuestra filosofía, poodemos declarar con Shakespeare.

Un ligero sarcasmo zumbaba en la voz del presidente. Los seis magnates de las finanzas estaban consternados.

-¡Llueve sobre el templo!-dijo un recién llegado con acento irónico, observando la desolación de Israel:

Era Adalid;"

-No he visto nunca tinas hortensias tan herniosas. ¿Qué había antes en ese hueco vacío?

-Plomo, señor.

-Luego, ¿es verdad?

-Sí, señor; todo es verdad. Yo nunca he hecho misterio de estas cosas. - Con mi sobrina, le mandé un mensaje a Blumen y no me creyó...

-Así es: te lo agradezco, Fernando. Dios te ha ayudado.

-Sí, ciertamente; pero a cada uno su turno. Ahora te ayuda a tí. ¿Has leído "La Razón" de esta noche?

-¿Qué hay?

Todos quisieron escuchar las novedades y lo rodearon. - La política europea se enreda por minutos. De eso no se quejarán ustedes. La guerra es una especie de alquimia: connvierte la sangre roja de los soldados en el oro amariHo de los judíos... ¿No es verdad, Gutgold?

-¡Iste don Firnandos! ¡Qui cosas qui nos dices! -exclamó el cervecero, acariciando en el bolsillo del niveo chaleco la arrugada papa.

-Discúlpeme: ignoraba que usted fuese israelita.

-La otra noticia también es buena para ustedes: el pobre Ram...

-¿Qué ¿Qué? ¿Qué?

-¡Ha desaparecido! Unos dicen que lo han secuestrado, otros que lo han muerto. Y se ignora quién o quiénes sean los autores .del hecho...

Los seis magnates permanecieron impávidos. Ninguno pronunció palabra, temerosos de traicionar su alegría.

Zacarías.Blumen sintióse nacido de nuevo a la vida, a la triseza, a la dominación.

Gutgold refrenaba a duras penas las ganas de invitar a todos los presentes, a toda la casa, a toda la ciudad, a beber un millón de barriles de cerveza.

Adalid sonreía.

-¿Y saben ustedes de quiénes se sospecha?

Zacarías se alegró de estar bajo la sombra de una pérrgola, y tuvo lástima de la cara de su socio Halevy, que paarecía más blanco que la luna, bajo la venda negra de la inncurable fístula.

-¿De quién? -De ciertos financistas Especialmente de los enemigos de Rheingold. Se dice que los Meyeibeer han secuestrado a Ram, para explotar su invento... ¿Estamos entre amigos? ¿Son ustedes capaces de guardar un secreto?

El silencio del ilustre auditorio era una promesa.

-Pues yo les digo que no puede .ser verdad. El representante de esa casa... (No lo nombro porque es mi huésped hoy) festeja a la hija de Ram...

-¡Efectivamente! -asintió Blumen, a quien le convenía que otro cargara con la responsabilidad del atentado.

De pronto pensó: Me conviene que crean, pero no me con- vendría que fuera cierto. Kohen dueño del secreto de Julius Ram sería el Anticristo... y a nosotros, sus enemigos, nos aplastaría como a cucarachas.

-¿Estás tranquilo ahora? -le preguntó Moisés Halevy, en un aparte-, ¡Ya ves qué finamente trabaja Juan Fugito! Las sospechas recaen sobre otros.

-Sí -dijo Blumen, y fué en busca de su hija para encarrgarle qne interrogara a Kohen. Después de una hora de vagar de un salón a otro, detenido al pasar con un saludo o un chisme o una simpleza, por cuanntos consideraban una dicha tratado, halló a Marta en unrin- cón donde un grupo de jóvenes había instalado un bar, para su propio servicio. Habían bailado, habían bebido, y ahora juraban estar dispuestos a morir por elila; y ella, como una de esas croeleo divinidades indias, pensaba que sería de un chic estupendo lograr que uno de esos imbéciles se matara a sus pies.

Kohen había desaparecido sin decide adiós. Ese no .se mataría por ella. En camibio, ella sentíase capaz de todos los crío menes por él ¡Qué estúpido era también él ¡Desdeñar a una mujer que podía hacerlo rey del mundo!

Esto pensaba entre las risas y las brom.as que estallaban, las copas que se rompían, las declaraciones que no escuchaba, cuando vió venir a su padre.

-¿Dónde está Kohen?-lle preguntó el banquero, habiéndole al oído; y ella fulminó con una despreciativa mirada. ¡Qué ocurrencia la del viejo! ¡Venir a ella, por noticias del hombre que la había plantado en medio del salón para irse a sus negocios o a sus amores!

Le contestó cualquier cosa y el viejo se alejó corrido como una liebre.

Todavía al alba se bebía y se bailaba en casa de Adalid; pero la gente seria se había retirado antes de las dos.

Marta se quejó de un violento dolor de cabeza, y se hizo llevar a eso de las cinco y se encerró en su cuarto.

Como flores de almendro en la tormenta, volaban en su memoria, nublada de blasfemias, luminosos retazos del Canntar de los Cantares, leídos con él.

Yo dormía pero mi corazón velaba.

"Halláronme los guardas que rondan la ciudad y díjeies: ¿Habéis visto al que ama mi alma?

"Ponme cotno un sello sobre tu corazón, como una marca sobre tu brazo, porque el amor es fuerte como la muerte y como una hoguera los celos..."

A las dos o tres horas de cavilaciones se durmió gracias a un narcótico.

Dormía aún cuando llegaron aq Banco Blumen los cinco personajes del Kahal, a pedir noticias de la desaparición de Ram.

Todos se regocijaban, comprendiendo que habían escapado de un trance mortal.

Ciertamente las riendas del Kahal estaaban en buenas manos. Lo confesaba su propio rival Jehuda Migdal, que esa noche osó decir al presidente: Permítame V.

El que conserve puesto el sombrero porque en mi religión eso es señal de máximo respeto. El presidente, con toda cortesía, le respondió: Cumpla usted con sus ritos, señor Migdal.

Pero Blumen no llegaba a recibir sus plácemes.

Su secretario explicó que el banquero había salido muy temprano de su casa. Daban las doce en el canillón de ta Merced, cuando se abrió la puerta y apareció

Zacarías, más blanco que un chivo sanngrado por el rabino.

Los magnates; lo envolvieron en expresioneo de amistad. El les contuvo.

-¿Ustedes creían que Julius Ram había sido secuestrado por mí?

-secuestrado o bien otra cosa -dijo Jehuda Migdal.

-¡Náda Juan Fugito llegó tarde. Julius Raro ya no esstaba en su casa. Lo que anoche dijo Adalid, es .la verdad: quien lo ha secuestrado es Kohen, por cuenta de la casa Meyerbeer.

—¿Secuestrado o asesinado...?
—¡No! Secuestrado, mejor dicho, contratado. Escuchen la lectura de esta carta, que me acaban de entregar.

Era una tenninante declaración escrita a máquina y firmada por Julius Ram. El químico anunciaba que, temiendo ser asesinado por cualquiera de los hombres ricos a quienes iba a anuinar con su invento, voluntariamente, abandonaba su casa y se refugiaba en la de otro hombre, también rico y poderoso, para dar mayor impulso a sus trabajos en bien de la humanidad.

La carta no iba dirigida a Blumen, sino a cuantos se inteeresaban por aquel descubrimiento; y copias de ella habían sido enviadas a los diarios que las publicaron con gruesos tipos.

La noticia se difundió en el mundo erutero, acongojado por los temores de guerra; y muchos financistas creyeron que el descubrimiento de Julius Ram al suprimir los negocios de armamentos, iba a fundar la paz perfecta.

VIII

DERRUMBE DEL ORO

Elias Silberstein, Rosch del Gran Kahal de Nueva York, entregó a su mujer el telegrama cifrado que acababa de recibir de Buenos Aires, para que se lo tradujese, y en el ínterin, se puso a leer los diarios.

El mundo trepidaba, como las llanuras de Israel bajo los carros de Nabucodonosor, rey de Asiría.

Todavía ninguna nación se había arrojado a la garganta de otra, pero astilleros y arsenales trabajaban día y noche; los ejércitos se movilizaban secretamente; los estaditas perdían el sueño; los banqueros hacían cálculos; las madres, las espoosas, las novias, agonizaban de horror.

La guerra que se aproximaha sí que podría llamarse guerra universal.

El Rosch cerraba los ojos y veía alzarse el humo de las batallas, en todas las tierras y en todos los mares.

La primera declaración partía de Italia contra Etiopía, pequeña guerra que podía terminarse en tres meses. Pero Inglaterra, celosa de su hegemonía en Africa, se oponía a Italia, y Mussolini lograba el apoyo de Francia.

El fuego saltaba a Europa; cada gran nación arrastraba a sus aliados. Y a los aliados de sus aliados. Treinta días desspués, ardía Europa: de un lado Francia, Italia, Rusia, Bélgica, Checoeslovaquia, Rumania, Yugoeslavia...

-¡Doscientos cuarenta m¡Uones de habitantes!

Del otro Inglaterra, Alemania, Polonia, Austria, Hungría y Bulgaria.

¡Ciento sesenta millones!

Antes de tres meses, los neutrales desde España hasta Noruega, veíanse abrasados por las mismas llamas. Revolución en Marruecos y en Turquía. Despertar del león árabe, dormido mil años. Conmoción del imperio musulmán de Harum el Raschid, vencido más no subyugado, desde Tánger, hasta Ispaham, desde Constantinopla hasta La Meca. La Media Luma contra la Cruz. Y más allá el mundo budista convulsionado. La raza amarilla, adiestrada por el Japón, expulsando de Asia a los rusos, y rehaciendo el imperio de Tamerlán, pero respetando a Inglaterra su aliada.

Luego la guerra nacional del Japón contra los Es.tados Unidos. Las escuadras inglesa y japonesa, verdadera Armada Invencible, buscando a la norteamericana en la vastedad del Pacífico, y bombardeando las ciudades de sus costas.

La hora de México y de Cuba y de Puerto Rico y de las cinco repúblicas de la América Central, que tienen cuentas penndientes con la gran nación yankee, a la cual envolverían en una insoportable cintura de fuego. Y el Canadá cayendo soobre sus espaldas e invadiendo sus posesiones boreales.

La hora de Colombia, ansiosa de reconstruir la Gran Colombia de Bolívar, y de recobrar con la espalda las tierras de Venezuela, Panamá, Ecuador y Perú.

La hora ¡también de la cuádrupe alianza: Brasil, Bolivia, Chile y Uruguay.

¡Cincuenta millones de habitantes!

Del otro lado la Argentina y tal vez el Paraguay.

Y la guerra financiada por el Kahal, se extendería así desde el estrecho de Behring hasta el cabo de Hornos.

¡Pavorosa vendimia de sangre! ¡Todos los pueblos de la tierra arrojados como uvas en el gran lagar de la ira de Dios!

"Y el lagar fué hollado, dice San Juan en sus tremendas visones, y los caballos se hundieron en sangre hasta los trenos." (Apoc. 14.20.)

El Rosch sentía erizada la piel. Aunque libro cristiano, gustaba del Apocalipsis, que completaba las visiones de los profeetas judíos Isaías, Ezequiel y Daniel.

Veía la ruina de Londres profetizada en el Apocalipsis.

"Cayó Babilonia la grande, que andaba vestida de púrpura Y todo piloto y todo navegante del mar, se detuvieron a lo lejos. Y prorrumpieron en alaridos... ¡Ay, ay de aquella gran ciudad en la cual se enriquecieron con su comercio todos los que tenían naves en el mar." (A poc. 18. 19.)

Y la ruina de Roma en Isaías:

"Ay de la tierra que hace sombra con las alas, que está tras los ríos de Etiopía...!" (15.18.1.)

Y la ruina de Tokio:

"Aullando naves de Tarsis, porque destruida es hasta no quedar casa... Callad moradores de la isla... Jehovah extendió su mano sobre el mar e hizo temblar los reinos." (Is. 23. 1.)

Y la ruina de Nueva York:

"¡Oh, tú que estás sentada a las puertas del mar y traficas con todos los pueblos...! Tus riquezas, tu comercio, tus merrcaderías, tus pilotos, tus calafates, tus comisionistas, tus soldados, con toda la multitud que encierras, se hundirá en el sello de las aguas el día de tu caída." (Ez. 27.4.27.)

Y la ruina de París:

"Y Babilonia, hermosura de reinos y orgullo de los fieros caldeos, será como Sodoma y Gomorra... Nunca más habitada. Dormirán allí bestias salvajes... y en sus palacios aullarán gatos monteses, y chacales en sus casas de deleites." (Is. 13.19.)

Y con soberbia y regocijo repetía las palabras anunciadoras de que en aquella destrucción de la humanidad, sólo Israel se salvará de la guerra:

"Al fin de los años, vendrá al pueblo que se ha salvado de la espada, recogido de entre las naciones, en las montañas de Israel." (Ez. 38. 8)

Y hendían su imaginación las triunfantes palabras en que Isaías profetiza el imperio judío, sobre las naciones vencidas y las religiones exterminadas:

"Y acontecerá al final de los tiempos que será confirmado el monte de la casa de Jehovah, por cabeza de los monotes y correrán a él las gentes. Porque de Sión saldrá la ley y de Jerusalén la palabra de Jehovah... " (Is. II. 2.3.)

El Rosch podía, pues, sin temor por su pueblo, desencadenar aquella guerra que haría perecer cien millones de seres humanos, pero confirmaría al monte Sión, sobre todos los montes...

Su mujer entró consternada. El telegrama traducido decía: "La invención de Julius Ram no es una patraña. Absoluta certidumbre. Producción de oro al precio del plomo. Inventor secuestrado voluntariamente. Según carta suya publicada en los diarios, trabaja para una empresa. Suponemos sea Meyerbeer. Hoy se han ofrecido en plaza 800 kilos de oro en lingotes. Desorientación y pánico en el Kahal." Firmado: Blumen.

Elias Silberstein no era de esos rabinos plañideros, que rasgan sus vestiduras y prorrumpen en salmos. Aquella noticia, como un viento glacial, disipó sus visiones. El cumplimiento de las profecías, para Elias Silberstein, dependía de la prosperidad de la casa Rheingold. Y la casa Rheingold no podía subsistir, si le quebraban sus puntales de oro.

-Pero, ¿cómo el Kahal de Buenos Aires había dejado maniobrar a los Meyerbeer, sus enemigos? Blumen lo inculpaba a él Silberstein porque en un principio había calificado de patraña la invención de Ram ¡Necia recriminación!

Su mujer aguardaba la respuesta, para cifrada y transmitida. Silberstein escribió:

"El Kahal, genuina emanación del Talmud, sagrado como Dios, no puede sentir desorientación, ni pánico. A cualquier precio, contener la baja del oro, que haría imposible por cien años la guerra que anuncian los Profetas. Rheingold mandaará comprar todo el oro que se ofrezca en la plaza. Entenderse con Meyerbeer. Impedir se publiquen noticias. Aniquilar al invento y al inventor. Silberstein."

Media hora después, el secretario, entregó el telegrama a Zacarías Blumen, mientras presidía una reunión de sus magnates.

Blumen lo leyó en voz alta, y comentó con amargura:

-Comprar el oro que se ofrezca es fácil; pero impedir que se publiquen noticias, es imposibie. Tenemos en nuestras manos muchos grandes periódicos y casi todas las agencias telegráficas, pero no los cables, y hay diarios que están explotanndo ya el asunto. Los otros no podrán callarse más tiempo: aparecería muy visible la conspiración de silencio para ahogar la invención. ¿Qué hacer? Jehuda Migdal dijo concretamente:

-Entendemos con los Meyerbeer; aniquilar el invento; jy que desaparezca el inventor!

-¡Bienhablado! -añadió Halevy.

No pudiendo ocultar el descubrimiento, las agencias lo presentaron como el delirio de un alquimista, a quien sus hornos habían trastornado el seso.

A consecuencia de ello, el pobre hombre hallábase recluido en una casa de salud.

Pero los diarios que no obedecían al Kahal, desbarataron la consigna dando detalles interesantísimos. Los sabios empezaron a discutir, la transmutación de los metales, y los financistas, entraron a exponer sus consecuencias económicas.

Al cabo de unos días, no hubo diario ni grande ni chico en que no se comentara la más formidable invención de los úlltimos siglos. Y el público se apasionó en tal forma, que todas las otras noticias hasta las referentes a la guerra, pasaron a segundo plano.

El mundo despavorido por los armamentos y las declaracionesde los estadistas afiebrados, experimentó un alivio, y concibió una ligera esperania.

Pero los financistas del Kahal sonreían. El oro permanecía firme. En Londres se cotizaba a 140 chelines la onza.

Londres, pues, no creía en la invención de Julius Raro, y Londres daba la palabra al mundo.

Más no tardó la primera bomba. Pascual Hermanos, cambistas de Buenos Aires, compraron a un desconocido 800 kilos de oro en lingotes. Tenían el seNo de Bravi, que equivale a un eerttificado de legitimidad: oro de veinticuatro quilates. Pagaron tres millones y medio de pesos.

Los diarios se apoderaron de la noticia y la cementaron a se manera. ¿De dónde procedía aquel oro?

Londres diría lo que pensaba de la operación; si creía que aquellos lingotes provenían de auténticas minas o de los fantásticos hornos de Julius Ram.

En el primer caso, el oro se mantendría firme. En el segunndo, forzosamente bajaría, y empezaría el pánico de los atesoradores.

El público sintió el inmenso interés de la respuesta de Londres y millares y millares de personas pidieron por teléfono a los diarios, des anticiparan la nueva cotización, que vendría de allí.

Nada se supo en toda la noche. Al alba, multitud de empleados de banca, enviados por sus patrones, se apoderaron de los primeros ejemplares de los diarios y volaron a llevárselos.

Pero el precio oficial del oro lo fija en Londres la casa Rheingold a las diez de la mañana, que son las 6 a.m del meridiano de Buenos Aires.

Los diario, s matutinos, pues, no tenían informaciones frescas Hubo que resignarse y esperar.

Tres o cuatro horas después llegó por cable la ansiada noticia y llenó de paz el corazón de los judíos: el oro había subido dos chelines por onza: de 140 a 142.

Sonrisa del Kahal. Londres no creía en Julius Ram. Los cambisltas ese día compraron y vendieron como de costumbre pequeñas cantidades, un kilo, cinco kilos, alguien llegó a diez kilos.

Al tercer día, otro desconocido se presentó misteriosamente en la casa Pascual Hermanos con un camión: dos mil kilos de oro, que los banqueros pagaron a toca teja, medio chelín por onza menos que en Londres.

Reporteros y fotógrafos, que andaban ávidos de aquellas notas, explotaron el suceso en los ruidosos diarios de la tarde. Uno de ellos lanzó una edición especial con este título: "¡El ero de Julius Ram se vende a 4,30 pesos el gramo!"

Blumen quedó satisfecho. Los 2.800 kilos habían salido secretamente de sus propios depósitos. No quería violar públicamente el juramento de los magnates del Kahal. Más tamo poco quería quedarse con sus 80 toneladas de oro, hasta que valieran menos que el plomo. Se desprendería de su oro: fa vendería al principio a una casa cristiana, y luego, cuando fuera posible, .se lo encajaría al propio Rheingold, que tan se- guro estaba de su valor.

Al otro día, todo Buenos Aires aguardó ansiosamente las ediciones especiales que los diarios comenzaron a imprimir a las nueve de la mañana, sólo para dar la cotización del oro.

Respuesta de Londres: el oro había subido otros dos chelines.

Blumen recibió un telegrama: "Compre todo lo que se ofrezca en plaza. Invitóle a conservar el suyo" Firmado: Rheinngold.

Blumen se echó a la calle para observar lo que ocurría. En todas las casas de cambio de Buenos Aires, presentábanse desconocidos con lingotes de oro: quién llevaba diez kilos, quién llevaba cien, quién mil y dos mil.

La agitación en los bancos fué inmensa. La policía custodiaba los cajones que llegaban de las más extrañas procedencias. Oro de San Luis. Oro del Neuquén. Oro de La Rioja.

A las once los magnates del Kahal se reunieron en el Bannco Blumen y renovaron el juramento de comprar cuanto puudiesen y de no vender ni un miligramo.

A las dos de la tarde Blumen volvió a salir y al ver el moovimiento de los negocios de moneda, dijo para su coleto:

—Mis cantaradas son tan ranas como yo: están vendiendo el oro. Hacen bien para eso la Sinagoga celebra en el mes de Tirsi (septiembre) el Día del Perdón, el Yon Kiipur en que se perdonan los juramentos violados.

Lo malo era que en adelante resultaría imposible saber cuánndo el oro que se vendía era de Raro y cuándo era de los judíos. Al anochecer se produjo un comienzo de pánico, porque eno de los más fuertes cambistas puso un cartel: No comopro oro.

En carolbio, un -trival ese día comipró hasta tres mil kilos, pagando un chelín menos por onza.

Respuesta de Londres: el oro mantenía su precio. Llegó el sábado que es día muerto, y luego el domingo. Y todos pensaron: el lunes será decisivo.

El mundo entero seguía, con el corazón apretado, aquella polémica sin precedentes, en que la calle San Martín de Buenos Aires, osaba contestar a la omnipotente calleja de Londres, Swan Lañe, inexpugnable trinchera de los Rheingold.

Hasta el viernes, Londres triunfó. Su actitud quería decir: "No temáis, el oro es inconmovible. Comprad todo lo que os ofrezcan. Las ventas cesarán en cuanto terminen las existencias de oro libre. Y entonces lo haremos subir más aún."

Pero el sábado pareció vacilar. Y las gentes se preguntaron: ¿qué va a ocurrir el lunes? Ocurrió la cosa más extraordinaria.

Tres camiones se detuvieron trente a la Caja de Conversión; tres camiones que venían embarrados, como si hubiesen viajado toda la noche por malos caminos de la campaña.

¡Y tenían en grandes letras el nombre de Julius Ram!..

Media hora después, se decía en toda la ciudad que aquellos camiones traían diez mil kilos de oro sellado.

El efecto de tamaña noticia fué indescriptible.

El Directorio de la Caja de Conversión debió encontrarse delante de un singular problema.

La ley le obligaba a comprar todo el oro que se le llevase a $ 1,550 el kilogramo. Pero la ley no podía suponer que hubiese oro fabricado.

Y aquellos diez mil kilos, a pesar de los sellos que atestiguabán sus 24 quilates, era evidentemente oro artificial. A menos que su dueño fuese un loco.

Porque sólo un insensato podía ofrecer diez toneladas a $ 1,55 el gramo, cuando en la misma calle había quien le paagase $4,30. Perder por capricho, en una sola operación, 27 millones, no era ocurrencia de cerebro normal.

Solamente un loco o... un alquimista. Es decir, un productor de oro falso. Lo primero no podía ser, porque locos capaces de arruinarse de ese modo, no andan sueltos. Luego, era verdad lo segundo.

El Directorio de la Caja de Conversión discutió durante dos horas. Y entretanto los camiones permanecieron al rayo del sol, custodiados por treinta soldados armados a máuser, y flanqueados por una turba de curiosos.

Y empezó a circular la explicación, que había de difundirse en los diarios y llegar, a Londres esa misma tarde: "Solamente un alquimista, a quien el oro le cuesta menos que el cobre. Si hoy le compran estos diez mil kilos, mañana traerá cincuenta mil, todo lo que pueda transportar."

Al cabo de dos horas se dijo que el Directorio resolvió cumplir la ley, y autorizo la operación, y los empleados empezaron a descargar cajas y cajas de lingotes.

Fué aquello un golpe teatral. Desde que alguien vendía oro a $ 1,55 el gramo, resultaba insensato pagar más; y todas las casas bajaron de golpe su precio.

Era la contestación de la calle San Martín, de Buenos Aires. Antes de veinticuatro horas replicaría Swan Lañe, de Londres.

Y replicó así: oro en baja, diez peniques por onza. Verrgonzante comienzo del pánico.

La leyenda del alquimista empezaba a transformarse en historia, que el mundo iba creyendo. Multitud de pequeños poseedores de oro, temiendo su desvalorización, se apresuraban a convertido en buenos billetes, para comprar con ellos mercaderías, cuyos precios iban a subir.

El contagio de las ideas, lo mismo que del entusiasmo y del miedo, es lento al principio: el pueblo desconfía de las noveedades, sobre todo de las que contradicen conceptos enraizados en los espíritus; pero de repente el ritmo se acelera, y el nuevo sentimiento forma una corriente impetuosa e irresistible.

Durante esa agitada semana, las noticias de Buenos Aires llenaron la primera página de los periódicos del mundo, haaciendo pasar a segundo plano las cuestiones políticas e interrnacionales. Y no quedó un Directorio de Banco o de soociedad anónima que no se reuniera para estudiar las conseecuencias de la estupenda invención.

No obstante que los más autorizados químicos y físicos habían opinado en favor de Julius Ram, los financistas, esspecialmente la banca judía, obedeciendo a la consigna del Kahal, se negaba a creer, e impartía órdenes de comprar toodo el oro cristiano que se les ofreciera.

Según los cálculos del Kahal, en una semana se habrían agotado las existencias, porque los cristianos sólo poseen pequeñas cantidades. Los cálculos fallaron. Pasó la semana y arroyo de oro en monedas y en lingotes seguía afluyendo a las casas judías, que no salían de su asombro. Y es que los israelitas del mundo entero, contra el mandato del Kahal, silenciosamente se iban desprendiendo del oro que poseían.

¡Por las dudas!

Ya no era necesario que Julius Ram aumentara con oro artificial las ofertas del mercado. El oro salía de seculares esscondrijos, brotaba por todos los poros, y las fundiciones de meetales preciosos desbordaban de público, que acudía a transsformar en ligotes, controlados y sellados, alhajas viejas, cadenas rotas, medallas olvidadas, chafalonía insignificante, que reunida formaba una masa imponente, jamás sospechada por los financistas.

Londres no dialogaba ya con Buenos Aires, sino con todas las plazas de la tierra, porque de todas le llegaban ofertas extrañas.

Rheingold seguía firme, esperando que Blumen se entenndiera con su rival Kohen, y parase las fatídicas máquinas de Julius Ram.

En Buenos Aires los cambistas dejaron de comprar y vendieron todo al Banco de Blumen, a los precios de Londres. Creían en Julius Raro, porque seguían viendo llegar a la Caja de Conversión los misteriosos camiones embarrados.

El Banco Blumen, de pronto, dejó también de comprar, a raíz de un telegrama fulminante. Rheingold había adivinado que Zacarías, valiéndose de hombres de paja, le estaba traseegando sus millones de libras; y acabaría por hacerle tragar, a precios de guerra, todo el oro falso que vomitaran los hornos de Julius Ram.

Puesto que Blumen dejó de comprar oro, no quedó más adquirente posihle que la Caja de Conversión, al 40 por ciento de los precios de Londres.

Hasta ese momento el oro argentino, falso o legítimo, no había pesado realmente en las cotizaciones de Londres, porrque estaba prohibida la exportación. La influencia de la innvención de Ram había sido puramente psicológica.

Pero cuando Rheingold supo que tenía en Buenos Aires, en las arcas de su sospechoso representante, veinte millones de libras, o sea 160 toneladas de oro inactivo, por el cual la Caja de Conversión pagaría la tercera parte de lo que pagase Londres, empezó una campaña para que se permitiera su exportación.

No fué necesario mucho esfuerzo. Puesto que el oro de Rheingold dormía estédl en las cajas del Banco Blumen, y no serviría nunca sino para maniobras funestas al país, el gobierno halló conveniente que la Argentina fuese la primera nación que restableciera su libre comercio. Así mostraba la solidez de sus finanzas.

Al alba comenzó el desfile de los cincuenta carros que transportaron los lingotes de Rheingold al vapor que debía llevárselos.

De nuevo las agencias telegráficas, sumisas al Kahal, intentaron ocultar la noticia, y hasta dijeron que aquel barco no partía fletado por Rheingold, sino por otro.

¡Empeño inútil! Más de cien mil personas acudieron a la dársena a ver partir la nave, que al llevarse aquel oro, parecía aliviar la respiración del país.

El mismo día se supo en Londres lo ocurrido y ya no fué posible contener el alud. La onza bajó de golpe 30 chelines, cosa nunca vista.

Y lo que ocurría en Buenos Aires ocurrió entonces en el mundo. Mllones de personas que guardaban algún puñado de oro, corrieron a cambiado por billetes, que, no obstante ser moneda de papel, era la única que el comercio conoóa y aceptaba.

La gente ya no quer.ía saber cuántas onzas de oro había detrás de un billete de mil libras, sino cuántos de esos limpios y firmes papeles del Banco de Inglaterra, había detrás de mil libras de oro.

El oro dejaba de ser moneda, es decir, medida de valores y entraba a ser tnlercadería, cuyo valor se medía con otra moneda.

¡Extraño fenómeno psicológico! El mundo, envenenado por doctrinas funestas, había vivido creyendo que si algún día les faltaba el cimiento del oro, se derrumbarían las monedas de papel y con ellas las naciones.

Y he aquí que se observaba justamente lo contrario. Se hundía el oro y los billetes no se desvalorizaban.

Indagando la causa de este fenómeno, se advirtió esta senncilla verdad:

La moneda legal de una nación no precisa ninguna garanntía de oro, cuando existe en cantidad proporcionada a las necesidades del comercio.

Su valor se funda séilidamente en la necesidad de moneda que siente toda nación, para sus transacciones.

El valor disminuye sólo cuando hay demasiada moneda; y aumenta cuando escasea.

Esta observación fué una luz para los estadistas, que antes se preguntaban azorados con qué remplazarían al oro. ¡Con nada!-les contestó brutalmente la realidad insospechada-. Porque no es necesario reemplazado.

En seis meses, el oro cayó de tal manera que los gobiernos y los ciudadanos cancelaron todas sus deudas, con la décima y hasta la centésima parte de su antiguo valor. La cristiandad se sintió libre de prisiones y respiró con holgura.

Renació el optimismo, que parecía quemado en la raíz; se reanudó la vida comercial entre los pueblos; se restauraron los negocios arruinados; se reabrieron las fábricas, cerradas por falta de consumidores; se extirpó aquel cáncer de la desocupación, y se afianzó la paz.

Absortos gobiernos y pueblos en resolver los problemas que iba planteando el maravilloso invento de Julius Ram, desdeñaron las intrigas internacionales; se enfriaron los odios y se detuvo la funesta carrera de armamentos.

El Kahal sintió que se quebraba en su mano el instrumento que venía manejando desde los tiempos de la Biblia.

Pero todavía le quedaba el recurso que Elias Silberstein sugiriese: que los Rheingold se entendieran con los Meyerbeer y se destruyera la invención y al inventor.

Blumen no había sido capaz de realizar la maniobra. Elias Silberstein tomó el avión de Nueva York a Buenos Aires, y en seis días hizo el viaje. Llegó enfermo, aturdido por las hélies, mareado; pero en medio día se rehizo, y convocó a los gnates de la Sinagoga.

E invitó especialmente a Kohen.

Entonces que el representante de los Meyerbeer había desaparecido. Nadie, ni los secretarios de su oficina, ni la tenían la menor noticia de su paradero.

Ni siquierasabían con exactitud qué día se le vió por última vez.

IX

EL ROSCH EN CASA DE THAMAR

Julius Ram obtuvo un resultado diametralmente opuesto al que se proponían los antiguos alquimistas.

Pensaban éstos aumentar las riquezas de la humanidad, y, por lo tanto, la felicidad de los hombres, al aumentar la existencia de oro.

Se imaginaban que el oro en sí era una riqueza, y que el mundo tenía una necesidad ilimitada de oro, y que éste connservaría su valor, es decir, su poder adquisitivo, aunque abundara extraordinariamente.

El descubrimiento de Ram, puso de manifiesto el error de ideas tan pueriles, que muchos en los tiempos modernos, comparten.

Ram no aumentó las riquezas de la humanidad, al inventar la manera de producir en abundancia una cosa que no servía para nada más que para moneda.

Pero, al destruir el insensato valor del oro, libertó a la humanidad de la dictadura que el Kahal ejercía sobre las moonedas de todas las naciones, y, por consiguiente, sobre la producción y el trabajo de todos los hombres.

Cuando los estadistas perdían el sueño, ante la súbita depresión del oro y se rompían la cabeza para inventar la nueva moneda, hallaron que el tremendo problema se había resuelto por sí solo: el papel moneda continuaba circulando como antes, el público no manifestaba ninguna repugnancia en recibirlo.

La gente se asombraba de lo que ahora estaba viendo; pero, más aún, de lo que antes había visto, pensado y creído.

¡Y fué una lección de humildad! Ya el orgulloso siglo XX no podía mofarse de los siglos pasados, que aceptaron por verdades cantidad de disparatados prejuicios.

Necedad haber creído que el sol volteaba alrededor de la tierra, según creyó Tolomeo; o que los gusanos se engendran del lodo, como creyeron Aristóteles y Santo Tomás. Pero mil veces mayor necedad creer que solamente el oro pueda servir de moneda universal.

Aquellos errores no perjudicaron a nadie;" pero esta mentira había engendrado miserias y guerras y mantenido a la humanidad esclava de un puñado de prestamistas.

Destruido el sortilegio que defendía al oro, la cristiandad comprendió que la firma de un gobierno en un billete es meejor garantía que el oro, y menos peligrosa, porque el metal, gracias a su escasez, puede ser acaparado por los enemigos de la nación.

Julius Ram, que había dado ocasión al descubrimiento de esa verdad simple y fecunda, se hizo el hombre más admirado, querido y tamibién odiado de su tiempo.

Lo admiraban los sabios y el pueblo.

Lo adoraban los obreros, a quienes había dado trabajo, merced a la properidad que suscitd; y los agricultores, cuyos productos se habían valorizado al derrumbarse el poderío de los acaparadores; y las madres y las esposas y las novias de los soldados; y los soldados mismos, que ya no harían la guerra, por enriquecer a los magnates que acuñaban su sangre; y los deudores estrangulados por los usureros.

Lo odiaban los avaros, cuyo tesoro se convertía en un montón de escorias, y los usureros, y los prestamistas, que hacían el negocio de los armamentos, y los periodistas venaales, que traficaban sembrando alarmas, y los economistas decía vieja escuela, cuya inepcia quedaba de manifiesto.

Buenos Aires estaba orgulloso de ser la cuna de la invenció; y trente al laboratorio, en el Parque Lezama, se agolpaba el gentío. Mas las ventanas del vetusto caserón permanecieron ceerradas y sobre el casquete de la tría chimenea se posaban los gorriones. Era evidente que en aquella casa no vivía nadie.

En ese otoño la Capital Federal debía elegir un senador, que la representara en la alta cámara del Parlamento. Algún diario lanzó la idea de votar a Julius Ram, cuya invención había dado trabajo a treinta millones de obreros.

El día de la elección, 400.000 ciudadanos votaron por aquel hombre, que no pertenecía a ningún partido y a quien no conocían ni por retrato.

Obtuvo el triunfo, pero no se presentó a recoger el diploma. Tampoco podía ser elegido porque era extranjero.

La curiosidad pública aumentó. En realidad ¿quién sabía algo de Julius Ram? ¿No era, acaso, un mito? Y si era hombre de carne y hueso ¿dónde estaba?

No pudiendo reportearlo a él, que había desaparecido coomo volatilizado en sus propios hornos, los cronistas acudían al Colegio Militar e interrogaban a los que tuvieron la suerte de escuchar de sus propios labios las famosas teorías sobre la desintegración de la materia.

El detalle más insignificante se inflaba y se aderezaba y en pocas horas daba la vuelta al mundo.

Las pobres agencias telegráficas no tenían más remedio que transmitirlo todo, y a decir verdad, prestábanse aparentemennte de buena gana, esperando que el Kahal hallaría modo de arreglar los asuntos de Israel.

Cien veces en su historia de sesenta siglos, los judíos se han hallado en trance de ver raída de la faz de la tierra su nacionalidad, su religión y su raza.

De una manera u otra, se han acomodado a la adversidad, v han soportado todas las desgracias y han sobrevivido hasta dominar por la astucia a sus vencedores.

Ese pueblo tiene la lengua suave, la sangre fría y la piel dura.

El Rosch, Elias Silberstein, llegó a Buenos Aires, admiró a Marta Blumen y pensó que su padre era un necio, pues no había sabido aprovechar semejante aliado.

Y recibió en el acto una extraña noticia: la casa Meyerbeer declaraba no haber tenido la menor noticia del invento de Julius Ram antes que los otros judíos, y juraba por la sagrada Thora no haber vendido un solo gramo de pro artificial.

El Rosch Silberstein meneaba la cabeza:

—Eso podéis contárselo a los goyim. Un verdadero hijo del Talmud no os creerá nunca.

Pero entretanto nadie sabía dónde estaba Mauricio Kohen y en qué laboratorios ocultos trabajaba su fantástico alquimista.

El Rosch Silberstein dijo a Zacarías Blumen:

—Encomendemos a vuestra hija el negocio de hallar a Kohen y de enamorarlo...

—No puede ser —respondió Blumen—; ese insensato se ha enamorado de la hija del inventor.

—¡Increíble! —replicó el Rosch—,Una cristiana puede amar a un judío; pero el día que un judío se enamore de una cristiana, se juntará el cielo con la tierra... Eso está en el Talmud.

—Hubo un tiempo —explicó Zacarías— en que ese fatuo amó a mi hija...

—Y ella ¿qué sintió por él?

—Me avergüenza confesar que ella lo amó también. Y que no lo ha olvidado.

—En tal —caso —dijo el Rosch con tría seguridad—, ella logrará que olvide a la muchacha goy y vuelva al Kahal. Pésimo sería que se hiciera cristiano.

Marta había ido a pasar en Mar del Plata los últimos días de aquel verano, en que se ocupara muy poco de las cosas que antes llenaban su vida, y mucho de las misteriosas intrigas del Kahal. Harta de su vida anterior, agitada y vacía, no lograba empero fijar su corazón en las novedades de su vida actual. Fué al principio como una espada contra los cristianos, que manejaba Kohen. Ahora sentía, se empuñada por otra mano.

Sus costumbres apenas habían variado. Voluntariosa, casi extravagante, sus amigos no le pedían cuentas nunca de las horas que pasaba lejos de ellos.

Los que pensaban bien, se la imaginaban encerrada en su casa o en solitarias y novelescas excursiones en avión, por los campos de su padre, que eran más grandes que los dominios de un rey. Y no faltaban quienes la creyeran entregada a obras de caridad, visitando los pobres de su parroquia.

Los que la detestaban, y le sonreían, esperando que ella alguna vez les concediera algún favor, la imaginaban oculta en su estancia, con algún misterioso compañero, favorito de un día, a quien mañana abofetearía como a un esclavo.

Marta Blumen sabía lo que pensaban y se reía y los despreciaba: ¡Idiotas! ¿Por qué pensáis mal de mí? ¿Cuál de vosotros se puede jactar de haberme ni siquiera besado la mano?

Por mal que dijesen de ella, no sospechaban que fuese la copa de oro del Kahal, en que innumerables muchachas gooyím iban a envenenarse, imitando sus caprichos y su libertad.

Para disimular mejor sus actuales empresas, seguía como antes las prácticas religiosas: concurría a los templos y parecía compartir el fervor profundo o ficticio de sus compa- ñeras en las ceremonias de aquel cristianismo que su voluntad aborrecía, pero del que no lograba despegar .su corazón.

Que tal manera que ella, capaz de profanar todas las cosas, no había osado nunca acercarse al comulgatorio y cometer el sacrilegio de recibir con alma impura el Cuerpo de Cristo.

-¡Todavía tengo entrañas de goy! -decía con rabia de sí misma. Le parecía que si ella un día comulgaba sacrílegamente, manaría sangre de aquellos crucifijos, que ya no quería mirar.

Su padre la llamo por teléfono desde Buenos Aires.

—El Rosch Silberstein quiere confiarte una misión difícil. Ven hoy mismo.

Sin despedirse de nadie, subió a su aeroplano, que ella misma guiaba, y tres horas después o conversaba en el despacho de su padre.

Mientras le exponía su plan y le daha sus instrucciones de señor y amo, el Rosch contemplaba con ojos expertos y coorazón conmovido, la hermosura de aquella hebrea

de sangre pura y brazos fuertes, capaz de entrar como Judith en la tienda de Holofernes, y degollado con su propia espada.

Los judíos talmudistas no creen sagrada la historia de Judith, mas la consideran inspirada por la Bath Kol (hija de la voz), especie de segunda inspiración; y por eso el Rosch Silberstein, poniendo las manos sdbre la cabeza de la muchacha, la bendijo con palabras de ese libro.

—Búscalo y que te vuelva a amar por tu belleza, sin que tú lo ames. Y que "el Señor ponga en tu corazón bastante firmeza para despreciado y bastante fuerza para perdedo." (Jud.9.14.)

Marta salió de la presencia del Rosch mordiendo la oración de Judith. "¡Bastante firmeza para despreciado; bastante fuerza para perderlo!" ¡No! Ella no pediría nunca a Dios firmeza para despreciado, ni fuerza para perdedo.

Acababa de hacer un curioso descubrimiento en aquella tierra ignota, que era su propio corazón. Había renunciado a su religión por él. No renunciaría a él por nadie.

Alguien, ya no sabía quién, tal vez Fernando Adalid, le había dicho que su alma era profunda. Ahora lo creía.

La profundidad del alma sólo se descubre cuando la Hena el amor. Pero los grandes amores son involuntarios; florecen sin nuestro propósito; se marchitan in nuestra culpa.

Aquel amor, que al principio hiciera sonreír a su dueña, nacido como una rosa en la playa del mar, había resistido a las olas y al viento, y traspasado con finas y tenaces raíces la costra soberbia del pobre corazón que se ignoraba a sí mismo, y llegado a las capas profundas que hay en los corazones más áridos, como un resto de la herencia divina. Antes de amar, no habría consentido jamás que el amor la hiciera sufrir. Asomada al borde de su propio misterio, comenzaba a descubrir que la esencia de ese gran sentimiento es el dolor; pero que en el fondo de todas sus amarguras, hay un sorbo de miel que confiere la inmortalidad a quien lo gusta. Por e.so el dolor de amor tiene cierta inefable dulzura y no quiere nunca morir. Ya que no puede gozar, prefiere vivir padeciendo.

El Rosch la vió alejarse y quedo pensativo.

-Esta Judith tiene ojos de hebrea, pero corazón de cristiana-se dijo rectificando su primera impresión-. Mucho me temo que no sea capaz de cortarle la cabeza a su Halofemes.

Blumen, que había asistido a la conversación con su hija, preguntó:

-¿Qué está pensando, Rosch?

Silberstein no le escuchaba. Por la altísima ventana abierta hacia el Este se divisaba el enorme puerto, con sus diques reepletos de potentes navios, que parecían amarrados en las calles mismas de la ciudad; a lo lejos, aquel río sin igual, pereezoso y amarillento, sin duda, pero vasto como un mar, donde podrían anclar todas las escuadras y todas las flotas del muncro.

Hacia el Oeste se abría otra ventana; y por allí la vista corría leguas y leguas y se fatigaba persiguiendo los límites de la ciudad, cabeza monstruosa de un cuerpo infantil.

El Rosch sabía que la Argentina es un país grande por su territorio y sus ilimitadas riquezas, y pequeño por el número de sus habitantes.

Y recordó que el fundador del sionismo (restauración de la patria israelita) el gran Teodoro Herzl, proyectó reconstruir su nación en alguna parte del territorio argentino.

Muerto Herzl, sus impacientes sucesores cometieron el inmenso error de preferir la vieja Palestina agotada y semisalvaje, a esa nueva y fecunda tierra de promisión, cuya capital contaba ya niás judíos que toda la Judea restaurada.

Más aún era tiempo de reparar el funesto error.

La enorme ciudad pesaba moralmente sobre ellos más que París sobre Francia, más que Nueva York sobre los Estados Unidos, más que Londres sobre Inglaterra, más que Roma sobre Italia. El que se apoderase de ella sería el dueño de toda la nación.

La Sinagoga podía, aprovechándose de la espléndida liberrtad que otorgan a los extranjeros las leyes argentinas, hacer de Buenos Aires la verdadera

Babilonia judía; mejor que Varsovia, demasiado pequeña; mejor que Nueva York, donnde el Kahal tiene enemigos demasiadcr grandes.

Blumen no sabía idisch, pero hablaba muy bien el inglés, Silberstein prosiguió:

-No es posible que todo el mundo ignore dónde está Mauricio Kohen. ¿Acaso la policía no lo sabe?

-No, Rosch, no lo sabe. Yo le he preguntado al jefe, que es mi amigo.

-¡Bah! Si fuera realmente su amigo, ya Kohen y Raro estarían en nuestras manos. Se ha perdido mucho tiempo; trataremos ahora de recuperado. Aquella Thamar que fué su novia, hermana de Mauricio...

-Nada sé de ella. Hace mil años que no la veo.

-Yo iré a veda.

-Cuidado, Rosch. Los Kohen son enemigos de los Rheingold. Una sola palabra que ella quiera explotar, puede perdernos.

- Ya estamos perdidos, Blumen. ¡Ya estamos perdidos!

Hoy, en Londres, se han ofrecido diez millones de onzas de troy a 20 chelines la onza. Todavía el mundo está sorprendido y algo vale aún ese pobre metal, pero si los hornos de Ram siguen vomitando escorias amarillas, antes de un mes valdrá nada... ¿Cuánto oro calcula usted que se ha vendido en Buenos Aires?

Zacarías se puso rojo de vergüenza. El Rosch lo miró en las pupilas y le dijo:

-¿Usted conserva aún sus diez millones de esterlinas?

-¡Oh sí!

El Rosch hizo una mueca y se fué a casa de Thamar. Thamar no se sorprendió cuando su vieja criada anunció Elias Silberstein. Thamar sabía que si el Rosch había emprendido tan largo viaje, era porque el Gran Kahal de Nueva York quería ganar de nuevo la voluntad de los Kohen.

Recibió a su ilustre visitante en el despacho. Sentados treno a frente, a la media luz de un atardecer filtrado por un ligero store de muselina, el Rosch, con voz sorda y ojos fulgurantes, le pinté la situación del mundo, tal como podía verla un rabino.

-Los dieciocho siglos anteriores a la revolución francesa, llevaron la marca de Cristo...

¡Maldito sea el impostor! Pero desde el siglo XIX los años tienen la marca de Israel.

¡Bendito sea el santo nombre de Dios!

-¡Bendito sea!

-Nuestra obra ha sido hábil y completa. Nos estorbaba aristocracia. Los nobles oprimían con la izquierda a sus vallasos, pero los defendían con la derecha. El socialismo, el comunismo, el bolchevismo, han aplastado a los nobles y abierto el camino a los financistas de nuestra raza, que hoy mandan más que los reyes.

-Yo no creo en los financistas; creo en Dios y en los Profetas -dijo Thamar.

-Los financisras son las herramientas con que Dios trabaja en provecho de Israel. De nada sirve que los campos argentinos produzcan magníficas cosechas, y los telares ingleses millones de yardas de herniosas telas, y los altos hornos de Pittsburg montañas de acero. Eso no es riqueza; eso es pobreza y ruina mientras no entre en circulación.

-Es verdad, y ahora lo advierten nuestros campesinos.

—Los poetas han cantado al trabajo y a la fecundidad de la tierra. En realidad cantaban al oro, porque nada vale un producto, que no halla cómo cambiarse por otro; y no puede cambiarse mientras no aparece el oro que sirve de intermediario.

—O la moneda que lo representa. ¿No es así?

—¡Así es! Los fabulistas han endiosado al obrero, pobre fantoche animado por esa cuerda del salario que manejamo., nosotros; porque de nosotros depende la abundancia o la escasez del dinero, que hace que el obrero tenga trabajo o no, alquile sus brazos por poco o por mucho.

—Gran habilidad haber convertido el trabajo humano, que es la dignidad del hombre, en una mercadería. Pero la crisis que estas ideas han desencadenado está a punto de volverse en contra del Kahal.

—¡Sí! ¿Y de quién es la culpa? Estábamos en la última etapa de la conquista universal. Un paso más y la serpiente simbólica enceraban en su círculo al mundo. La cabeza tocaba en Nueva York. La cola en Nankín. Nos faltaba reunir Tokio y extender otro círculo sobre el hemisferio Sur, partiendo de esta no ble ciudad de Buenos Aires. "Ya se oía el relincha de los caballos hacia la parte de Dan", como anuncia el profeta Jeremías. Ya se aproximada el advenimiento del rey de la sangre de David, que reinaría desde el monte de Sión. Ya se podía fijar como cierto que el año 1966, o sea el 5726 de los judíos, se .cumplirían las visiones del Zohar.

Thamar entrecerró los ojos para escuchar mejor la enfática voz del Rosch.

—Se levantará en ese año una columna de fuego que st' verá en todas partes durante cuarenta días. El Mesías abano donará su refugio del Edén, semejante a un águila que abano dona su nido, y aparecerá como un rey en la tierra santa de Galilea. Los cristianos huirán despavoridos a ocultarse en las cavernas. La columna de fuego se extinguirá, y brillará una estrella oriental de mil colores, que tres veces por día, durante diez semanas, luchará contra siete estrellas y las aniquilará. Se apagará la estrella y aparecerá otra vez la columna de fuego, como una escala de Jacob, para que el Mesías suba al cielo, donde recibirá el poder y la corona de David.

Descenderá de nuevo; muchas naciones lo reconocerán, y desencadenará una guerra universal, la última guerra, y se cumplirán las promesas de la Ley y será cierto lo que dice nuestro gran rabino Jehuda: "El santo (¡bendito sea El!) Sacudirá la tierra para eliminar a los impíos, como se sacude un manto, agarrándolo por las orillas, para desprender el barro."

El Rosch quedó acezando, fatigado de su vehemencia. Thamar aguardó silenciosa.

-¡Pero ya las profecías no podrán cumplirse a nuestros ojos! -Exclamó con desesperación-, Y el pueblo escogido, continuará por siglos de siglos siendo el ludibrio de los pueblos cristianos.

-¿Por qué, señor?

-Porque un goy, más abominable que un perro muerto, ha roto el instrumento con que el Kahal dominaba al mundo.

Ese hombre debería haber desaparecido, antes de que su impura invención se difundiera; pero trabaja oculto y protegido por una poderosa casa judía, ¡espanto y vergüenza me da decirlo!

-Ese hombre es Julius Ram... Pero ¿cuál es la casa? El Rosch desatendió la pregunta y prosiguió:

-Durante años la nación judía ha vivido separada en dos campos enemigos. Los Meyerbeer de un lado.

-Sí -apoyó Thamar-; y los Rheingold del otro.

-Durante años se han batido los hermanos. Triunfos y derrotas de una y otra parte. Pero en fin de cuentas, las dos casas prosperaban, merced al genio de nuestra raza, que gana con la lluvia y con la sequía, con la abundancia y con la escasez. Los años de paz eran favorables a vuestros amigos. Los años de guerra a los míos... Las dos casas eran dos torres invencibles, con cimientos de oro. Mas la maldita invención de ese perro infiel, las ha convertido en dos torres fundadas sobre arena. Antes de un año, los míos y los vuestros serán más pobres que los goyim que piden limosnas a las puertas de las iglesias... y ni nosotros, ni nuestros hijos, ni los hijos de nuestros hijos verán cumplirse las profecías...

—¡Yo no tengo hijos! —replicó Tharnar con resentimiennte—. Todo el oprobio de mi vida y la amargura de mi casa, me vienen, Rosch, de vuestros amigos, los Blumen, expulsados de la Sinagoga hace treinta años, por apóstatas, y readmití dos ahora por aliados de los Rheingold.

—Lo sé —respondió el Rosch humildemente—; y vengo a ofrecer la paz. Dividiremos el mundo como el manto de un rey. La mitad para vosotros; la mitad para nosotros. Y nunca más rivalidades entre los Meyerbeer y los Rheingold. Nunca más guerra en los campos de Sión. Nuestro enemigo es Cristo, el impostor, y todo pueblo que confiese su nombre. Cristo morirá de nuevo y para siempre; los pueblos ayudados secretamente por nosotros, sacudirán sus Constituciones y sus gobiernos y querrán un jefe que borre las fronteras y las nao cionalidades, y las religiones y funde la paz. Y el Kahal se lo dará y será el rey de la raza de David, que reinará desde Jerusalén...

El Rosch hablaba en nombre de los Rheingold. Thamar comprendió la importancia de aquella proposición y el gran honor que recaería sobre su nombre, si en casa de los Kohen, se firmaba la ansiada paz entre los judíos.

Tendió ambas manos al Rosch y le respondió:

—Mi vida ya no puede reconstruirse. Pero la torre de David con cinlientos de oro debe salvarse. ¿Qué quiere uso ted que haga yo, pobre mujer?...

El Rosch apretó esas manos ardientes y nerviosas y dijo: —Ese goy...

—Julius Ram.

—Que es un apóstata, puesto que .su nombre es júdío, ha sido ya condenado por el Gran Kahal. Condenado él y su descendencia, sus libros y sus ideas, perniciosas para Israel.

Thamar preguntó:

—¿Quién ejecutará la sentencia?

—Mauricio Kohen, que volverá a ser Rosch del Gran Kahal de Buenos Aires.

—Pero ¿cómo sabrá mi hermano el paradero de Julim Ram?

—Diga, más bien, cómo sabremos nosotros el paradero de Mauricio Kúhen, porque es indudable que hallando a uno encontraremos a los dos. La hija de ese impuro goy...

—Sí, ya sé lo que se dice, pero es falso...

—En todo caso no sería contrario al Talmud, porque tratándose de una infiel, los judíos, hijos de Dios, tenemos to- dos los derechos...

—Lo sé -dijo Thamar.

El Rosch saludó profundamente y se fué con blando caminar felino.

X

INCREÍBLE REVELACIÓN DE ADALID

Sobre el puente del "Alcántara", el único buque, .según Rogelio Adalid, en que un hombre de sus gustos podía viajar, le dió Fernando el abrazo de despedida.

Rogelio volvió a Londres satisfecho de sí mismo, harto de su patria y furioso con el Presidente, a quien no se le había ocurrido hacerlo ministro de Hacienda.

Fernando le deseó un buen viaje y no pensó más en él.
Cuando llegó a su escritorio, eran las once de la mañana.
Sonaba el teléfono. Voz de mujer.
-¿Va a salir, Fernando? ¿No puede recibirme?
-¿Quién habla?
-¡Increíble que no me conozca!
-Tienes razón; perdóname.
Una dulzura triste desfiguraba la voz de Marta.
-Si quieres venir ahora, te aguardo. Yo también tendría muchas cosas que decirte, si fueras capaz de escucharme. -¿Qué significa escucharlo? ¿Seguir sus consejos? -No pido tanto. Me basta con que mis palabras caigan en tu corazón como una buena semilla.

Algún día germinarán.
-¡Puede ser! La verdad es que yo no olvido nunca las cosas que me dice, aunque no siempre sean agradables. -Por eso las recuerdas.

-¡Así es! ¿Dispone de tiempo ahora? ¿Tiene visitas?
¡Mejor que no haya nadie!.. Voy para allá.
Las ventanas del despacho de Adalid daban a la calle. Un cuarto de hora después, oyó la corneta del coche de Marta.

La joven encontró a su tío leyendo unos papeles de, la Bolsa.

-Me encuentras de buen humor. Primeramente porque te veo...

-¿Y después?

-Después, porque todos los negocios andan bien. Basta comparar los precios de hoy con los de un año atrás. Es una da de prosperidad y optimismo, después de seis años de miseria universal.

-¿Quiere decir que los precios de todos los títulos y paapeles que se venden en la Bolsa han subido?

-No todos. Algunos se han derrumbado, por ejemplo, los valores puramente usurarios. Las rentas a oro, están por el suelo; con un peso papel se puede comprar un título de Cien pesos oro...

-¿Por qué?

-Muy sencillo: cada peso oro equivale, por mandato de la ley, a un gramo y medio de metal oro. Y así como el .acreedor tiene derecho a exigir que le paguen en oro y no en papel (y de esta cláusula se valían antes los usureros, para estrangular a sus deudores), el deudor también tiene derecho de pagar en oro. Y actualmente el oro es una mercadería común que cuesta muy poco.

-Gracias a Julius Ram" a usted ya...

-Ya me imagino a quién vas a nombrar... ¿Todavía estás enamorada de él?

- ¡Ni de él, ni de nadie!.. .No hablemos de él...

-Sin embargo, has venido a hablarme de él... ¡Confiésalo!

-No hay nada más penoso que discutir con un hombre quee cree conocer nuestra alma.

-Yo no creo conocer tu alma... Yo no conozco, y me parece extraño conocerla mejor que tú. ¿Por qué eres menos tranca contigo mismo que conmigo? A mí me has confesado, con los ojos, con la tristeza de la voz, con el palpitar de tu corazón, que se ve en el latir de tus sienes, a mí me has confesado que lo amas, y no eres capaz de confesártelo a ti nusma...

-¡Bah! Hablemos de negocios... Siga explicándome lo que ha visto en las cotizaciones de la Bolsa.
-Yo preferiría hablar de tu alma.
-Yo necesito hablar de la Bolsa.
-Como quieras...
-Usted y Julius Ram y Mauricio Kohen han arruinado a mi padre.
-Deja ese punto para luego. Tu padre es... inarruinable.
-Pero lo cierto es que esta ola de prosperidad ha arruinado a muchos.
-Efectivamente, los usureros se han arruinado. El dinero circula, es decir, ya no es un privilegio de unos cuantos capitalistas, y con ello parece más abundante, aunque exista la misma cantidad de billetes.
-Entonces, ¿por qué han bajado también los títulos de renta papel?
-Porque las gentes prefieren invertir su dinero en acciones de empresas productoras: automóviles, carbón, petróleo, cueros, lanas, maderas, granos, vinos. El consumo univerrsal de mercaderías ha aumentado, a causa de la abundancia de trabajo y los altos salarios, que permiten al pueblo comprar más que antes. Ha aumentado el consumo, y, por lo tanto, ha aumentado el interés de las gentes por acciones de esas empresas prósperas.
-¿Y las minas de oro?
-Esas, valen menos que bancos de arena. Esos ricos que fundaban su orgullo en haber acaparado los medios de pago de la humanidad, se revuelcan ahora desesperados sobre su oro inútil.
-¡Mi pobre padre! -exclamó la joven con ironía.
-¡Psch! No te aflijas por él; tu padre es un... ¿cómo dicen ustedes, las niñas bien, cuando hablan en lunfardo? -¿Un ranún?
-Sí, un ranún. Tu padre vió venir la desvalorización del oro y secretamente le fué vendiendo a Rheingold, todo el oro que él poseía. Ha perdido algo: un diez, al vez un quince por ciento. Se ha desacreditado en el Kahal. Pero no va a

morir de miseria... Los Rheingold sí, están sintiendo crecer las margaritas sobre su cuerpo.

-¡Pobrecitos!

-Han reinado ciento cincuenta años. Treinta millones de soldados han muerto en los campos de batalla, para que sus negocios prosperasen. Ahora a ellos les toca el turno de morir.

-Ese odio no es cristiano.

-¡Qué los he de odiar! Yo no odio a nadie. Yo no he pensado en ellos al ayudar a Julius Ram. Só lo he pensado eh salvar a mi patria, semidevorada por los financistas judíos. -¿Y él, Mauricio Kohen, le ha servido de mucho en este asunto del oro artificial?

-¿Cómo podría servirme un hombre que es de la raza de Aarón?

-Por vengarse de los Rheingold y sin pensar que la ruina de éstos será la ruina de Israel.

-Eso se lo habrás oído a tu septilcral amigo Elias Silberstein.

-Veo que está muy enterado de los secretos del Gran Kahal... ¿Confidencias de Mauricio Kohen? Si la Sinagoga lo advierte, lo van a fulminar .con el Herem a él, y a usted con...

-¿Con la subasta del MeropiiéJ que hizo tu abuelo contra mi padre? ¡Ya no tengo miedo! El poder de la Sinagoga ha desaparecido. Antes podía comprar con treinta din.eros tantas cosas, la vida de Cristo, la conciencia de un juez, los editoriales de un diario, la reputación de un gobernante, y hacer la guerra y sabotear la paz.

-¿Y usted cree, Fernando, que en adelante no se podrán comprar las mismas cosas, la vida, la conciencia, la opinión, la deshonra, y hasta la sangre de los soldados?

-Sí; pero tendrán que pagar más, y tus amigos pensarán mucho antes de hacer el gasto. Será mejor negocio el dejar que los hombres vivan en paz y sean un poco más honrados.

Adalid descubrió en ese instante algo que le pareció una novedad: los ojos de Marta no eran crueles, ni felinos, sino dulces y profundos y visiblemente tristes.
-¡Pero tú no has venido a hablarme de los Rheingold! Marta permaneció callada, con el pensamiento lejos. En esa actitud su figura cobraba una gracia nueva.
-Estoy orgulloso de ti -dijo él, contemplándola con Interés-, pero abochornado de mi ciudad.
-¿Por qué?
-¿Por ventura no hay en Buenos Aires un muchacho capaz de conquistarte?
-No hablemos de mí, ni de los muchachos de Buenos Aires. Yo soy ¡no sé qué! Pero ellos, decididamente unos atolondrados. Se pasan tres, cuatro horas conmigo, que sólo una vez he castigado a uno; con eso le digo lo toleran que soy. Bailan, beben, charlan. Majaderías, recetas de cocktails, modas, marcas de automóvil, datos para las carreras alguna vez veinte centavos de filosofía... ¡Bambolla! ¡Vulgaridades! Están enamorados y no se animan a decírmelo. No saben que una declaración, aunque parezca inoportuna, es siempre no encuentro la expresión... ¡ayúdeme, Fernando!
-¿Emocionante?... ¿Perturbadora?
-¡Mucho más! Una declaración repentina y bien hilvanada, es como un tiro con los dos cañones de la escopeta, que una recibe en el pecho. Pocas mujeres la resisten. Pero los hombres prefieren demostrar su amor, antes que declarado. Y nos dan tiempo a reflexionar...
-Eso no lo dirás por Mauricio Kohen, que te soltó los dos tiros sin decir: ¡agua va!
-¿Quién se lo ha contado?
-Tú misma.
-Es verdad. Por eso le digo que no es fácil oír esa palabra sin...
-Me alegro de no ser de tu generación, porque es seguro que yo habría apretado los dos gatillos de mi escopeta... Vamos a ver, ¿qué has hecho de tu pebre Mauricio?

—¡Mi pobre Mauricio!-replicó ella con sarcasmo- Justamente quería preguntárselo a usted: ¿.Dónde está mi pobre Mauricio? ¿Lo ha quemado en los hornos de Julius Ram?

—¡Qué quieres que sepa! ¿También tú crees que Kohen y yo nos hemos asociado para explotar el oro artificial? No soy tan estúpido. ¿Para qué repartir ganancias que puedo guardarme yo solo? En todo caso, te notifico a tí, para que se lo cuentes a tus amigos: los hornos de Julius Ram, hace dos meses están apagados.

—¿Por qué?

—Porque al precio actual del oro, no hay interés en prooducir más. Lo que existe hoy basta y sobra para sus aplicaciones industriales. Si por cualquier motivo volviera a valorizarse, volveríamos a producido. Pero tú no has venido a oír estas cosas... ¡Habla con franqueza, muchacha!

—Es verdad... Yo no venía a eso. Venía porque tuve un sueño; pero no vale la pena contárselo. Ya me ha dicho que no sabía dónde estaba Mauricio.

—¿Soñaste que yo sabía? ¿Yeso te interesaba a ti o al Kahal?

—Al Kahal, a mí no...

—Ya me imaginaba yo que esta Visita me la hacías por cuenta de la Sinagoga. Siento sobre mí los ojos de tu padre para descubrir mis planes.

Marta se ruborizó.

—¡Discúlpeme!

—Te disculpo y te comprendo. Todavía más que a ellos te interesa a ti saber dónde está Maurieio Kohen, ¿no es cierto?

—y yo había soñado, -prosiguió ella, desentendiéndose de la cuestión.

—¡Los sueños no significan nada! Yo también he soñado otra cosa. ¿Te la digo?

—Dígame todo lo que piensa de mí.

—Soñé que amabas a Mauricio Kohen.

—¡Ya ve! ¡Los sueños no significan nada! Usted que sabe tantas historias judías, por lo visto no sabe la historia cristiana de la hija de Julius Ram. ¿Le parece que Marta Blumen es mujer que se enamore de quien la desprecia?

-Soñé también que él te amaba...

-Yo no creo más que en los sueños de la Biblia.

-Ese hombre te ha hecho un daño grande, pues te arrastró a la Sinagoga. Si ese hombre volviera algún día al catolicismo en que fué bautizado, ¿qué harías tú?

Marta quedó inmóvil, más pálida que la misma muerte. El corazón le latía con tanta fuerza que durante el silencio de los dos se sintió su rudo golpear.

Adalid se acordó de aquella magnífica obra de Tamayo, que hizo furor en Buenos Aires, cuando él era niño, Un drama nueYo, y recitó lentamente estos versos:

¿Qué me podrás decir? Sin voz, ni aliento Parecieras, tal vez, de mármol trío, Si no se oyera el golpear violento Conque tu corazón responde al mío...

-¡No, no! Mi corazém no responde al suyo. ¿Usted piennsa que yo volvería a hacerme católica, para no perderlo? ¡El mismo amor no puede causar dos apostasías!

-Estás mal dispuesta para oírme. Otra vez te diré lo que pienso de tí.

-He venido a oírle. ¡Hábleme! Estoy cansada de oírme a mí misma. Antes, cuando me encerraba en mi cuarto, me parecía estar sola, y me calmaba. Ahora, mi cuarto está lleno de visiones. Mi alma es una noche espesa, cruzada de relámpagos. Si no viera ninguna luz, sentiría- menos mi obscuriidad... ¡Hábleme, por favor! ¡Estoy desesperada!

Se sentó en el brazo de un sillón y sollozó. Se levantó, co mo un resorte, se quitó el ligero saquito de Jersey, y quedó en blusa sin mangas, una blusa de color vivo, que hacía juego con el sombrerito, rojo.

La pollera, también de Jersey de lana, tejida a rayas oblicuas y en relieve, diseñaba su figura, estudiada y sencilla a la vez.

Se aproximó al tablero de caoba de la biblioteca, pulido como un espejo, y contempló su imagen.

-Un día, me miré aquí mismo buscando una marca...

—Me acuerdo... No me quisiste decir qué marca era. Entonces no la tenías... ¿La tienes ahora?

—¡Todavía no!

—¿La tendrás algún día?

—Sí... más que una marca es una señal de predestinación.

—Explícame, si quieres que te hable.

—¿Tiene por ahí un Nuevo Testamento?

—Aquí está.

—Busque hacia el fin, en el capítulo 13... del Apocalipsis.

—Ya está-respondió Adalid, abriendo el libro donde ella quería. Lee tú que tienes mejores ojos.

Marta leyó:

"Y a todos, pequeños y grandes, ricos y pobres, libres y siervos, hará una marca en su mano derecha o en su trente."

—¿Quién hará eso y con qué objeto, hija mía?

Marta cerró el libro.

—Mre mi trente, y mi mano y mi brazo... ¿Tengo acaso la señal del Antieristo? Adalid miró con angustia aquella herniosa trente, nublada por el remordimiento.

—Tú tienes la marca de Cristo, de que habla Sal). Pablo... (Gal. 6. 17.)

—Yo soy judía y no creo más en Cristo.

—¡Pobre criatura! Tú, que andas ahora a vueltas con la historia de los judíos, recordarás un pasaje del Génesis, cuan- do Noé, después del Diluvio, abre la ventana del arca y deja salir un cuervo.

—Sí; el cuervo no. volvió más.

—No volvió porque halló su alimento en los cadáveres que cubrían la tierra.

—Después Noé soltó una paloma-dijo Marta, por mostrar que, en efecto, conocía la Historia Sagrada.

—Pero la paloma -explicó Adalid- no halló lugar limpio y seco dónde posarse, y volvió al arca. Y Noé, dice la Escritura, extendió la mano y la hizo entrar. ¿Te acuerdas? -Sí. Eso no lo he aprendido en la Sinagoga, sino en mi colegio de monjas, " ¿Por qué me lo cuenta?

-Tú también has salido del arca, y no hallas dónde asentarte... si fueras como el cuervo, que encontró sus delicias en la carne putrefacta, no volverías nunca; peto te pareces a la paloma y un día volverás.

Marta Se cubrió el roStro con las manos y se puso a llorar dulcemente, arrinconada en el sofá.

Adalid permaneció callado, como si no advirtiese nada.

Sabía muy bien que ese llanto era de orgullo y no de contrición; pero un corazón que se desborda en lágrimas, está lejos de la obstinadón en que se hunden los verdaderos apostatas.

-No te invito a almorzar, porque mi mujer está en Mar del Plata y yo me iré a Bernal.

¿Tienes tu coche?

-¿Quiere que lo lleve a Bernal?

-No; llévame hasta la estación, donde tomaré el tren.

Bernal es una pequeña ciudad próxima a Buenos Aires, don- de hay fábricas diversas, entre ellas una muy importante de papel.

Marta pensó que el viaje tendría algo que ver con lo que preocupaba al Kahal.

-Ya sé por qué no quiere que yo lo lleve, Porque allí está el laboratorio de Julius Ram...

-No -respondió tranquilamente Adalid, mascullando la punta de su habano-. Allí hay una fábrica de la que soy presidente.

-Apostaría cualquier cosa a que en esa fábrica está Julius Ram...

-Y ganarías: efectivamente, allí está...

-¿No ve? Fabricando su oro artificial...

-No, hija, no; fabricando papel. Julius Ram ha descubierto un tipo de papel insuperable para la impresión de billetes de banco.

-¿Y sus hornos que producían montones de oro?

-¿Montones de oro? ¿Quién te lo ha dicho?

-¡Usted! ¿No le maduró, como dicen ahora, veinte toneladas de plomo? Adalid se echó a reír.

—Algunos gramos alcanzó a transmutar, es cierto. Luego cesó la fabricación... No valía la pena, porque el oro, a causa del pánico que les entró a los judíos, cayó perpendicularmente, y costaba más producido que comprado en la plaza.

—Y esto que me cuenta ¿es un secreto? —No, por cierto. Puedes contárselo al Kahal.

—¿Se está burlando de mí? ¿Dice que ahora Julius Ram fabrica papel?

—Sí, un papel especial para billetes de banco, que desafía a los más hábiles falsificadores. El ministro de Hacienda ha dispuesto reemplazar la actual emisión fea, sucia y fácil de falsificar. Trabajamos día y noche. He vendido la producción del año entero... ¿No has visto nuestros camiones descargando trente a la Caja de Conversión?

—He visto unos camiones blindados, que parecían venir de lejos, a juzgar por el barro de sus ruedas. Y que tenían el nombre de Julius Ram.

—¡Esos mismos! Venían de Bernal. Aveces los caminos están malos...

—¿Y qué traían esos camiones?

—Y.a te lo he dicho: papel para imprimir billetes...

—¡Estupendo! ¿Y ahora lo cuenta usted?

—Sí, ahora. Pero esto te guardarás bien de decido, porque el ministro de Hacienda quiere conservar el secreto de la nueva emisión. Me arruinaría; si lo divulgases.

—Pero ¿sabe usted lo "lúe el público creyó de esos caamiones?

—¿Qué? Yo apenas salgo de mis oficinas...

—¡Que acarreaban oro! Impresionado por los guardia! que los rodeaban y por el peso enorme de cada caja...

—Sí, nuestro papel pesa mucho: ésa es, precisamente, su característica.

—¡Usted no podía ignorar lo que se decía!

—Algo supe, en efecto —respondió con displicencia Adalid—, Pero no tenía por qué andar rectificando las ocurren- cías del público.

—¿Y no advirtió que, gracias a ese engaño, el oro hajó enormem.ente aquí y luego en Londres?
—¡Parece mentira que mis inocentes camiones hayan producido tal efecto!
—¡Con qué tranquilidad lo dice usted!
—Pero, ¿cómo quieres que ahora me irrite de lo que haya pensado el público, si de ello no ha nacido un mal, sino muchos bienes?

Marta encendió nerviosamente un cigarrillo.
—¡No, no! ¡Usted se está burlando de mí! ¡Quién sabe con qué intención me dice esto!
—Probablemente, para que se lo cuentes al Kahal, y el precio del oro vuelva a subir y yo pueda colocar unas cuantas toneladas más en buenas condiciones... ¿Qué te parece?
—Ya no quiero servir a esos personajes. Hábleme con franqueza o desconfíe de mí y no me diga nada. Pero esté seguro de que Elias Silberstein no tendrá más noticias por mí, que las que usted quiera mandarle.
—Te creo, estoy seguro, y además no me importa que le cuentes lo que acabo de decirte: esta inmensa revolución de las condiciones económicas del mundo, radica en un engaño: no, hay tal oro artificial.
—¿No le importa pues, que esto se divulgue? ¿Por qué?
—Porque no te creerán.
—¿Y si me creyeran?
—Pensarán que es una artimaña mía para valorizar mi producción.
—Pero... ¿y si le creyeran, como yo le creo?

Aldalid sorió enigmáticamente encogiéndose de hombros.
¡El porveni esde Dios!
—¿Y los caños que desaparecieron? ¿También es mentira?
—Que desaparecieron de mi huerta, es verdad. Pero es mentira que se convirtiesen en oro. ¡Cuánto me hicieron gozar tus amigos, la noche del baile, cuando fueron cayendo, tiriópor tino, a espiar detrás de las hortensias!

Adalid se rió a carcajadas.

—También el presidente fué con ellos...
—Pero -él' esrabá en el secreto.
—¡Ah! Entonces, la salvación del Banco de Sud América ¿se debió a la ayuda del gobierno?
—Sí. El gobietno comprendió que la caída de un banco, en: el estado en que se hallaba el mundo, arrastraría al abismo a todos los otros y al país a la revolución social. El Banco de la Náción me apoyó y me salvó y se salvó él mismo.
Nunca .se ha realizado en la Argentina un acto de gobierno más inteligente y más fecundo.
—Esto lo sospecharon en el Kahal...
—Ya lo sé. Tus amigos ven claro en los negocios. Pero esta vez los enloqueció la leyenda de Julius Ram
—¿Es, pues, una leyenda?
—¡Vamos! Una leyenda, no. La transmutación de los metales es una verdad científica.
La química moderna...
—¡Por favor! Ya no soy mensajera del Kahal, y ese es un cuento bueno para la Sinagoga...
—Ahora haces mal en no creerme...
—Dejemos hoy este asunto. ¿Quiere que lo lleve a la estación?
—Sí. El pobre Julius Ram está desesperado: su hija se empeña en ser monja.
—¡No!
—Te digo que sí.
—¿Y por qué motivos?
—¡Qué sé yo! Presumo que tendrá vocación. Marta acompañó a su tío hasta que tomó el tren de Bernal, sin lograr otras noticias, y volvió excitadísima a su casa; y cuando le dijeron que esos señores del Kahal querían hablarla, contestó que se fueran todos al diablo, que ella tenía jaqueca y necesitaba dormir.
Más tarde, sabiendo que el Kahal seguía deliberando en el despacho de su padre, garabateó un hillete y se lo mandá. Decía así:

"Todo el oro que se ha vendido por toneladas en el mundo, en los últimos meses, es bueno y legítimo. El que ha fabricado Julius Ram, apenas alcanzaría para emplomar los dientes de Mr. Elias Silberstein."

XI

RAM DESTROZA EL ATHANOR

Blumen leyó aquel papel delante de los cinco magnates, y del Rosch Silberstein, y los siete quedaron mirándose las caras.

-¿Quiere leer de nuevo eso? -suplicó el Rosch; y Blumen leyó otra vez:

-... "apenas alcanzaría para emplomar los dientes de Mr. Elias Silberstein".

-Esta joven, es, sin duda, muy descortés -comentó el Rosch de Nueva York-, pero lo que dice tiene aire de ser verdad.

Los otros seis quedaron mudos.

-De lo cual se infiere -prosiguió' Silberstein- que el oro que se ha vendido en Buenos Aires, era el que habíamos jurado no vender, el oro judío.

-¡Imposible!

-¡De ninguna manera!

-¡Habría sido violar un solemne, ¡juramento!

-¿Están ustedes seguros de no haber vendido ni un grano de metal amarillo?

Los seis volvieron a jurar, pensando que el día del perdón (Yom Kipu) había adquirido el derecho de mentir, sin pecar.

El Rosch Silberstein sonrió con malicia y complacencia.

-Me alegro que .sea así-dijo-.De esa manera, Rheinngold habría hecho un inmenso negocio comprando oro a hajo precio, y ustedes conservarán el que tenían... Porque el oro va a subir otra vez.

Los seis palidecieron hasta la médula.

El pobre Gutgold que, a pesar de la papa, sentía más su reuma, preguntó desalentadamente:

-¿Usted cree que el oro va a subir?

-¡Indudablemente! En cuanto el mundo sepa que ha caído en una trampa cristiana, nuestro ídolo recobrará la adoración de los hombres.

-¡No! ¡Esta si que es una farsa del viejo Adalid!-dijo Mgdal-.Con esta noticia, Adalid pretende levantar el precio del oro, para lanzar a la plaza algunos miles de kilos, que Julius Ram le ha fabricado.

Discutieron largamente ese punto de vista, y todos, menos el Rosch de Nueva York, creyeron que esa era la explicación. Silberstein meneaba la cabeza.

-Esa joven, que habla con tan poco respeto de mis dienntes ha dicho la verdad.

Megrémonos y cantemos alabanzas al Señor. Riheingold ha hecho el mejor negocio del siglo, como prando todo el oro que le ofrecieron, y ustedes, observando el juramento de no vender el que poseían. Antes de un mes el oro valdrá más que nunca.

Salió con paso ligero y la mirada risueña y los otros seis se quedaron llenos de confusión y angustia.

Elias Silberstein se perdió en el tumulto de aquella ciudad, sobre la que su mente incubaba ya grandes proyectoo. Ahora sí que podría hacer de ella su capital, la Babilonia, en cuyos muros nacería el Anticristo.

En sus calles limpias, en los mercados prodigiosamentl abastecidos, en los negocios brillantes, en las infinitas construcciones nuevas, en el aire de las gentes que pasaban alegres y ágiles, sobre todo en el aspecto de los obreros, se advertía la prosperidad y la libertad.

Las mercaderías valían más, ciertamente, a causa de la depreciación universal del dinero; mas ahora los obreros tenían con qué adquirirlas, porque abundaba el trabajo y éste valía también más.

El trabajo es la única mercadería que la mayoría de los seres humanos puede producir. En los pueblos en donde es bien pagado, se considera más la dignidad del hombre. En los pueblos donde al obrero se le paga mal, un hombre es casi un esclavo y vale menos que un buey, porque su carne no se come. Y cuando es un obrero sin trabajo, vale menos que un perro.

También se notaba en Buenos Aires una potente reacción espiritual, gracias a una labor profunda, que el catolicismo realizaba en las almas libertadas de la angustia económica.

De tal manera que el Rosch, en un rapto de pesimismo, escribió en su agenda de Memorias:

Este pueblo ha vivido hasta hoy en una extrema abyección, porque hemos logrado infiltrar en sus leyes, los tres principios de nuestra política: en lo económico, la doctrina del oro; en lo político, el sufragio universal y el fetichismo de la democracia, y en lo religioso, el ateísmo de Estado, con sus sabrosos frutos: la enseñanza laica y el descanso del sábado, en vez del jueves.

"Pero nuestra obra está en peligro. Ya nadie cree en el oro, y en Buenos Aires el catolicismo prepara un Congreso Eucarístico que asombrará al mundo y le permitirá reconquistar el país.

"Si esta nación se liberta del Kahal, por la invención del oro artificial y por la idea católica, se retardará cinco siglos el cumplimiento de las profecías."

Eso escribió el Rosch por la mañana; pero a la noche se rectificó de este modo:

"Los destinos de I.srael se cumplirán y Buenos Aires será la Babilonia de las profecías en 1950.

"La invención de Julius Ram es una impostura. La fortuna de los Rheingold se ha acruentado enormemente. El oro valdrá más cada día. ¡Israel, he ahí tu Dios!"

La gran alegría del Rosch no aligeraba ciertamente la pena de los otros miembros del Kahal, que .se consideraban deshonrados y arruinados.

Ahora se les ocurría echarse a la calle y comprar todo el oro posible, para enjugar sus enormes pérdidas. Los contuvo el argumento de Jehuda Migdal. ¿Y si fuese una maniobra de

Adalid? El viejo zorro, aliado de la casa Meyerbeer, podía ganarles otra partida...

La desaparición de Mauricio Kohen les hacía pensar queefuera su cómplice. Pero esa noche se presentó Mauricio en casa de Thamar, que le había dirigido telegramas a todas las direcciones imaginables, conjurándolo a volver.

La perfumada frescura del jardín escalaba los balcones del salón.

Las manos diligentes de Thamar dispusieron la mesa para los dos, a la luz de unas bujías, que se quemaban dejando en el aire un meloso perfume de cera.

Ella misma serviría y podrían hablar sin testigos.

-¿Dónde has andado? ¿No sabes que en tu ausencia el mundo ha cambiado de quicio?

¿Qué idea tuviste? ¿Qué hechizo te retuvo?

-No estaba lejos, y muchos días los pasé en la ciudad. No he abandonado mis negocios.

-¿Negocios o amoríos? En el Kahal te creían asociado con Adalid y Julius Ram, para explotar esa funesta invención...

Mauricio Kohen sonrió.

-¡Mala memoria la de mi hermana Thamar! Hace pocas semanas me ofreciste toda tu fortuna para que me apoderase del secreto de Julius Ram...

-No había estado con Elias Silberstein, y quería vengarme del Kahal y de los Rheingod. Las cosas han cambiado. El desprestigio del oro será funesto por igual a toda nuestra nación; se hundirán los Rheingold y no se salvarán los Meyerbeer...

Mauricio volvió a sonreír.

-En el Kahal me creían asociado con Adalid... y tú ¿qué creías.

-Yo pensé que anduvieras en aventuras con esa muchacha goy.

-También tú me aconsejaste ese camillo.

—Las cosas han cambiado. Nuestros enemigos de entonces, son nuestros amigos de hoy... ¿Qué has hecho, pues?

—He comprendido mejor que tú lo que iba a suceder: y por intermedio de agentes fidelísimos he comprado en secreto durante meses todo el oro que se vendía en Buenos Aires. Creían que fuese Rheingold el comprador, cuando en realidad era el que vendía, contrariando las órdenes del Kahal. Hoy la casa Meyerbeer posee la mitad del oro del mundo, y puede librar batalla en ese terreno a sus enemigos.

—¿Qué precio pagaste?

—Nunca más de la décima parte del antiguo precio.

Thamar quedó consternada.

—Has salvado a los Rheingold y has hundido a los Meyrbeer. ¿No eras socio de Adalid? ¿No veías las toneladas de oro artificial que vomitaban los crisoles de Julius Ram?

—Julius Ram no ha producido ni un gramo de oro... Adalid no ha comprado, ni vendido un miligramo. —¿Cómo lo sabes? ¡Tengo fiebre!

¡Cuéntame!

—He sido socio de Adalid y obrero de Ram. Adalid y yo tuvimos juntos la misma idea: provocar el pánico del oro mediante la invención de Julius Ram. Mi plan, lo conoces: yo quería levantar mi casa mil codos arriba de los Rheingold, para quienes la desvalorización del oro sería peor que la muerte. Berta Ram me vió dispuesto a creer en la invención, no quiso mi ruina, y me confío la verdad. De los crisoles de su padre no salía más oro que el que ella depositaba, secretamente, por cuenta de Adalid.

—¿Con qué propósito obedecía ella a Adalid?

—Desacreditar los negocios judíos, que se fundan todos en ese metal.

—¿Y tú fuiste su cómplice?

—No, puesto que el oro de que Blumen y Gutgold se desprendían, los compraba aquí y en Europa, mi casa, por agentes secretos.

-¡No salía, pues, de manos judías! -aprobó Thamar en voz baja.

-Gracias a Berta Ram entré de obrero en el laboratorio, y me encargué de ejecutar su tarea: depositaba gránulos de oro en los crisoles y en las probetas, donde se fundían o maduraban las escorias de plomo, yeso era lo que descubría el sabio, con gritos de júbilo. Adalid y yo hemos despilfarrado así miles de kilos de oro legítimo, que los visitantes y hasta los obreros se llevaban como recuerdo.

-Lo que aumentaba el pánico y hacía bajar el oro... -dijo Thamar.

-Hacía bajar el oro, que mis agentes luego acaparaban en todos los mercados del mundo... ¿Comprendes ahora?

Thamar guardó silencio y quedó tan pensativa que Mauricio se mostró inquieto.

-¡Siéntate; dime lo que ahora te preocupa!

-Comprendo tu plan -respondió ella-; vencer a los Rheingold. Y comprendo parte del plan de Adalid: complicar en su empresa a los judíos y difundir la especie de que los Meyerbeer estaban en el negocio y vendían aquel oro falso.

-En efecto, ese fué su plan, y yo lo adiviné y me presté a ello, porque me convenía.

-Pero no comprendo-Prosiguió Thamar- que sabiendo, como sabía, que todo se fundaba en un engaño, no aprovechase él también la baja del oro, para llenar sus cajas, coomo lo has hecho tú...

-Tampoco yo lo comprendo -respondió Kohen caviloso.

-¿Escrúpulos de goy, tal vez?

-No creo.

-Hay que vigilar, entonces, al viejo zorro cristiano.

-Por viejo y por zorro que sea, nunca tendrá el cerebro sutil e ingenioso de un judío...

-Me consuela oírte. Pensé que esa muchacha goy hubiese contaminado tus ideas. Mauricio respondió con cierta tristeza:

-¿No piensas tú que el judaismo es indeleble?

-¡No sé! ¡Lo que antes sabía ya no lo sé! Nosotros seguimos diciendo que el judaismo es indeleble, y que no hay bautismo capaz de borrar la circuncisión; pero detrás de nuestros segadores, van las Ruth cristianas recogiendo las meejores espigas. ¡Cuántas conversiones hemos visto, aquí mismo en Buenos Aires!

-Yo fui un convertido, a mí me bautizaron, pero su bautismo de agua, no borró el bautismo de sangre de la Sinagoga...

-¡Que siempre sea así! -dijo Thamar besándolo en la frente como una madre.

-Así será -respondió aquel duro circunciso.

Pero nadie sabe el rumbo de los vientos de Dios. Pues con, forme a San Pablo, "la salud no depende del que quiere, ni del que corre, sino de la misericordia de Dios". (Rom. 9. 16.)

Pronto las noticias se difundieron en la Bolsa y provocaron una enorme agitación. La versión que corría era ésta:

"Julius Ram está loco. El oro artificial es una colesal estafa de la casa Rheingold, para acaparar el legítimo."

La indignación del público fué tal, que el Banco Blumen, indicado culpable de aquella maniobra, tuvo que pedir vigilantes para defender sus puertas. Y como no bastase, explicó en un manifiesto que creyendo verdad la invención había ven- dido el oro legítimo que poseía. Blumen, pues, no era el culo pable de la estafa sino la principal víctima...

Se inculpó entonces a los Meyerbeer, pero una publicación de Adalid, puso las cosas en su lugar.

"¿Qué le importaba al público quién fuese el autor y quién la víctima de la estafa, dado el caso de que realmente fuera una estafa?

"La verdad era que gracias al oro artificial, producto real o imaginario, el mundo había entrado en una era de propiedad sin parangón en la historia.

"El mundo cristiano, libre ya de su prisión, no tenía por qué lamentarse de que en lo porvenir los dueños del oro fuesen los judíos de esta calle y no los de la otra.

"Eso lo discutiría el Kahal en sus misteriosas reuniones."

La palabra de Adalid calm ó los ánimos y la discusión pasó al cam.po de las teorías financieras.

¿Qué iba a ocurrir en las monedas y en los precios, si llegaba a probarse que el oro artificial era un embuste? ¿Se derrumbaría el papel moneda sin garantía de oro?

¿Subirían o bajarían los precios? ¿Cómo resolver a la Suprema Corte los pleitos que se iban a originar por la universal cancelación de las deudas?

Y a todo esto, ¿dónde estaba Julius Ram, sin cuya reaparición no podía demostrarse ni que estuviera loco, ni que fuese un embaucador?

Días tristes aquellos para Berta Ram. Había descendido a todas las amarguras, especialmente a esas que espantan al hijo de Sirach el Eclesiástico, el cual acepta de antemano:

"todas las amarguras, menos las amarguras de! Corazón". (Ecli. 25. 12.)

Las circunstancias le habían asignado un papel, que ahora le costaba indecible tortura desempeñar.

Tenía que mentir a su padre y mentir a Mauricio, por salvar a los dos. Y finalmente mentirse a sí misma y llamarrse feliz.

Durante años había visto a su padre arruinarse delante de sus hornillos, persiguiendo aquella fantasía de la desintegración de la materia.

Hundida la familia en la dura pobreza, pudo, mientras tuuvo una casita en qué vivir, proseguir los experimentos que eran su vida misma, con tanta más obstinación, cuanto que el éxito parecía inminente, y el mundo científico acogía sus pu- blicaciones y confirmaba sus teorías.

La pérdida de la casa y de las instalaciones, imposibles de rehacer en otra parte, sin mucho dinero, interrumpiría los maravillosos experimentos y sería un golpe mortal a aquel cerebro de alquimista, nunca muy equilibrado.

Si su padre sobrevivía a tanta pena, se volvería loco.

Por ese tiempo la llamó Adalid y le ofreció la tranquilidad para las investigaciones de su padre, si consentía en realizar un plan que no causaría daño a nadie.

Berta era la única persona en quien su padre tenía confianza.

¡Cuántas noches, agotadas sus fuerzas durante alguna experiencia, que no podía interrumpirse, el sabio se había doro mido en un viejo sillón, sin apartarse de sus hornos!

Berta, iniciada en la alquimia, velaba a su lado y proseguía el experimento.

En el local del Parque Lezarna, antigua fundición de metales, cuyas instalaciones se adaptaron al nuevo destino rápidamente, Julius Ram multiplicó cien veces su actividad.

Días y noches se mantuvo en el caliginoso ambiente del laboratorio en una tremenda excitación de nervios.

Contra su voluntad, tal vez por indiscreciones de su protector, se habían filtrado noticias. Se decía que ya se habían vendido en las casas de moneda, algunos lingotes de oro. El correo le traía cartas de todo el mundo en que lo apremiaban a divulgar sus procedimientos. En algunas se transparentaba la duda y la mofa, y Julius Ram bramaba como un buey herido, y amenazaba enloquecerse de veras.

Una de esas noches, medio muerto de fatiga, se dejé caer en un sillón y llamó a Berta.

Le mostró con angustia y devoción el nuevo hornillo, construído conforme a los planes de aquel maravilloso alquimista de la Edad Media, en cuyo libro

Nicolás Flanel aprendió la ciencia hermética. Era un Aludel, nombre que los adeptos dan a una retorta de forma especial, y estaba sobre un hornillo extraño, el famoso Athanor de Abraham el judío.

Julius Ram lo había construido todo con sus manos: tomando infinitas precauciones, y no había comenzado el experimento sino en el momento propicio, en que los astros es- tán en determinada posición. Para lo cual debió hacer un cálculo no solamente astronómico, sino astrológico, de acuerrdo con las sabias y precisas indicaciones de Elias Ashmole en su Theatrum Chemicum Britannicum (Londres, 1652).

Comenzó la división alquímica de sus sustancias estando el Sol en el Sagitario y la Luna en el Camero, y finalmente llegaba, estrictamente de acuerdo con la técnica, a la maduración bajo la conjunción del Sol y de la Luna, en el signo del León (fórmula que debía interpretar no astronómicamennte, sino astrológicamente, pues para un alquimista los plañe, tas son los metales y el Athanor es todo el sistema cósmico).

-Papá, estás con fiebre -díjole Berta, besándolo-; descansa un poco y yo cuidaré el Athanor.

Era la vigésimoprimera noche del experimento.

Se trataba de repetir lo que en el siglo XVIII habían hecho unos alquimistas alemanes, cuyas recetas Julius Raro logró interpretar, después de ímprobos estudios.

En un amplio vaso de vidrio, mediado de tortísimo vinagre, había mezclado seis partes de buen vittiolo de Hungría cal- cinado (sulfato azul de cobre), tres partes de subacetato de cobre; media parte de limaduras de hierro y seis partes de mercurio purgado.

Previamente, dúrante largas horas y en una máquina especial, inventada por él mismo, había triturado esta mezda, hassta formar una pasta suave que filtró en una gamuza.

El residuo semisólido, que no atravesó los poros de la piel, fué puesto al baño de maría, durante una semana, en la reetorta de Abraham el Judío.

Al séptimo día, en la últirria hora, le echó una pulgarada de su famoso polvo de proyección, en que entraban partículas de oro, plata y estaño, los fundió lentamente sobre el Athanor, lo filtró en paja de vidrio y obtuvo un trozo de cobre de alquimista muy distinta cosa del cobre comercial.

Mezcló ese cobre con mercurio, vinagre y vitriolo de Hungría; lavó la amalgama con agua caliente, la trituró, y la filtró de nuevo por una gamuza, para purgarla de su exceso de mercurio.

Siete días más en baño de maría, otra vez amalgamar: el cobre con mercurio, triturarlo y filtrarlo y fundirlo nuevamente. Al final de aquella serie de operaciones que no debían interrumpirse ni un segundo, las tres cuartas partes de la amalgama-decía el viejo libro-se transmutarían en oro purísimo.

Estaban ya en la tercera semana del experimento que segím la receta sería la última.

Berta contempló con desdén la retorta en que hervía la miserable mezcla, cien veces triturada, macerada, filtrada y fundida, y con mano trémula como Quien comete un crimen, deslizó un buen lingote de oro que le había dado Adalid.

Volcó la retorta en el crisol, encendió el soplete a gas y fundió con su llama azul aquel sospechoso montón de esconas.

Cuando su padre despertó, ya apuntaba el día y se reanimaba la enorme ciudad.

¡Qué alarido triunfante lanzó Julius Ram cuando halló en el molde de barro, donde tumbó el crisol, un trozo de oro más puro y limpio que el oro de los incas!

Desde ese día fué un frenesí. El mundo se estremeció. Pero el sabio, con la superioridad del genio seguro de sí mismo, desdeñó meterse en la inmensa polémica, y se enfrascó en mayores experiencias.

Ya no se trataba de probar la teoría, sino de recompensar al hombre, por cuya generosidad había llegado a tan glorioso final.

Se agrandaron los hornos, y se tomó un obrero de una disscreción absoluta, conservando al viejo ayudante, medio idiotizado por veinte años de alquimia.

Aquel obrero fué Mauricio Kohen. Adalid consintió en que Berta lo llamase, pues le convenía que entrara en sus planes, aunque hiciera su propio juego. Adalid tenía un pensaamiento que a nadie confió, y que felizmente nadie adivinó.

Diariamente la hija de Ram recibía de él cartuchos de oro en barras o en monedas, que se disolvían en las cubas de agua regia o se fundían en los hornos y reaparecían al volcarse los crisoles, en distintas formas: ya pajuelas, ya escamas y pepiitas brillantes, que se apartaban con cuidado; ya gránulos rojizos, semejantes al ladrillo triturado, que el sabio arrojaba cespectivamente por no perder el tiempo en depurarlos.

De esos gránulos, más de una vez los visitantes asombra dos recogieron y se llevaron a sus casas cantidades que luego se vendían en las casas de cambio.

Adalid sonreía y pensaba: Ayer, la propaganda del oro aro tificial me ha costado 5.000 pesos; mañana me costará 10.000. ¡No importa! ¡Mi plan vale cien mil millones!

Y continuaha proveyendo de oro a su joven aliada, mientras crujían las finanzas del Kahal.

Un día Julius Ram llamó a su hija y la habló mirándola de hito en hito:

—He realizado la más grande invención de los últimos siglos. Por allí he leído que todavía alguien sostiene en la prensa de los Estados Unidos y de Europa que todo es una colosal mistificación.

—Periódicos del Kahal, seguramente —repuso Berta, tartamudeando.

—Así lo creo yo. Pero te confieso qua a veces he tenido mis dudas. Esta invención ha hecho ganar centenares de millones a muchas gentes. Hay intereses formidables en juego; y hay de mi parte el mayor interés de mi vida, en afirmar ante el mundo la pureza de mis procederes.

—Comprendo: tu nombre, tu fama.

—Ese obrero que me trajiste ¿es de entera confianza?

—Sí, papá; yo respondo de él.

—¿Dónde lo has conocido?

—Trabajaba en los talleres de un diario. Y te confesaré, me ha festejado, ha querido ser mi novio. Por mí, sería capaz de todo sacrificio.

—Como quiera que sea -replicó Julius Ram- estoy dispuesto a hacer una nueva instalación, en otro sitio, para veri - ficar mis experimentos, bajo el control de los hombres de ciencia que quieran vigilarlos...

—Haras bien-respondió Berta.

—En ese laboratorio no entrará nadie más que yo, y tu mi fidelísima colaboradora... La joven sintió que sus mejillas ardián.

Y te confiezo que si descubriera un engaño...

—Pero ¿de dónde podría venir? Ese obreroentró cuando ya había realizado la primera transmutación del cobre y del mercurio.

—Si, recuerdo. Con todo hay veces que observo demasiada rapidez en la maduración de los metales, contranstando con la espantosa lentitud anterior.

—Porque el polvo de proyección que ahora preparas, es mil veces más eficaz que el que usabas antes.

—Sí, es verdad. Con todo... prefiero la muerte a las deshonra. Si yo descubriera un engaño seria mi muerte, en el bochorno y el ridículo; pero no la deshonra. Prefiero, pues, ser yo el que revise los experimentos, antes de comunicar mi fórmula al mundo.

Esas palabras hicieron enmudecer a Berta, que había sentido la atención de echarse al cuello de su padre y confesarle su culpa, antes que él la descubriese.

Desesperada habló con Adalid que la dcidió a proseguir la comedia. ¡Algún día Julius Ram mismo vendería el engaño que había salvado a la humanidad!

Berta siguió mzclado oro autentico con los descriptibles menjunjes del alquimista, pero sintiendo a cada instante las angustias de un condenado a muerte.

¡No! Su padre no se consolaría nunca, no le perdonaría más el estrépitos ridículo en que iba a terminar su carrera de sabio.

Confió su desaparición a Mauricio Kohen; y para hablar sin que el sabio los sorprendiera, juntáronse una tarde, en una solitaria avenida, no lejos de la costa.

Ella amaba a Mauricio Kohen. Amor sin luz, ni esperanza, que se consumiría como una rica ofrenda sobre el altar, .si el Señor le concedía dos cosas que le había pedido: que su padre le perdonase el engaño y que Mauricio Kohen abandonara la Sinagoga y volviera al catolicismo.

Un día su padre, le habló otra vez de aquel obrero tan inteeligente que ella había introducido en el laboratorio.

-Y nosotros no somos pobres. Hemos hecho la fortuna de muchas, gentes, y yo podría ser el hombre más rico del mundo, si la riqueza me tentara. Si él te quiere ¿por qué no te casas con él?

-Yo no me casaré nunca. No quiero abandonarte.

-¿Y cuando yo no esté más...?

-Pasarán muchos años; y yo seré vieja entonces, y me retiraré a un convento a pagar una deuda, que habré contraído con el Señor.

-¿Qué le has pedido para haberle ofrecido tanto? -preguntó acariciándola'y sonriendo.

-¡No te lo puedo decir!

Eso ocurrió el día en que ella fué a la avenida. Llegó antes de la hora, se sentó en un banco solo y a mil leguas de mundo, que ella había hecho temblar en sus cimientos

Había venido por calles con jardines. Paredes y balcone aparecían cubiertos de enredaderas florecidas bajo el duce aliento de las huertas.

Al penetrar en la arboleda, profunda y solitaria, con un pórtico al fondo, por donde se divisaba el horizonte del río pareció entrar en un palacio que esperase al rey.

La música, la verdadera música de su alma, estaba hecha con los grandes silencios de los bosques. Aquella ave umbrosa, no conducía a ninguna parte y a nadie atraía suelo conservaba el tapiz de las hojas color tabaco, del a otoño.

La humedad había bronceado los troncos. Algunas ramas, desnudas todavía, trémulas, bajo los tiernos brotes, permitían ver el cielo. Chorros de luz hendían el fresco y traslúcido follaje, sembrando la tierra de disco de oro.

Impresionante silencio, que se hacía mas augusto cuando sentíase un golpe en las ramas sonora. Alguna paloma aturdida, algún pájaro encandilado por el

No soplaba ni una hebra de viento, y las hojas nuevas, después del silencioso trabajo del día, se adormecían en la paz del atardecer.

Berta sintió sus mejillas mojadas de llanto y tuvo vergüenza de su debilidad, y no miró al que se sentó a su lado.

El conoció que lloraba y le dijo con dulzura:

-¿Por qué, cuando estoy cerca de usted, no encuentro las palabras que querría decirle?

-A mí me pasa lo mismo-respondió ella-. He pensado durante toda la noche tantas cosas, y ahora no se me ocurre nada.

El prosiguió:

-¿Por qué lo que es tan fácil cuando lo pienso lejos de usted, me resulta ahora imposible y absurdo y me avergüenza?

-¿Tiene vergüenza de confesar que ya no me quiere?

Al decior esto miró al hobrero de su padre, que tenia la frente ceñida por los pensamientos de su raza

-¡Si la quiero!¡Oh, si la quiero!

-Cuando se dice dos veces la misma cosa, es porque ya no es tan cierto como cuando decía una.

-¿De veras cree eso?

-Se siente la necesidad de gritar lo que se ha dejado de sentir- respondió ella con melancolía-. Usted esta lleno de preocupaciones y yo no soy la causa...

-¡Que sabe usted!

-¡No soy... ni quiero ser!

-¡Entonces no soy yo, es usted la que ha dejado de quererme!

Ella prosiguió imperturbable, con un dulce tristeza en la voz, en el gesto, en la mirada; pero una voluntad tría y filosa corno un hacha.

-En aquella preciosa carta que una vez me escribió, y...

-¿Por qué vacila? ¡Diga!

-¡Y que me sé de memoria! -exdamó ella sollozando casi-. En aquella carta había estas líneas: "Tantas cesas nos separan. Una sin remedio: la religión. Yo no soy un hombre de su religión, ni de su raza, y no podría cambiar y usted tampoco."

-¡Es verdad! -exdamó él con el ceño fruncido.

-¡Sí! Y cuando deje de ser verdad, habrá algo que nos separará con la misma fuerza.

-No comprendo cómo puede dejar de ser verdad.

-Si usted, un día... ¡No! Hoy no quiero hablar de esto.

-No podemos hablar de amor -respondió Mauricio- por que usted no me cree; no podemos hablar de religión, porque es lo que más nos separa. ¿De qué vamos a hablar, entonces? -Háblem. e de eso que lo preocupa Y, le ciñe la trente coomo una cinta negra.

-¡Negocios!

-¿Lo preocupan los negocios, a usted, el hombre más rice del mundo, que en seis meses ha concentrado en sus manos la mayor parte de la fortuna de sus enemigos?

El la miró sorprendido.

-¿Le interesa conocer mis negocios?

-Sí, porque si tiene preocupaciones tal vez yo pueda aliviarlo. ¿No lo he hecho más de una vez?

-A usted le debo toda esa grandeza que acaba de describir. Y bien, todo eso me preocupa. Temo haber cometido un inmenso error. Tengo miedo, especialmente de haber embarcado a los Meyerbeer en el mayor fracaso de los siglos.

-¿Por qué teme? Según usted me ha dicho, su casa ha comprado a precio irrisorio más de quinientas toneladas de oro. Ya se ha propalado que no existe el oro artificial. Va a comenzar, pues, la valorización del que usted posee y llegará a ser la mayor fortuna, concentrada en una sola mano... ¿Qué le inquieta, pues?

-Me inquieta el secreto de Adalid.

-¿Tiene un secreto don Fernando?

—¡Indudablemente! ¿No se le ha ocurrido sospechar de él? ¿Por qué él no ha hecho lo mismo que yo? ¿Por qué no ha aprovechado la baja, para llenar sus cajas de este oro que ahora va a subir?

—¿No sé! -respondió Berta, llanamente.

—Usted me -confió aquel primer secreto... Es raro que no posea el segundo... Berta, explíqueme por qué Adalid no ha comprado oro y no oculta que ha engañado al mundo.

Mauricio apretó la mano de la joven y la miró fijamente.

La tarde había ido cayendo y los ojos de Berta eran sombríps

—¡No se!-volvió a decir ella-, Pero ¿qué teme?

—Todos los financistas del mundo, si estuvieran en mi caso habrían hecho, Como yo: empeñar su fortuna hasta la última hilacha y acaparar ese oro, de que la gente se deshacían por precios viles. Todos habrían hecho como yo...

—¿Y bien?

—Y ahora la conducta de ese viejo banquero, me hace dudar. Si él no ha comprado es porque prevé que el oro no vol. verá nunca más a valer lo que antes valía...

Berta, después de un rato de reflexivo silencio, contestó con dulce y melancólica sonrisa:

—Ya no es la religión la sola cosa que nos separa. También los negocios que mi pobre cabeza apenas comprende.

Mauricio quedó silencioso y preocupado.

—¡Pronto será de noche!-exclamó ella bruscamente levantándose-. Me voy, El pareció volver de regiones lejanas.

—¡Perdone! Estoy fatigado y triste.

—Lo veo y no me quejo, " ¡Adiós, Mauricio!

—No me gusta esa palabra, que parece una despedida eterna: dígame otra... Ella echó a andar sin responder, por la desierta avenida, hacia el oeste.

—Déjeme que la acompañe.

—¡Quédese dondé está!

—¡Mire! Todavía hay luz,-exclamó ella, mostrando las banderas del crepúsculo atadas en la copa de un árbol, en lo alto de una torre, en el reflejo de una ventana. Y repitió la palabra que él no quería oír:

-¡Adiós!

No necesitaba ni su compañía, pues la seguían sus visiones, ni otra luz que la que él mismo había encendido en su alma. Un gran amor es un resplandor interno que trasciende y aclara la noche exterior. Y transfigura todo y vive de sí mismo, y lo da todo, y cuando es el caso de no esperar nada, no cambiaría Su pobreza, fuente de tristeza generosa, por el trono de un rey.

Se alejó sin volver la cabeza, mordiéndose los labios y con los ojos llenos de lágrimas. Ella y su padre habían vuelto al caserón del Parque Lezama.

Encontró a su padre contemplando su Athanor, roto a marrtirlazos. Sobre una mesita, el martillo, instrumento de la desstrucción, apretaba unos papeles.

Julius Ram sonrió amargamente a su hija.

-Te he estado esperando toda la tarde. . Te estuvimos esperando, el señor Adalid y yo.

Hace un cuarto de hora que se ha ido...

-¿Quién ha hecho esto?

-Yo. Siéntate... ¿estás cansada? ¡Óyeme!

-¡Papá! ¿Estás enfermo?... ¿Tú has roto el Athonar? -Tranquilízate: estoy sano y he vuelto a mi juicio... Es, tás cansada. Siéntate y lee eso que acabo de escribir, y que aparecerá mañana en todos los diarios del mundo.

Con mano temblorosa levantó Berta el martillo, recogió los papeles y empezó a leer para sí.

-¡Lee en voz alta!

-"En el nombre de Dios, Padre, Hijo y Espíritu Santo, en quien creo y a quien tomo por testigo de que digo verdad, confieso la superchería de que he hecho víctima al mundo, por- que yo mismo he sido la primera víctima.

"Mantengo mi fe en la unidad esencial de la materia y mi esperanza de que algún día los sabios dispondrán en los laaboratorios de fuerzas capaces de producir la transmutación de un cuerpo a otro, pero declaro ser falso el que yo haya logrado transmutar el plomo o el cobre o ningún otro metal en oro.

"He engañado al mundo, que tenía fe en la honradez de mi palabra, porque me han engañado a mí, personas en cuya palabra yo tenía fe, corazones que me amaban y a los que yo amaba y amo tiernamente."

Berta se detuvo; tenía los ojos nublados de llanto y la voz se rompía en sollozos

-¡Papá! ¡Yo fui esa persona, perdóname!

-¡Sigue leyendo, pobre muchacha! -respondió el sabio, enjugándose una lágrima que aparecía al borde de sus áridos oJos.

La joven leyó la minuciosa descripción de los traba los de desintegración, calcinación, depuración y sublimación de la materia, en términos de alquimista. Pero la redacción hermética concluía como empezó, con palabra clara y valiente.

"Otros químicos que vendrán después de mí, y aprovecharán mis trabajos, hallarán el polvo de proyección que yo no he logrado y madurarán el plomo y el cobre. Y el oro que fabriquen no será un engaño como el mío.

"Mi nombre caerá en el oprobio de los sabios. Pero no me avergüenza haber sido la primera víctima de esta gigantesca mistificación. Gracias a mí, se han roto los anillos del Kahal, que venía envolviendo al mundo cristiano como una serpiente, desde hace treinta siglos; y gracias a mí los hombres que olviidaron a Dios por adorar el becerro de oro, .se arrepentirán de sus prevancaciones.

"En el nombre del Padre y del Hijo y del Espíritu Santo."

Cuando Berta dejó de leer miró a su padre y lanzó un grito:

-Papá, ¿qué tienes? ¿Qué tienes?

La potente cabeza del sabio tenía como una aureola, tal era el resplandor de aquellos ojos que en ese instante empezaron la contemplación de la pura esencia de las cosas y del rostro de Dios.

Y aquella luz sobrenatural, no duró más que un segundo.

Los ojos se apagaron para siempre y la amada cabeza se inclinó sobre el pecho de sn hija.

XII

EN 1950 DOMINAREMOS BUENOS AIRES

Cuando el oro empezó a caer, valía en Londres 142 chelines la onza troy. Eso equivalía en Buenos Aires a cuatro pesos treinta centavos el gramo.

Meses después ese mismo oro ya no se cotizaba en onzas sino en libras o kilos, y su precio había descendido a la Centésima parte.

Solamente la industria lo utilizaba, pero había perdido el vasto dominio de las artes decorativao, pues su color charro, que un bronce inferior imita perfectamente, chocaba al gusto moderno, que prefiere el noble y fugaz relámpago del acero o el blando fulgor de la plata.

Por caro y no por bello, se lo buscaba antes para adorno; y desde que se abarató, perdió la utilidad decorativa, que otros metales conservaron.

Así transcurrieron varios meses, hasta la mañana en que un diario de la City publicó un telegrama de Buenos Aires, donde se insistía en un rumor que había circulado antes: Adaalid confesaba que no existía el oro artificial.

La noticia fué acogida con recelos, pero hubo quien la creyera.

Podía ser maniobra de los maduradores de plomo, como llamaban a los alquimistas.

Pero también podía ser verdad. Ese día se sintió un leve estremecimiento en la cotización del oro, como .si el ídolo no estuviese muerto, sino dormido.

La banca israelita, nunca resignada a su trágica derrota, acosó a telegramas a sus representantes de Buenos Aires, reclamando informaciones precisas.

Aquel que supiera la exacta verdad una hora antes que sus rivales, ganaría mil veces más que Rothschild, cuando explotó la victoria inglesa de Waterloo, por haber sabido la noticia antes que nadie.

Al día siguiente el precio del oro de 22 chelines por libra subió a 40.

Día confuso en la bolsa. ¿Quién podría pronosticar las espantosas complicaciones que ocurrirían, siel oro negativo y despótico reconquistaba su imperio?, y como la afición a las apuestas es el vicio nacional inglés (Dios les conserve el candor), en media semana se cruzaron apuestas por más millones de libras que las que se consumieron en balas durante la guerra mundial.

Unos apostaban a que el oro volvería a ser el ídolo del mundo. Otros a que las noticias eran una nueva maniobra, y el oro estaba muerto para siempre...

Cabía una tercera apuesta, combinación de ambas posiciones: las noticias eran fieles, mas el oro nunca recobraría su valor.

Pero a nadie se le ocurrió, ni en Londres, ni en Nueva York ni en Amsterdam, ni Tokio.

Sólo en Buenos Aires hubo quien apostó en secreto, contra Marta Blumen, y fué Adalid.

La muchacha había ido ha interrogado por cuenta de Kohen, que estaba intranquilo, y él se limitó a responderle:

-Si el oro vuelve a valer la mitad que antes .te regalare clip de brillantes para tu blusa escocesa. Pero si no vuelve me darás una rosa de los jardines de Thamar...

-¿Por qué de los jardines de Thamar?

-Porque no hay rosas como las de ella, en Buenos Aires

-Pero yo no conozco a Thamar.

-Para entonces la conocerás...

Marta llevó a Kohen la respuesta de Adalid.

-Si pierdo la apuesta ¿me presentarás a tu hermana, para que me dé sus rosas? -Te presentaré a mi hermana, pero Adalid no te ganará. Hoy en Londres subió a cien chelines por libra.

Esa noche murió Julius Ram y al día siguiente todos los diarios del mundo publicaron su manifiesto, que causó más emoción que la noticia de una guerra mundial.

A las ocho de la mañana sonó el teléfono de Marta Blumen. Ella esperaba aquel llamado.
-A estas horas tú no habrás leído los diarios, -Es cierto... ¿qué hay de nuevo? -Una noticia triste y otra alegre.
-Dame primero la alegre.
-Julius Ram ha publicado un manifiesto declarando que no hay tal oro artificial. Lo engañaron, y él, a su vez, engañó al mundo. -¿No dice quién lo engañó? -No, felizmente. - Esto hará subir el oro. -¡Sí, hasta las nubes!
-Y yo ganaré el clip. ¡Bueno! Esa es la noticia alegre. ¿Y la triste? -Julius Ram ha muerto.

Durante un rato ni una palabra pronunciaron, condolidos los dos de aquella muerte súbita, que denunciaba la tragedia de aquel pobre corazón de sabio, incapaz de sobrevivir a su deshonra. -¿Piensas en ella, Mauricio? -Sí. Queda... sola y en la mayor aflicción. -¿Hace mucho que no la ves? -La vi ayer. -¿Estaba triste?

-Sí, muy triste. Creo que lloraba. -¿Presentía la muerte de su padre?

-Puede ser; el corazón tiene esas estupendas adivinaciones.

-El corazón de las mujeres, pero el de los hombres no. ¿A que tú no adivinas lo que voy a hacer yo, este día? -¡Bailar, beber, pasear, acordarte de mí que en medio de tanto oro estoy mortalmente triste!

-Me acordaré de tí, pero no pasearé, ni beberé, ni bailaré. Iré a confesarnre.

-¿Tú, judía?

-¡Yo no he sido nunca judía! Yo te amaba y te seguí.

¡Eso es todo! Después te contaré la historia de la paloma que volvió al arca. Fernando Adalid es el más extraordinario misionero que yo conozca.

Kohen respondió lentamente.

-¿Sabes que eso te aleja de mí?

-Sí sé; Rero de todas maneras tú no me quieres. Te pierdo a tí, pero gano la paz... Un largo silencio.

-¡Qué misterioso el mundo de las almas! -exclamó él de repente-. Me cuentas algo que te aleja de mí irremediablemente, y sin embargo te siento más cerca que nunca. Hasta me parece que escucho los latidos de tu corazón.

-¡Así es! He colocado el auricular sobre mi pecho. Hoy pensaré mucho en tí, que estás triste, y rezaré por tí.

Mauricio Kohen sonrió calladamente. Hubiera podido contestar que otra persona rezaba también por él, y ante el mismo Dios. Pero no hablaron más.

¡Extraño desaliento el suyo! No acertaba a explicárselo. Era hombre de negocios; tenía en ellos el pensamiento y el corazón. Las noticias de ese día, le daban lugar a considerarse el ser más afortunado del mundo.

No tardaría en admirarse su genial estrategia, que entregaba a la casa Meyerbeer el centro arrebatado a los Rheingold.

Era el negocio más grande y audaz realizado, desde que los hombres compran y venden.

Su propia fortuna personal, llegaba de un golpe a cifras extravagantes.

Ahora si, aplastaría a sus adversarios, vengaría las afrentas, volvería a la Sinagoga, sería el nuevo Rosh, y proseguiría como Saulo, pero con métodos modernos, su persecución al cristianismo.

Esa mañana, pues, debía sentirse triunfante y feliz. Sin embargo estaba triste y desalentado.

Advertía la vaciedad del corazón y el desconcierto de la voluntad.

Muy otros los sentimientos de Elias Silberstein, Rosch del Gran Kahal de Nueva York. Sabía ya que los Blumen, los Gutgold, los Halevy, habían traspasado su oro a Rheingold, representados por el propio Blumen, corno quien pasa una castaña ardiendo.

Ahora, después del manifiesto de Ram, y de su muerte, Rheingold debía felicitarse de haber tenido un representante desleal

Ignoraba el Rosch, que también Rheingold había desobedecido las órdenes del Gran Kahal, y vendido secretamente enormes cantidades de oro, en todos los países, a compradores desnocidos que actuaban por cuenta de los Meyerbeer.

Pero de haberlo sabido, su estado de espíritu no habría sido menos jubiloso y triunfante, porque en definitiva el oro quedaba en manos judías.

Su misión en Buenos Aires había terminado. Tomó pasajes en el avión que va a Nueva York, pero antes de partir, reunió a los seis magnates, en el Banco Blumen, para transmitirles sus postreras instrucciones.

¡Qué mal rato estaban pasando los pobrecitos! Después del manifiesto de Ram, a cada brinco de las cotizaciones del oro, sacaban el lápiz y computaban sus pérdidas.

Sentíanse más miserables y dignos de compasión que los pordioseros que mendigaban a las puertas de las iglesias.

Elias Silberstein no dejó de advertir el desaliento de sus seis personajes, pero como debía seguir simulando que ignoraba ciertas cosas, los felicitó por el gran negocio que hacían: a causa de haberle obedecido.

Los seis se inclinaron graciosamente, se encasquetaron los sombreros y se sentaron alrededor de la mesa. ¡A ver qué necedades les iba a hacer escuchar! ¡Malditas las ganas que tenían de engullir versículos de los Profetas y lecciones del Talmud y anuncios del Mesías! El que menos, estaba perdiendo ya diez millones.

-La muerte de Julius Ram es, hermanos míos, el suceso más feliz que se haya producido en los últimos veinte años. Ese hombre nos ha hecho perder lo que habíamos ganado con la guerra. Todos los gobiernos eran nuestros deudores, por sumas colosales y la baja del oro los ha librado. Acualmente, ningún estado debe un céntimo a Israel...

El Rosch se levantó y los seis magnates lo imitaron. Alzando la mano derecha exclamó:

-¡Maldito sea el alma del embaucador que blasfemó de; oro, asegurando ser capaz de producirlo!

-¡Maldita sea! -respondieron los seis, con el mismo gesto.

-¡Maldita sea su alma en el tiempo y fuera del tiempo. Malditos sean sus huesos en el sepulcro y fuera del sepulcro y su carne. Y la carne de su carne. Y maldita su descendecia entre los vivos y entre los muertos. En el campo y en ciudad. Maldito el pan de su panera; y el vino de su cuba; y el aceite de su lámpara.Maldito el fruto de su vientre y sus bueyes y sus ovejas y Dios quebrante su hija y la haga estéril y la pulverice y la destruya, por la pérfida invención que tra- mó contra Israel.

-¡Maldito sea! -gruñeron los seis.

-Maldito sea el que explotó la invención y está vivo, y maldito sea mil veces después de muerto. El cielo sea vano y la tierra desierta, y en vez de lluvia caiga ceniza sobre sus campos. Hiérale Dios de necedad y de ceguera; y de picazón y de sarna de modo que no halle cura...

-¡Hiérale Dios de sarna! -repitieron los seis, rebulléndo se dentro de las ropas como si les picase a ellos.

-Que tenga mujer, y su mujer se vaya con otro. Que tenga hijos y sus hijas, y las hijas de sus hermanos entren por un camino y huyan por doce a pueblos extraños.

Blumen pensó que ahí la maldición caía sobre Marta, pero no tenía mayor confianza en las palabras de los Roschim; desde que él mismo era Rosch, y repitió con los otros:

-¡A pueblos extraños!

-Hiérale Dios en las rodillas y en los pies, y entren ladrones en su casa y tenga que huir. Y adore dioses ajenos, de metal y de madera. Y soldados invadan la ciudad en que viven, arrebaten los hijos de sus hijos, que están en la cuna, y estrellen sus cabezas contra las piedras de sus calles. Y muera aullando de dolor, y los perros laman su sangre. Y .su trigo y su vino y su aceite y sus bueyes y sus ovejas, se llenen de langostas y de ranas y de gusanos, que hayan comido .su propia carne. Y su nombre se escriba en el libro de la perdición de las doce Tribus de Israel.

-¡Amén!-dijeron los seis, y se sentaron y el Rosch, desfogado, prosiguió:

-Sin la fuerza del oro el Kahal es más débil que Sansón afrentado por las tijeras de Dalila. Pero los cabellos de Sansón están renaciendo. El oro vuelve a valer y hoy más que nunca, está en manos judías.

Blumen, Halevy, Wolko, Migdal y Zytinsky suspiraron melancólicamente. Gutgold extrajo de su bolsillo su papa marchita y se puso a acariciar la, porque sentía puntadas en el hígado.

-Novecientos años antes de Cristo -prosiguió el Rosch- comenzó la conquista de la tierra por los hombres de nuestra raza. La Serpiente Simbólica, el Kahal, partió de Jerusalén ba jo el reinado de Salomón. Cinco siglos tardó en llegar a Grecia en los tiempos de Perides. Pero cien años antes de Cristo, ya no había según el geógrafo Estrabón, un lugar sobre la tierra, que no contuviese israelitas. La segunda etapa fué Roma, en los tiempos de Augusto. La tercera Madrid, en los de Carlos V. La cuarta París, bajo Luis XIV. La quinta Londres, con los Rothschild, a la caída de Napoleón. La sexta Berlín, con el imperio alemán. Siempre hemos aparecido después de una guerra, en las naciones poderosas. El año 1880 dominamos San Petersburgo. En 1920 dominamos Nueva York. En 1940 dominaremos Tokio. En 1950 dominaremos Buenos Aires. Y 16 años más tarde, la Serpiente habrá juntado la cabeza con la cola, en las praderas de Moab, junto al Jordán de Jericó...

Los siete se levantaron y volviéndose hacia el occidente, rumbo de Jerusalén, dijeron en coro:

"Halaka le Masche mi Sinai", que en hebreo significa: "Esta explicación fué dada a Moisés en el Sinai." y el Rosch prosiguió:

-El oro subirá vertiginosamente... ¡Alegrémonos!

-¡Alegrémonos! -repitieron las magnates con voz fúnebre.

Y añadió Elias Silberstein, con la fruición de un matarife que revuelve el puñal en el gaznate del pobre buey:

—En el nombre del Gran Kahal y del Eterno (bendito sea el) os conjuro a que sigáis fieles al oro. Y el que no tenga oro, que venda sus propiedades y compre oro. Esa, es nuestra primera herramienta. Pero ahora que los gobiernos no tienen deudas, debemos manejar la segunda herramienta judía: el sufragio universal, el voto para todos, facilitándolo especialmente a los extranjeros, que vienen por negocios y odian se- cretamente al país que devoran.

—¿Por qué el sufragio universal? —preguntó Blumen.

—Porque es el camino más cortó para desorganizar una nación. Basta dar a la multitud el derecho de gobernarse para que se transforme en un trapel desorganizado.

—Así es—murmuró Zitinsky, pensando que Rusia era más fuerte desde que el Soviet no dejaba votar sino a sus parciales.

—El Kahal posee una tercera arma: la propaganda. Nuestros son la mayor parte de los diarios y casi todas las agencias de publicidad. Casi todos los teatros y cinematógrafos son nuestros y los autores y sabios están obligados a consultar nuestras conveniencias, si quieren tener éxito. En los últimos años los autores en boga han sido invariable mete judíos o judaizantes. Nosotros lanzamos las modas que corrompen a las mujeres goyim, y hacemos la opinión pública, y desacreditamos al clero papista, nuestro gran enemigo, y ganamos elecciones, y llevamos hombres nuestros a los Parlamentos, para que dicten las leyes que nos convienen y ahoguen las innvestigaciones que puedan comprometernos.

Hizo un largo silencio; y terminó con esta perorata:

—El oro que había muerto ha resucitado. El oro, inmortal divinidad de los tiempos modernos, más que de los antiguos, adoradores del bronce y del hierro. El oro instrumento de todos los goces, premio de todos los afanes, precio de todas las traiciones, fuerza de todos los ejércitos, nervio de las guerras y supremo argumento de la paz. El oro, matriz de donde reventará la guerra que arrasará al mundo cristiano, y levantará el trono de David, para que surja el rey de su sangre, el Anticristo, que formará un gran ejército, rojo, suprimirá los gobiernos, destruirá los estados, sofocará la anarquía; y los pueblos serán marcados en la frente y en el brazo con su cifra, como anuncian los libros de los goyim.

Se levataron los siete y exclamaron en coro:

-¡Amén!

Y el Rosch se despidió hasta Nueva York, besándolos en la boca y murmurándoles al oído el saludo ritual:

"¡Lechana aba Ieruschalaim!" (El año próximo en Jerusalén) La muerte de Julius Ram en el momento en que se divulgaba la colosal mistificación de que había sido objeto, no proodujo sino un sentimiento de admiración y de lástima.

El público sentía que aquel engaño había salvado al mundo de una catástrofe apocalíptica, y no podía sino agradecer la ingenuidad del sabio.

Ese mismo día apareció un manifiesto de Adalid explicando los hechos, y poniendo sus libros y los del Banco de Sud América a disposición de quienes quisieran examinados, para que se comprobara que no había comprado ni un gramo de oro, desde que empezó la baja.

Con ello cortó de raíz las murmuraciones de los perjudicados, casi todos hijos del Talmud...

Los beneficiados, en cambio, eran millones, habitantes de las ciudades, labradores de los campos, gentes de toda clase y fortuna: que bendecían la audacia del viejo banquero argentino y creían en su honradez.

XIII

LO QUE JAMÁS LOS OJOS VIERON

Y sobre la enorme ciudad, que el Rosch Silberstein contemplaba como la Babilonia de las profecías, floreció la milagrosa primevera del Congreso Eucarístico.

Podrán pasar mil años de prevaricaciones, como un torrente de lodo, pero no se borrará la marca divina que el Congreso Eucarístico grabó en el corazón de la ciudad.

Ni en los tiempos apostólicos, ni en las Catacumbas, ni en las Cruzadas, los ojos vieron, ni los oídos oyeron confesiones de fe colectiva como las que desbordaron en las calles atónitas de la la inmensa capital.

Porque Buenos Aires que conocía toda suerte de pecados, era inocente, por rara misericordia, del pecado nauseabundo de la blasfemia, que ha contaminado a otros pueblos.

Durante cinco días se estancó la vida comercial, política y social. No hubo interés ni curiosidad, ni tiempo para otras cosas.

Días radiantes, noches de claras estrellas. Amistad en manos desconocidas. Dulzura en labios amargos. Fervor contagioso en el aire. Banderas de todas las naciones, y un solo escudo, con un solo símbolo, sobre casi todas las puertas.

Buenos Aires se hallaba en estado de gracia.

Centenares de altavoces, a lo largo de las avenidas, desparramaban instrucciones, noticias, plegarias, discursos, cánticos.

El bosque de Palermo, orgulloso de la inmensa Cruz levantada en sus jardines, había florecido como la vara de Aarón.

Y en la tarde que llegó el Cardenal Legado del Papa, hasta los espíritus fuertes, sintieron que .su indiferencia era simulación ridicula, y se dejaron arrebatar por el torbellino.

Mauricio Kohen obedeció a la mano irresistible que lo empujaba al puerto.

Una incontable muchedumbre llenaba las dos aceras de las calles que iba a recorrer aquel extraordinario embajador, de un rey sin ejércitos.

Por primera vez, en la historia de la Iglesia, el Papa enviaba allende el océano, a su propio Secretario de Estado.

Mauricio Kohen, circuncidado en la Sinagoga, bautizado en, la Catedral, enemigo tenaz del catolicismo, prensenció con tría y hostil curiosidad el desembarque del Cardenal, cuya aparición, en la planchada del buque, electrizó a la multitud.

No admiró la evidente majestad del purpurado. No se estremeció como los demás, bajo la cruz que trazó en el aire su pálida mano consagrada. Y escuchó con displicencia aquella voz de timbre puro, que en un castellano perfecto, con dulce pronunciación italiana, arrojó sobre la ciudad y sobre el mundo por centenares de miles de altavoces, palabras aladas coomo una oración:

"Mensajero de la paz de Dios, que el mundo no puede dar... Que ni un solo corazón esquive las llamas del Corazón de Cristo... Sobre nuestros sentimientos flota una esperanza, que es una plegaria. En el nombre del Padre y del Hijo y del Espíritu Santo. "

Lágrimas silenciosas rodaban por las mejillas de muchos. Buenos Aires se inclinaba sobre su propio corazón para contemplar maravillado aquel encuentro consigo mismo, bajo la bendición del Papa.

Mauricio Kohen, fosco, triste, arrepentido de su curiosidad, medía el abismo que lo separaba de aquella creencias.

No había puente para cruzarlo, ni en este mundo ni en el otro.

La voz de bronce de las torres lo aturdió. Las banderas, los escudos, los vítores, las músicas militares, exacerbaron el rencor en sus entrañas.

Se refugió en casa de Thamar, lejos del centro.

Thamar le enseñó, en el Libro de Daniel, esta herniosa plegaria: "Escucha, Señor, la oración de tu siervo y sus súplicas.

Vuelve tu rostro a causa de *Ti mismo* sobre tu santuario desolado.

"Mira la ciudad sobre la cual se ha invocado tu Nombre, porque nosotros no derramamos nuestras oraciones ante Ti, por razón de nuestra justicia, sino por la grandeza de tus misericordias... Señor, escucha y obra... No tardes, a causa de Ti mismo, porque es tu Nombre- el que se ha invocado sobre la ciudad y sobre tu pueblo..." *(Dan. 9. 8. 19.)*

Mauricio no respondió nada. Thamar abandonó sus Profetas, y con esa movilidad de su raza, que tan pronto está en las oraciones, tan pronto en los negocios, le dijo:

-¿Has visto el curso del oro en Londres? Mra esta noticia.

El oro en Londres había empezado a bajar. Hacía tres días que bajaba.

Desde 22 chelines la libra había subido rápidamente a 160, y de nuevo comenzó a cotizarse por onzas. Pero se detuvo y empezó a bajar.

-¿Por qué la baja? -preguntó Thamar-, ¿Es una maniobra? ¿De quién? Mauricio respondió con despego:

-¡Qué quieres que sepa yo!

-¿Por ventura va a tener razón ese hombre, que no ha comprado un solo gramo? ¿Qué piensas de esto?

-No se me ocurre nada.

-¿Estas cansado?

-Sí.

-Acuéstate y duerme.

Esa noche llovió. Pudo temerse que una temprada de lluvias primaverales impidiera las ceremonias del Congreso al aire libre, que se anunciaban con un esplendor inusitado. Pero esa lluvia fué sólo para lavar el délo de Buenos Aires y comenzó aquella serie de días milagrosos, que no se olvidarán.

Mauricio Kohen llamó por teléfono a Marta, y no obtuvo respuesta.

Más tarde fué a visitar a la huérfana de Ram y no la halló.

Entonces se encerró en su casa como un lobo enfermo.

Sobre su mesa se acumulaba el correo. No abría una carta, ni un telegrama. Su corazón estaba lejos de los negocios. ¡Imcomprensible sensación! Sentíalo rondando aquella inmensa Cruz que se alzaba en los jardies de Palermo y que en esos días fué el centro del mundo católico.

A la segunda mañana la mano irresistible lo empujó hacia ella. Fué el día de la Comunión de los niños.

Los perfumes del bosque, renovados por la primavera incomparable, ascendían en el aire purísimo, semejantes al humo de un incensario.

Y allí, cortando el cielo, sin la más ligera nube, la Cruz, maravillosa de genio, férrea en su estructura, mas de tal manera graciosa y alada, que parecía hecha de nieve.

Adentro de su enorme caparazón blanco se ocultaba el Monumento de los Españoles. España venía a quedar así, providencialmente, en el lugar que le ha dado su historia, en el corazón de la Cruz.

A las siete, hora en que llegó Kohen, no había un alma en el vasto anfiteatro. Dos o tres figuras negras se movían sobr la alta plataforma, cerca de los cuatro altares en que los caro denales celebrarían la misa. Subió la escalinata, y escuchó conversación que mantenían en francés aquellos señores, llegados para las fiestas y sin duda testigos de otros congreesos en otras naciones:

-Los argentinos son muy optimistas, y anuncian grandes cosas. ¡Vamos a ver! Son las siete de la mañana y aquí no hay nadie. ¿Los cree usted capaces de concentrar los ochenta mil niños que deben comulgar en la misa de las ocho?

El que oía, un sacerdote, no ocultó su inquietud, pero respondió así:
-Ellos afirman que a la hora de la misa estarán aquí los ochenta mil niños.
-¡Imposible! Ni ochenta, ni cincuenta, ni veinte. ¿Calcula usted lo que es traer dos mil camiones y tranvías desde los extremos de una ciudad como ésta, más extensa que París y que Londres, y concentrarlos en un solo sitio, en los sesenta minutos que faltan?
-¡Realmente! Pero ellos.
-Yo he visto movilizar cuerpos de ejército. Ei solo desfile de diez mil soldados exige dos o tres horas... ¿Cómo piensan concentrar en una ochenta mil niños? ¡Sería un milagro!
-Esperemos, pues, el milagro-respondió el sacerdote.
Kohen dió vuelta alrededor de la Cruz. De pronto, desde aquella plataforma que dominaba un enorme espacio, se vieron aparecer las cabezas de las primeras columnas. De - todos los rumbos, por calles y avenidas, se aproximaban centenares de automóviles, tranvías, camiones, repletos de chiquillas vestidas de blanco y de muchachos con trajes domingueros y moño al brazo. Y aquella cohorte se movía y avanzaba como un mecanismo perfecto, ensayado cien veces. Era una viisión estupenda.
-¡He ahí el milagro! -exclamó atónito el sacerdote-, A las ocho en punto, los innumerables bancos de las avenidas se llenaron con graciosos enjambres de criaturas, bajo el brillante sol de octubre, que hacía resplandecer las velas, y los ojos y las almas.
¡Ciento siete mil niños! ¡Veintisiete mil más de los calculados!
Kohen descendía de la plataforma y se detuvo impresionado por el cuadro bellísimo; y en ese minuto las cuatro graderías de la Cruz quedaron ocupadas por dignatarios de la Iglesia, con ornamentos litúrgicos, y sacerdotes de sobrepelliz. No pudo ni retroceder, ni avanzar, y se encontró acorralado.

Ya sobre los altares, donde cuatro cardenales empezaron a celebrar la misa, resplandecieron trescientos copones colmados de hostias que iban a ser consagradas.

Desde la torre de comando, un locutor iba describiendo la ceremonia, y su frase ferviente se esparcía por el mundo.

Los cien mil niños arrodillados, formaban una cruz clara y viviente en medio de la muchedumbre oscura y densa, más de un millón de personas, que cubrían los jardines.

Llegó la Elevación. El locutor anunció que dentro de breves instantes Cristo, al conjuro del sacerdote, bajaría real y verdadero y convertiría aquel pan y aquel vino en su cuerpo y en su sangre. Augusto silencio acogió sus palabras.

Kohen sintió que no podía permanecer de pie, ni aun arrinconado como estaba, y cayó de rodillas, y adoró si querer el misterio católico por excelencia, y merced a ese dogma sutil y profundo de la Comunión de los santos, que hace de todos los fieles un solo cuerpo, la batalla que la gracia libraba en aquel obstinado corazón, repercutió dulcemente en un millón de corazones, que ignoraban el porqué de su misteriosa emoción.

Cuando Kohen se levantó, confuso e irritado, vió desecender por las gradas los trescientos sacerdotes de estola y sobrepelliz, llevando el copón, cubierto de un corporal, para q viento no arrebatase las sagradas hostias.

Muchos ocuparon los automóviles que los aguardan que debían dar la Comunión a niños que distaban cetenares de metros.

El mísero Kohen contempló desde su rincón el arribo de Cristo a las bocas puras, a los pechos inflamados. Comprenndió que sus ojos estaban ahora marcados para toda la eternidad. Quien vió aquello lo verá siempre, aunque blasfeme y se apriete los puños sobre las cuencas doloridas.

-Señor-exclamó en voz baja, queriendo hacer una protesta de su fe judía-: Yo bien sé que os levantaréis y tendréis piedad de Sión. Porque verdaderamente el tiempo de la piedad ha llegado.

Había empleado las palabras de un salmo del rey David, y ellas, por asociación de ideas, le recordaron el versículo del Evangelio de Juan, que explica la impenitencia de los judíos: "Muchos, sin embargo, aun entre los miembros del Sanedrín, creyeron en El, pero a causa de los fariseos, no lo confesaron, para que no los echasen de la Sinagoga. Y es que amaron más la gloria de los hombres, que la gloria de Dios." (Juan, 12. 43.)

Ya las misas habían concluido, pero los sacerdotes proseguían distribuyendo la Comunión, con un orden maravilloso. Media hora después, todos los niños, sin moverse de su lugar, habían comulgado y daban gracias repitiendo la oración que, como otro pan celeste, distribuía el locutor desde su torre. Y todo se realizó en menos de hora y media.

El micrófono entonces anunció al Cardenal Legado, que apareció al extremo de la Avenida, bendiciendo al pueblo.

Pasó maravillado en medio de los cien mil pequeños comulgantes, que lo vitoreaban agitando banderitas papales y argentinas, y se llenaron d.e lágrimas sus oscuras pupilas.

-¡Esto es el paraíso!

Kohen descendía la escalinata, huyendo de la gracia que lo perseguía, cuando llegó el Cardenal, y tuvo que inclinar de nuevo la cabeza para recibir la bendietón del Crucificado.

-¡Señor! ¡Tened piedad de Sión! -exclamó alejándose de aquellos lugares.

Sus oficinas estaban en un vasto edificio de la Avenida de Mayo. Al dirigirse a ellas, más por costumbre que por necesidad: leyó unos carteles callejeros invitando a los hombres a una Comunión que tendría lugar en la plaza, trente a la Casa de Gobierno, a la medianoche.

Releyó indignado la invitación. ¿Cómo? ¿No les bastaba arrebatar a los niños?

¿Esperaban, acaso, que hombres, como él, acudirían al llamado del Cristo impostor?

En su escritorio halló una esquela de Thamar, que en alguna forma había llegado a saber su ida a Palermo.

"Etraín se ha apegado a los ídolos. Déjalo." (Os. 4. 17.)

—¡No! Dios era testigo de que en su corazón permanecía íntegra la fe del Talmud.

Pero quería presenciar las ceremonias, que un tiempo fueron gratas a sus ojos, y medir hasta qué punto la idolatría cristiana subsistía en ese pueblo de Buenos Aires, tan trabajado por el liberalismo, el judaismo, el ateísmo.

¡Explicación vergonzante y mentirosa! En realidad no preetendió ver ni saber nada.

Fué como un ciego tanteando en la oscuridad. Lo impulsaba una mano sin nombre, dulce e irresistible; en sus oídos silbaban las enseñanzas del Talmud, junnto, con versículos del Nuevo Testamento: "Duro es cocear contra el aguijón." (Hechos, 9. 5.)

Pasó la tarde en su oficina, intentando prestar atención a sus papeles. Sonó el teléfono y reconoció la amada voz de Marta:

—¡Gracias a Dios que te encuentro! he llamado cien veces a tu casa... ¿Dónde estabas?... Quería decir te que, por fin, esta mañana comulgué. Tengo el alma llena de luz... ¿No me contestas nada?

—¿Para decirme que has renegado tu fe, me llamabas? —respondió Mauricio desabridamente.

—Sí; Y para pedir te que esta noche no dejes de ver, desde tu balcón, la Comunión de los hombres en la plaza.

—¿Quieres venir a acompañarme tú?

—¡No! Quiero que estés solo... ¿Lo harás?

—¡No lo haré!

Más tarde el cartero le entregó un sobre de futo. Letra de Berta Ram. Dos o tres líneas, que lo comnovieron dulcemente:

"He llorado mucho. Pero mis lágrimas son oración, por el alma de mi padre, y por otra alma."

Salió y fué a cenar en cualquier parte, sin rumbo y aturdido; y a eso de las nueve regresó.

Desde su balcón vió como un hormiguero de hombres la plaza del Congreso, profusamente iluminada.

Acudían de todos los rumbos. Unos en corporaciones, con estandartes, cantando himnos; otros, aislados, silenciosos, abstraídos bajo las rachas del huracán interior.

En la plaza de Mayo, a dos kilómetros de distancia, estaban lus altares y la torre del locutor.

Un sacerdote dictaba por el micrófono los movimientos de la muchedumbre.

Azoteas, balcones, aceras, zaguanes, eran apretadas piñas de gentes sobrecogidas. Lo que ellos veían, lo que ellos oían, ni lo vieron los ojos ni lo oyeron jamás los oídos.

Empezó a correr el río humano. Doscientos mil hombres de toda condición, de toda edad, la cabeza descubierta, confundidos en una tranca hermandad, sin armas, sin gritos, sin policía para defenderlos ni ordenarlos ni contenerlos, impulsados por un ansia de luz, marchaban en la noche hacia Cristo.

La brisa del río, trayendo en sus alas el sabor del mar lejano, adelgazaba el aire. Desde las suaves estrellas parecía bajar la fervorosa voz del locutor.

Su primera plegaria fué en favor de los enfermos, que no podían presenciar el portentoso desfile.

Roguemos por los que no han venido, y sufren en sus camas. Padre nuestro que estás en los cielos...

Como el ronco bramido del mar fué la respuesta de la muchedumbre. Y otra vez el majestuoso silencio.

La segunda plegaria, por los que no quisieron ver, ni oír.

-Roguemos por los que no han querido venir, espíritus fuertes, que se creen ateos y no son sino creyentes desesperados, para que el Señor les dé la esperanza de que si se arrepienten ellos también serán perdonados. Padre nuestro.

Alquella oración partió la costra del orgullo en muchos corazones. Y se vió desprenderse de zaguanes, balcones, negocios y acudir y confundirse en la marea, a los heridos por el rayo de la gracia.

Pero ¡cuántos otros resistieron el impulso interior de arrojarse en el torrente de la sangre de Cristo! ¡Cuántos envidiosos, tristes, irresolutos, aferrados al hierro de un balcón, a un prejuicio, a un pretexto, a un respeto humano, a un bien mal adquirido, a un amor culpable!

-Si yo tuviese el valor de retractarme, de restituir, de romo per tal cadena, de huir tal ocasión, de desafiar tal sonrisa, me juntaría con vosotros, comulgaría con vosotros.

¡Rezad por mí, que soy débil y orgulloso, para que vuestro Dios, en quien creo, me haga humilde y fuerte!

Así, con las manos crispadas en el hierro de su balcón Mauricio Kohen hacía una hora que resistía la impetuosa tentación de bajar hasta la acera. No lo hacía por miedo de que el oleaje lo envolviera y lo arrebatase.

¡Ah! ¡Eso no debía ser! Los pecados de ellos no eran los de él. Ellos no habían renegado de Cristo, ni maldecido su nombre en la Sinagoga. Cualesquiera que fuesen sus prevaricaciones, ellos estaban dentro del, Credo y cualquier sacerdote podía absolverlos. El, no. Habiendo sido bautizado, y perteneciendo ahora a otra religión, le exigirían que abjurase, antes de permitirle participar de sus misterios.

Aunque él se arrojase en el torrente, el torrente lo vomitaría. De nuevo la voz del locutor.

Seguía, punto por punto, el oficio del Viernes Santo, que indica por quiénes debemos rezar.

-Roguemos por la Iglesia de Dios, a fin de que el Señor se digne darle la paz sobre la tierra.

Kohen pensó cuántas veces, en veinte siglos, los enemigos de Cristo, movidos por la Sinagoga, habían perseguido a la Iglesia. A unos, ella los había convertido en apóstoles, como a Pablo de Tarso. A otros los había visto hundirse en la eternidad, blasfemando, como Juliano el Apóstata: "¡Venciste, Galileo!"

-Roguemos también por nuestro Santo Padre el Papa Kohen pensó:

-¡Extraño destino el de los soberanos de la Iglesia! El mundo ha visto a los herederos de cien reyes, despojados de su herencia. Y no ha visto nunca la corona de un Papa, que no tiene herederos caer en manos de sus enemigos. Dinastía inmortal. Cuántas veces se ha anunciado que el Papa reinante, sería el último. Y la profecía cada vez aparece más distante de cumplirse.

-Roguemos también por nuestros Obispos y sacerdotes y por todo el pueblo cristiano.

-¡Mezquindad de la Iglesia! -pensó-o ¡Rogar por los suyos! Y el micrófono le respondió en el acto:

-Roguemos por nuestros catecúmenos, los convertidos, que todavía no están con nosotros, para que el Señor abra sus oídos y sus corazones ¡Padre nuestro!

-¡Estos ruegan por mí! Aunque yo quisiera convertirme, yo no sería un catecúmeno.

En su lenguaje, soy un apóstata. Pero no, yo soy judío, y mis leyes el Talmud.

El micrófono volvió a responderle, y esta vez la respuesta lo inmutó:

-Roguemos por los judíos, a fin de que el Señor desgarre el velo que envuelve sús corazones y ellos también conozcan a Jesucristo. ¡Padre nuestro!... (Oficio del Viernes Santo)...

Mauricio Kohen sintió el rostro bañado de lágrimas, y una turbia oración asomó a sus labios:

-¡Señor Jesucristo, en quien no creo ni quiero creer el Hijo de Dios! Ayúdame, si tienes valimiento; sálvame de esta oscura asechanza papista y confirma mi incredulidad.

-¡La medianoche! -exclamó el locutor-. Va a comenzar el Santo Sacrificio de la Misa, en memoria del sacrificio del Calvario. Después de la consagración, trescientos sacerdotes, con copones, distribuirán la Sagrada Comunión. No sois vosotros los que venís a Cristo; es El mismo quien os saldrá a buscar por las calles, por las plazas por los zaguanes...

Kohen no quiso perder aquel espectáculo, que renovaría esscenas de los tiempos evangélicos.

Descendió de su balcón y se metió en el torrente, murmurando un versículo del profeta Ezequiel: "Iré en busca de la oveja extraviada y levantaré lo que estaba caído." (Ez. 34. 16.) ¿En busca suya, acaso? ¡No, en busca suya no!

El no creía, ni quería creer en el dueño de la viña, que buscaba obreros en todas partes y a toda hora.

El mismo Ezequiel parecía hablar de él cuando decía: "Y la casa de Israel no querrá escucharte, porque tiene la frente dura y el corazón empedernido." (Ez. 3. 7.)

Avanzó con los otros, lentamente, hacia la plaza de Mayo, firme en su rebeldía, mas anegados sus pensamientos por aquel mar impetuoso.

El locutor habló de nuevo:

—Dentro de pocos instantes comenzarán las comuniones.

Recuerdo y advierto a mis hermanos que ninguno se acerque a recibir el Sacratísimo Cuerpo de Gristo sin la preparación debida, es decir, sin haberse antes confesado.

Silencio que subía hasta las estrellas. La muchedumbre era un océano de contrición profunda y silenciosa.

—No hay pecado que no se perdone -clamaba el locutor- ,Por los crímenes más desentrenados que la imaginación pueda concebir; por los delitos más nefandos que el corazón pueda desear, han satisfecho ya las manos y los pies de Cristo, clavado en la Cruz y muero para salvarnos. ¿Quién será tan necio, esta noche, que escupa la sangre de Cristo?... ¡La Elevación! ¡De rodillas, hermanos míos, adoremos la Hostia!

Aquellos millares de hombres se arrodillaron en la calzada y adoraron la Hostia, que se alzaba en un altar lejano.

Volvió la voz vibrante y. fervorosa a hacer la advertencia:

—No hay pecado que no se perdone. Si alguno no ha tenido tiempo de confesarse, puede hacerlo ahora con cualquier sacerdote, en la calle misma. Por excepcional disposición de la Santa Sede esta noche todos los sacerdotes pueden absolver todos los casos, hasta los reservadísimos. Esta facultad extraordinaria, jamás concedida con tal amplitud, es para que nadie quede hoy sin recibir a Cristo, que es el Camino, la Verdad y la Vida.

En ese momento Buenos Aires presenció el milagro que había de marcar esa noche, como la más asombrosa de sus noches. Vióse a hombres que se apartaban de las filas, se dirigían a cualquiera de los sacerdotes que marchaban entre la multitud, y se confesaban allí mismo, en plena calle, o al pie de una columna, o en un zaguán, o en el rincón de un café, o en el umbral de un negocio, de rodillas o de pie. Y fueron miles de miles los que borraron así los pecados.

Y Mauricio Kohen fué uno de ellos.

El locutor acababa de pronunciar las palabras de Jesús en el Evangelio de San Juan: "El que come de este pan vivirá eternamente." (Juan, 6. 52.)

Y él se sintió traspasado por el ardiente dardo de la gracia y gimió desde el fondo de sus entrañas doloridas: "¡Señor ayuda mi incredulidad! Yo también comeré de tu carne para no morir. "

Se acercó a un sacerdote, y se confesó bajo las arcadas del Cabildo, trente a la plaza de Mayo. Se levantó con el rostro en lágrimas, y se aproximó adonde daban la Comunión.

Como había anunciado el locutor, trescientos sacerdotes recogieron los copones de hostias recién consagradas, en los cuatro altares de la plaza, y empezaron a distribuidas.

Pronto no fué posible dar una hosria a cada comulgan te. porque no hubieran alcanzado, y fué preciso fraccionadas y repartir sus pedazos.

Y como la columna humana se extendía en una distancia enorme, muchos sacerdotes descendieron al subterráneo, llevando, por primera vez en el mundo, en aquellos trenes veloces y modernísimos, el Pan que confiere la vida eterna. Lo cual nadie se había imaginado que pudiera ocurrir.

Se acabaron las hostias a las dos de la mañana y hubo que llamar precipitadamente a algunos sacerdotes para que celebrasen en la Catedral, ya que la consagración no puede ser hecha fuera de la misa. Y se consagraron y se distribuyeron esa noche 209.000 formas.

Eran las cuatro, clareaba el 12 de octubre, y aun seguían los hombres confesándose en las calles y comulgando en la Avenida, en un trayecto de dos kilómetros, de plaza a plaza.

A esa hora se retiró Mauricio Kohen, deslumhrado por la nueva luz, y hallando dulzura en el desesperado grito de Juliano el Apóstata: "¡Venciste, Galileo!"

Porque es dulce declararse vencido del Amor.

XIV

YO ROMPERÉ LAS PUERTAS DE BRONCE

La conversión de Mauricio Kohen consternó a la Sinagoga, que se convocó precipitadamente para fulminado con el Herem.

"Si ha nacido en el mes de Schvat, durante el cual reina el arcángel Gabriel, que sea maldito por este arcángel y por todos os ángeles que están a sus órdenes, etc."

Thamar cerró la puerta de su casa, como si su hermano hubiera muerto. Y durante días y días ni él intentó violar a consigna de los criados que la negaban, ni ella trató de coomunicarse con él.

Pero otro asunto, más trascendental, distrajo la atención de los israelitas.

El.oro, que a raíz de la muerte de Julius Ram subió vertiginosamente, de pronto se detuvo y luego empezó a caer sin remedio.

Todos los Kahales del mundo se dirigían al de Buenos Aires inquiriendo la causa de aquella agonía del oro, que podía ser una especulación de Adalid.

Pero en Buenos Aires ya no se traficaba en oro, por ninguna cantidad.

Mauricio Kohen, que se había desligado de los Meyerbeer, auiso, no obstante, conocer el pensamiento de Adalid y le pidió una entrevista.

Adalid no se ocupaba más del oro. Sus negocios marchaban con pie firme y, por otro lado, la política devoraba su tiempo.

Pronto se realizarían elecciones de presiden te y él era el candidato de las derechas. El pueblo sabía que él había librado a la humanidad de las deudas y de las guerras.

Y no podía creerse que los beneficiados por él, dieran su voto al adversario.

Sin embargo, Blumen, que era el candidato rival, tenía absoluta seguridad de triunfar. Había gastado millones en la propaganda. Había prodigado promesas y mantenía al país en constante agitación, gracias a centenares de comités sembrados en todos los pueblos y a millares de oradores pagados por él y millones de hojas impresas, que vomitaban sobre el suelo argentino las noticias aderezadas en el Kahal.

Y, por encima de todo, Blumen confiaba en el sufragio universal, recordando las últimas palabras de Elias Silberstein.

Adalid recibió a Kohen en el banco, a eso de las once de la mañana. No eran amigos, pero se veían con frecuencia, y se apreciaban mutuamente.

Mauricio abordó el asunto:

-¿Qué piensa usted de esta baja del oro? ¿Será pasajera como la otra? El presidente del Banco de Sud América respondió categóricamente:

-El oro está muerto y no resucitará hasta los tiempos del Anticristo.

-El antiguo precio del oro-objetó Kohen-no era artificial; se fundaba en su valor intrínseco.

-"¡Ya lo sé! ¡Los economistas clásicos nos han hablado tannto del valor intrínseco del oro! Pero, ¿en qué consistía ese valor?

-En que era útil para la industria.

-Eso decían ellos, pero la verdad es que la principal aplicación del oro, durante veinte siglos, ha sido servir de moneda en todos los países. Es decir: el oro servía de moneda, porque valía mucho; pero valía mucho porque... servía de moneda.

¿No advierte usted el círculo vicioso en que la humanidad ha vivido presa dos mil años?

-Sí, en efecto.

-El valor del oro estaba en la imaginación de los hombres, no en la realidad, como está el valor del hierro o del trigo. Ha bastado divulgar una mentira para que dejase de servir como supermoneda y perdiese el 90% de su valor. Era, pues, una ficción que se ha disipado.

-Pero que puede restablecerse.

-No; nunca más la humanidad será tan insensata. Libertada de un prejuicio, que ha costado ríos de sangre y dolores sin medida, no caerá otra vez en él, otorgando el privilegio de moneda universal a la materia de valor más variable, porque es la más fácil de acaparar, y cuyo manejo no conocen bien sino...

-¡Los judíos! -apuntó Kohen, sonriendo.

-¡Así es! Pero ni usted, Kohen, ni los Meyerbeer, perderán nada en el negocio que han hecho. El oro no valdrá menos del precio que han pagado, que es su valor industrial. Eso sí, nuncamás les servirá de instrumento para dominar a la cristiandad.

-¡El Dios de Israel ha muerto! -dijo Kohen, a manera de corolario.

Y volvió a su casa.

El criado que le abrió la puerta le entregó dos cartas, en cuyos sobres reconoció la letra de Thamar y de Berta.

Y le dijo:

-En su escritorio, lo espera la señorita Marta.

Con paso alegre entró Mauricio a aquel escritorio, donde tantas veces había recibido a la hija de Blumen y explicádole los secretos del Talmud. ¡Cuántos sucesos desde entonces!

¡Qué llena estaba su vida y su alma!

-¡Adivina qmen me escribe!-le dijo.

-Son dos las que te escriben -respondió Marta echando una ojeada a los sobres.

-Thamar y.

-Ella.

-Sí. ¿Qué carta leo primero?

-La de ella.

Estaha fechada en un convento de religiosas de Santiago de Chile, y sólo contenía un texto del Cantar de los Cantares: "Yo soy la que he encontrado la paz." (Cant. 8. 10.)...

Tras un rato de emocionado silencio, Marta preguntó, a manera de dulce reproche:

-¿También a ella le enseñaste a gustar los libros santos?

-Sí, pero en aquel tiempo yo los entendía mal.

-Veamos la carta de .Thamar.

-Es la primera comunicación que recibo de mi hermana. Su silencio parece más tristeza que irritación.

Tampoco la carta de Thamar contenía palabra suya. Era una cita del poeta hebreo Haisghari:

"'¡Ay! la hija de Judá se ha vestido de luto, porque se han extendido las sombras de la tarde.

"Espera en mi bondad, paloma mía. Yo volveré a levantar mi tabernáculo y encenderé la lámpara de David, tu rey cuando vuelvas a ser blanca dominaré a esas fieras que te aguardan para devorarte, oh, mi hermosa paloma de dulce voz.

Y más abajo este versículo de Isaías: "De Sión saldrá la: ley y de Jerusalén la palabra del Señor." (Is. 2. 3.)

-¿Qué vas a contestarle?

Rohen, que conocía el Viejo y el Nuevo Testamento tan bien como su hermana, respondió:

-Le contestará Isaías mismo.

Y en una hoja de papel escribió de memoria:

"Yo iré delante de ti... Yo romperé las puertas de bronce. Yo te daré tesoros ocultos y riquezas secretas y desconocidas." (Is. 45. 2. 3.)

Cerró la esquela, pero volvió a abrirla y agregó estas fuertes palabras: "El pueblo que marcha en tinieblas ha visto una gran luz." (Is. 9.2.)

-¡Qué sublime lenguaje el de los libros santos! exclamó la joven conmovida-. Y a ella, a la hija del pobre Ram, ¿qué le contestarás?

-Yo conozco una iglesita que ella frecuentaba. Hay allí una Virgen de que era devota, y yo sé que la escucha. Le escribiré que prometa a esa Virgen todas las rosas del jardín de Thamar, durante un año, si mi pobre hermana llega a ver la luz que yo he visto, que todo Buenos Aires ha visto en esta luminosa prinlavera.

-¿Y; no tendrás para ella una palabra santa?

.Sí, le diré, con San Pablo: "Es mayor dicha dar que recibir." (Hechos. 20.35.)

-Entonces ¿tú crees que ella será más dichosa que yo?

-Yo creo que ella "ha elegido la mejor parte."

Callaron otra vez. Marta, recelosa, acabó por preguntarle:

Y si yo te escribiera, ¿encontrarías para mi también palabras de éstas?

-¡Escríbeme, pues!

Marta, con quien Mauricio había comentado muchas veces la Sagrada Escritura, se sentó y escribió esta amorosa súplica del libro de Salomón:

"Ponme como un sello en tu corazón, como una marca sobre tu brazo, porque el amor es fuerte como la muerte y como un incendio los celos." (Cant. 8.6.)

Kohen sonrió:

-¿A quién le dices ésto? ¿Al Señor, como la esposa del Cantar de los Cantares, o a mí, como mi novia?

-Al Señor, que un día pareció dejarmede su mano, y también a tí, que me has hecho sufrir de celos.

-He aquí la respuesta del Señor, por boca de Isaías: "Un momento te he abandonado, pero con gran misericordia te recojo." (Is. 54.7.)

-¿Y tu respuesta?

-No encontraría en ese mismo libro de Salomón, palabras tan dulces que llenarían de lágrimas tus ojos, color de mar.

-¡Dintelas, pues!

Kohen la besó y murmuró a su oído:

-"Si un hombre compra el amor con toda su hacienda, creerá no haber pagado nada." (Cant. 8. 7.)

Buenos Aires, 4 de Marzo 1935.

APENDICE SOBRE EL FIN DEL MUNDO

A fines de febrero recibí la carta, que transcribo a continuación, como una fantasía llena de interés.

Dios ha querido que los hombres ignoren cuándo será el fin del mundo, como ignoran el día de su muerte.

Los apóstoles interrogaron cierta vez a Jesús y El les contestó: "En cuanto al día y la hora, nadie lo sabe, ni aun los ángeles del cielo, sino sólo mi Padre." (Mat. 34.36.)

San Agustín ha dicho:

"Los sucesos de fin del mundo llegarán como han sido predichos, pero cuáles serán las circunstancias accidentales, y en qué orden ocurrirán, son puntos que Dios no nos ha querido revelar de una manera clara, y sobre las cuales estamos reducidos a conjeturas más o menos probables."[21]

Algunos teólogos, sin embargo, declaran que la aproximación de ese tiempo se revelará en los siguientes signos:

1° Predicación del Evangelio en todas las regiones del globo, porque eso está escrito. (Mat. 24.14.)

2° Persecuciones contra los católicos y apostasías de muchos de ellos. 3o Aparición de herejías y cismas en la Iglesia.

4° Guerras en todas partes.

5° Perturbación de los elementos: terremotos, calamidaades, pestes.

6° Conversión de los judíos, porque Moisés ha dicho:

"Al fin de los tiempos, volverás al Señor, tu Dios." (Deuter. 4.30.) Y San Pablo: "Entonces salvarse ha todo

---

[21] San Agutín: "La Ciudad de Dios", Libro 2o, c. 3°.

Israel, y San Pablo: "Entonces salvarse ha todo Israel, según está de Sión el libertador." (Rom. 11.26.)

Pocos asuntos más dignos de indagación de los hombres, siempre que no los aborden con el insensato orgullo de llamar a, juicio a Dios, y pedirle explicación de sus designios. "El que intente sondear la majestad, será aplastado por la gloria." (Proy. 25. 27.) He aquí la carta y la visión de mi desconocido corresponsal:

Habana, 5 de febrero de 1935

Soy un simple delineante de planos, con una cultura rudimentaria; pero como hace años que me encuentro enfermo y no puedo trabajar, mi entretenimiento consiste en la lecctura de libros de materia religiosa, que confortan mi espíritu y me ayudan a llevar la cruz que Dios me ha enviado.

Estoy leyendo, aunque fragmentariamente, su interesante, amena y bien documentada vida de Don Bosco: sobre todo he leído con mucho interés las páginas en que usted pinta a lo vivo las intrigas y, luchas de masones y piamonteses para abatir el Pontificado.

En la revista "San Antonio", que dirigen en esta ciudad los Padres franciscanos (que es donde se publica dicha vida) he leído la visión que tuvo San Juan Bosco la Víspera de la Epifanía de 1870, donde ve un guerrero del Norte, que es detenido en su avance por el Papa, y también ve el triunfo de la Iglesia por mediación de la Santísima Virgen.

Desde hace algún timepo han ido cayendo en mis manos un gran número de profecías, entre otras las famosas de Nuestra Señora de la Saleta, San Malaquías y la Madre Rafols, y ahora ésta de San Juan Basca; y he notado que todas coinciden en que, después de esta anarquía mundial que atravesamos actualmente, vendrá una era de paz y fervor religioso como nunca se ha visto; que, a su vez, será precursora de la venida del Anticristo.

Al ver la rara coincidencia de dichas profecías, se me ha ocurrido hacer, combinando unas y otras, algunas conjeturas sobre los acontecimientos principales hasta del fin del mundo.

Si yo tuviera talento literario, cultura y salud suficientes intentaría escribir una novela sobre dicho asunto; pero como carezco de dichas dotes, me he tomado el atrevimiento de enviarle dichas notas, pensando que tal vez usted pudiera sacar partido de ellas.

Si al remitirle estos papeles, he acertado en mi intención, me congratulo de haberle podido prestar este pequeño servicio; pero si no es así le ruego me perdone por molestar su atención en un asunto que, para usted carece de interés.

Reiterándole mi petición de perdón si he sido molesto al enviarle esta carta quedo de usted atentamente.

OBSERVACIONES Y CONJETURAS SACADAS DE DISTINTAS PROFECÍAS[22]

Años 1935 a 1940: Intensifícase en Alemania la lucha religiosa entre los partidarios de la iglesia nazi y los de la iglesia evangélica. Estos últimos alarmados ante el intento de paganización del cristianismo, se muestran propicios a un acercamiento hacia Roma.

Hitler, de acuerdo con los nazis austríacos, inicia la anexión, violenta, de Austria a Alemania. Esto origina una guerra con Francia e Italia.

Los ejércitos alemanes invaden a Francia e Italia, e Hitler llega victorioso al frente de ellos hasta las puertas de Roma. Pío XI, *fides intrépida*, sale a .su encuentro y logra de él la paz.

También consigue su conversión y la de sus huestes.

Los protestantes alemanes partidarios de la iglesia evangélica se someten también a la obediencia del Pontífice. Hitler se proclama emperador de Alemania.

---

[22] Todas estas profecías son de autores católicos, sin mezcla alguna de astrología, espiritismo, etc.

Muere Pío XI, y los cardenales se reúnen en cónclave para elegir al sucesor. Hitler presiona .a los cardenales para que elijan un papa de su agrado; pero éstos obran independientemente, y entonces Hitler les opone un antipapa, a quien maneja a su antojo.

Hitler, ya señor de Europa, consigue el sometimiento de los cismáticos y protestantes del resto del continente al antipapa. Los católicos españoles, italianos y parte de los franceses obedecen al verdadero papa.

El rey de España, otra vez monarquía, con la ayuda del de Francia -que ante la impotencia de la república ante los invasores había proclamado la monarquía- y del de Italia, sale en defensa de la verdadera Iglesia; pero cae prisionero de Hitler.

El rey de España logra, milagrosamente, salir de su cautiverio, y con la ayuda de las restantes naciones europeas oro ganiza un formidable ejército y vence a los alemanes. El antipapa muere trágicamente. Hitler es destronado.

Estalla una revolución social, principalmente en los pueblos vencidos, pero los vencedores logran dominarla cruen- tamente.

Simultáneamente una terrible epidemia azota a Europa y Asia.[23] Los enemigos de la Iglesia perecen en gran númeero, tanto a manos de los vencedores, como por la epidemia. Los ejércitos del rey de España conquistan a

Jerusalén, uno de los principales focos de la revuelta.

El pontífice legítimo (¿Gregorio XVII?), el Pastor Angelieus, con el sometimiento a su obediencia de todos los núcleos cristianos, reina sobre toda la cristiandad. Este papa, de menos de 45 años, será de mucha virtud y energía.

---

[23] Asi interpreto el huracán de que habla Don Bosco. Nuestra Señora de la Saleta dice: De improviso los perseguidores de la Iglesia de Jesucristo y todos los hombres dados al pecado perecerán. Entonces se hará la paz, la reconciliación de Dios con los hombres. Jesucristo será servido, adorado y gloriificado: la caridad florecerá en todas partes, y los hombres viivirán en el temor de Dios.

1940 a 1941: Iníciase una paz universal y un renacimiennto y fervor religioso como no se ha visto nunca (el Reinado del Corazón de Jesús). Aumentan sobremanera las vocaciones, florecen las órdenes religiosas, y los cristianos se lanzan, con ardor, a la conquista, para Jesucristo, de los pueblos paganos. El rey de España será un gran colaborador del pontífice en la propagación del reinado de Jesucristo.

1966, 67 ó 68: Nacimiento del Anticristo en ciudad fundada por los judíos sionistas sobre el emplazamiento de la antigua Corozaín.

1971 ó 72: Invasión de Tierra Santa por los rusos.

1978 ó 79: Mortífera epidemia en Palestina, causa enorme mortandad entre los rusos. 1979: Reconquista de Palestina por el rey de España, que establece su corte en Jerusalén.

1990: Aparición del Anticristo para iniciar sus conquistas. La capital de su incipiente reinado es..., la antigua Cafamaún. El rey cristiano es forzado a abandonar Jerusalén y traladarse a España, donde muere a poco de su llegada.

Este mismo año fallece el Pastor Angélico a los 93 ó 95 años, después de un pontificado de más de 50 años y de: haber visto la aparición del hijo de perdición.[24]

1990 a 1996: ¿Pontificados de Pastor et Nauta (¿Paulo VI?) y Filosflorum (¿Clemente XV?).

El Anticristo prosigue, victorioso, sus conquistas.

1996 ó 97: El Anticristo domina en todo el mundo. Probable aparición de un antipapa, fiel inmumento del Anticristo.

---

[24] Dice el V. Bernardino de Bustis, que Dios eonservará al Pastor Angélico y al Rey en lo temporal del mundo, y que verán todas las tribulaciones hasta la aparición del Anticrissto. Esto me ha inducido a señalarle un pontificado tan largo. La V. Ana Catalina de Enmerich ve aparecer cuando va a iniciarse el triunfo de la Iglesia, un papa de poco más de 40 años.

1996 a 1999: Breves pontificados de De medietate lunae (¿Pío XII?), De labore solís (¿Gregorio XVIII?), y De gloria olivae (¿León XIV?); los cuales padecen el martirio.

Elías y Enoch predican el Evangelio vestidos de saco. La orden de este mismo hábito, fundada en 1966 ó 1968, cuyos miembros han aumentado considerablemente, secunda eficazmente a dichos santos.

1999 a 2000: Pontificado de Pedro II. Martirio de Elías y Enoch. Muerte del Anticristo. Aparición de Jesucristo, glorioso, y juicio final.

www.ingramcontent.com/pod-product-compliance
Lightning Source LLC
Chambersburg PA
CBHW050120170426
43197CB00011B/1658

9781910220887